中央部门预算编制指南

2023年

财政部预算司 编

ZHONGYANG BUMEN YUSUAN
BIANZHI ZHINAN

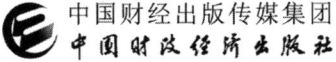

中国财经出版传媒集团
中国财政经济出版社

图书在版编目（CIP）数据

中央部门预算编制指南.2023年／财政部预算司编
．－－北京：中国财政经济出版社，2022.8
　ISBN 978－7－5223－1638－3

Ⅰ.①中… Ⅱ.①财… Ⅲ.①国家预算－预算编制－中国－2023－指南　Ⅳ.①F812.3－62

中国版本图书馆CIP数据核字（2022）第143044号

责任编辑：王　芳　　　　　责任校对：徐艳丽
封面设计：思梵星尚　　　　责任印制：党　辉

中国财政经济出版社 出版

URL：http：//www.cfeph.cn
E－mail：cfeph@cfeph.cn

（版权所有　翻印必究）

社址：北京市海淀区阜成路甲28号　邮政编码：100142
营销中心电话：010－88191522
天猫网店：中国财政经济出版社旗舰店
网址：https：//zgczjjcbs.tmall.com
北京中兴印刷有限公司印刷　各地新华书店经销
成品尺寸：170mm×230mm　16开　26印张　381 000字
2022年9月第1版　2022年9月北京第1次印刷
定价65.00元
ISBN 978－7－5223－1638－3
（图书出现印装问题，本社负责调换，电话：010－88190548）
本社质量投诉电话：010－88190744
打击盗版举报热线：010－88191661　QQ：2242791300

坚持党政机关过紧日子 提高部门预算管理水平 做好 2023 年中央部门预算编制工作

——在 2023 年中央部门预算编制工作动员会上的讲话

许宏才

（2022 年 7 月 15 日）

（代序言）

同志们：

下午好！这次会议的主要任务是，以习近平新时代中国特色社会主义思想为指导，深入贯彻党的十九大和十九届历次全会及中央经济工作会议精神，总结部门预算管理工作进展和成效，提出部门预算管理改革任务，部署编制 2023 年中央部门预算。下面，我讲几点意见。

一、部门预算管理取得显著成效

在以习近平同志为核心的党中央坚强领导下，我们如期打赢脱贫攻坚战，全面建成小康社会、实现第一个百年奋斗目标，开启全面建设社会主义现代化国家、向第二个百年奋斗目标进军的新征程。我国财政宏观调控不断完善，积极的财政政策提升效能，更加注重精准、可持续，有力支持了经济社会高质量发展。财政部会同各部门认真贯彻党中央、国务院决策部署，不折不扣落实过紧日子要求，调整支出结构保重点，加大资金统筹力度，强化预算绩效、预算公开、预算监管等约束作用。各部门落实好主体责任，规范部门预算管理，积极参与部门预算改革，各项工作取得显著成效。

（一）增强重大战略任务财力保障。

一是预算安排聚焦中央重大决策部署。2022年中央财政集中增量资金保障国防武警、债务付息、储备等重点刚性支出，积极支持各部门组织实施中央确定的重大政策、重要改革和纳入国家"十四五"规划的重点项目。二是全力支持疫情防控工作。按照特事特办、急事急办的原则，切实保障科技部疫情防控科研攻关、药监局疫苗批签发、海关总署检验检疫等工作经费。三是加大基础研究投入。统筹科技支出存量和增量，重点支持国家实验室建设、全国重点实验室体系重组，保障国家重大科技任务经费，扩大中央部门科研项目经费管理自主权。四是支持中央单位养老保险改革全面落地。对1.4万家中央在京和京外单位开展养老保险缴费清算，推动中央单位养老保险缴费和财政补助机制转入正轨，积极研究制定中央单位退休人员物业费、取暖费等统筹外支出标准。

（二）将过紧日子作为长期坚持的基本方针。

一是中央部门支出连续四年作了较大幅度压减。2019年一般性支出，主要是非刚性非重点项目支出，平均压减10%以上；2020年将压减范围扩大到公用经费，非急需非刚性支出压减50%以上；2021年进一步提高上述支出的压减幅度，是压减力度最大的一年；2022年结合审计、绩效等情况继续严格压减支出，还压减了部分重点项目和政策性补贴。二是强化"三公"经费预算管理。2021年中央本级"三公"经费预算下降6%，2022年继续安排负增长，同时明确政府性基金预算安排"三公"经费纳入限额，国有资本经营预算不得安排"三公"经费。三是建立部门过紧日子长效机制。按季度评估部门过紧日子情况，推动部门精打细算、勤俭节约，取消无实质内容的公务接待等活动。强化运用过紧日子评估结果，将评估结果与2022年预算安排挂钩，增强激励约束作用。四是加强预算执行动态监控。将零余额账户资金监控结果，作为评估部门过紧日子的重要依据，扩大实有资金动态监控范围，2022年达到3000多家单位。

（三）优化完善部门预算管理。

一是加大政府预算统筹力度。理顺资金列支渠道，将部分涉企资金调整为国有资本经营预算安排，腾出一般公共预算空间，用于保障部门正常履职。二是健全预算安排挂钩机制。根据巡视、审计、预算评审、执行监控、决算审核等发现问题，压减相关部门预算安排。2022年首次统筹部门非财政拨款结转结余，对于结转结余规模偏大的，适当减少财政拨款预算安排。三是完善基本支出定员定额管理。2022年将行政、参公和公益一类事业单位全部纳入定员定额管理范围。优化公益一类事业单位财政补助标准，扩大对公益二类事业单位实施政府购买服务改革试点，共111家单位纳入试点范围。四是加强属地中央单位预算监管。财政部各地监管局审核了105家中央部门1.74万个单位的2022年"一上"预算，共核减实有人数13.1万人，核减项目支出需求20.82亿元，核减养老保险单位缴费需求9.74亿元，核减车辆0.28万辆、房屋20.82万平方米。财政部安排监管局集中审核了5家部门所属单位的2021年度决算；各地监管局还选取部分单位开展了自主审核。五是用好预算评审工具。在部门评审全覆盖的基础上，2021年实施财政评审项目119个，涉及资金1312亿元，通过评审定量定价，审减不合理支出，促进部门提升项目支出编报质量。

（四）推动预算绩效管理提质增效。

一是完善全过程绩效管理链条。着手建立事前绩效评估机制，组织对新出台或到期延续的重大政策、项目开展事前绩效评估，提高预算编制的科学性和精准性。印发《中央部门项目支出核心绩效目标和指标设置指引（试行）》，明确了指标设置原则、编制方法、取值方式、数据来源等，提高绩效目标管理科学化规范化标准化水平。二是提升绩效评价工作质效。组织全面开展绩效自评，加大自评结果抽查复核力度，共计复核613份部门评价报告。对72个项目开展财政重点绩效评价，涉及资金1.3万亿元，项目数量和资金规模均大幅增加。首次将国债发行和付息支出、中央本级预算内投资项目、国有资本经营预算项目等纳入评价范围，大幅扩大部门（单位）整体支出绩效评价试点。制定《转移支付和重大支出政策后评价实施方案》，组织对中央储备糖利息费用补贴等 5 个重点项目开展后评价，根据评价结果研究完善有关政策，切实提升政策效能和资金使用效益。三是强化预算绩效考核。制定《中央部门预算管理绩效考核办法》，将重大政策落实、预算编制、预算执行、绩效管理、资产管理、预算透明度、预算一体化建设等全面纳入考核范围，更加侧重预算管理实绩和资金使用总体效果。建立绩效考核结果排名通报机制，推动压实部门主体责任。四是加强绩效结果应用。将绩效评价结果作为完善政策、安排预算、改进管理的重要依据，对财政重点绩效评价低于 85 分的项目，按照一定幅度分档予以压减。建立绩效考核结果与部门整体预算挂钩机制，对排名靠前的部门适当增加安排项目支出，对排名靠后的部门分档压减项目支出和公用经费。五是拓展绩效信息报全国人大范围。将 111 个中央部门重点项目绩效目标、586 个项目绩效自评结果、36 个重点项目和政策绩效评价报告随同中央预决算报送全国人大，分别比上年增加 11 个、93 个和 7 个。

（五）持续推进部门预算公开。

一是全面反映中央部门过紧日子情况。102 个中央部门公开了 2022 年部门预算，对落实过紧日子要求作了详细说明，展现中央部门带头艰苦奋斗、勤俭节约的风貌，主动回应社会关切。二是进一步加大项目公开力度。82 个部门公开了 131 个项目的项目文本，比上年增加 27 个项目。三是大幅增加绩效目标公开数量。100 个部门公开了 727 个项目绩效目标，比上年增加 599 个。四是进一步健全制度建设。印发《财政部关于推进部门所属单位预算公开工作的指导意见》，推进部门所属单位预算公开。

（六）推进预算管理一体化系统建设。

一是组织 8 家中央部门开展一体化系统应用试点。试点部门（单位）应用系统开展了 2022 年预算编制、执行等业务，系统功能得到有效验证。二是全面推广实施一体化系统。研究制定推广实施方案，印发《财政部关于推广实施中央预算管理一体化建设的通知》，组织中央部门做好联网部署、数据收集、功能测试等工作。三是开展一体化业务培训。财政部对各部门进行了线上集中培训和线下操作培训，制作了培训教材和操作手册。

四是优化一体化系统流程和功能。根据试点验证情况，调整优化系统操作流程，完善现有功能模块，开发绩效管理等功能模块，开展涉密改造和涉密环境建设，完成系统分保测评、等保测评、密评整改等，为系统全面上线使用打下坚实基础。

同志们，取得上述成绩实属不易，这是以习近平同志为核心的党中央坚强领导的结果，是各部门共同努力的结果，是广大预算管理工作者辛勤劳动的结果。在此，我代表财政部向中央部门的同志们，向长期支持财政预算工作的全国人大常委会预算工委和审计署的同志们，致以衷心的感谢！

二、扎实推进部门预算改革

2021年国务院印发《关于进一步深化预算管理制度改革的意见》，标志着部门预算改革进入一个新阶段。国务院文件明确了进一步深化部门预算改革的总体目标和具体任务。去年的预算编制工作动员会，我们系统介绍了部门预算改革的五项重点任务。在各部门各单位共同努力和大力支持下，改革取得阶段性进展。我们要坚定信心，采取有力措施，确保部门预算改革各项任务落地。在这里我通报一下相关进展和下阶段的主要考虑。

（一）统筹安排使用各类资源。

这既是深化预算管理改革的重点任务，也是应对当前财政经济形势的必然要求。在2022年预算安排中已经凸显上述导向，主要体现在：对于结转资金较多的项目和非财政拨款结转结余较多的单位，减少安排财政拨款；鼓励有条件的部门统筹调配下属单位非财政拨款收入。

一是加强部门资金全口径预算管理。不论是中央财政拨款、单位自有收入、地方财政安排补助、国际组织定向捐款等，都要在部门预算中全面反映。单位实有资金账户也要纳入执行动态监控，确保各类资金安全。

二是完善非财政拨款资金统筹机制。财政部将继续支持部门管好用好单位自有收入，调动下属单位积极性，加快消化结转结余，加大单位之间、单位和上级之间的资金统筹力度。

三是规范使用和盘活结转资金。进一步清理不需要按原用途继续使用的结转资金，统筹用于经济社会发展急需支持的领域。结合审计意见建议，强化基本建设资金、公用经费的结转管理。落实科研项目结余资金留归项目单位使用的规定。

（二）推进项目全生命周期管理。

2020年以来，财政部组织各部门清理项目库，对项目进行整合精简，做实做细项目储备，严格项目入库审核。从2022年预算起，将基本支出纳入项目库强化管理。

一是进一步开展制度建设。研究出台《中央部门项目全生命周期管理办法》，将项目的前期谋划、储备入库、预算编制、项目实施、项目终止等环节串联起来，并与地方财政的项目管理保持衔接。

二是将项目管理与预算编制执行相融合。借助一体化系统，将项目的预算申报、预算批复、执行监控、调整调剂、决算编制、绩效评价放在一个平台上，实现项目和预算信息的统一贯通。

三是完善项目跨年滚动管理。在坚持过紧日子的要求下，要精打细算，细化项目分年度支出需求，根据实施计划合理确定分年支出安排，促进跨年度预算平衡。

（三）加快支出标准体系建设。

建立支出标准是科学编制预算的重要保障，支出标准体系建设是一项长期基础性工作。目前财政部会同相关部门累计出台通用和专用项目支出标准150余项，各部门出台内部标准800余项。2022年105家中央部门新启动600多项内部标准建设。我们依托一体化系统建立了中央单位支出标准库，促进支出标准共享共用。

一是健全基本支出标准体系。完善公益一类事业单位财政补助标准，适当调整定员定额标准；对依赖项目支出维持运转的公益一类事业单位，要实事求是研究调整内部支出结构，合理确定人员经费保障标准；稳步扩大政府购买服务试点，支持公益二类事业单位从"养人"向"办事"转变；会同相关部门加强机关事业单位编制、工资管理与基本支出预算安排的衔接。

二是加快项目支出标准建设。着力推进部门内部标准建设，以与部门履职紧密相关的专项业务费项目和重大延续性项目作为重点，加快标准制定。同时，结合部门预算管理需要，针对部门普遍使用、资金量大、实施期限长、适合标准化管理的共性项目，制定通用和专用标准。

三是改进标准制定方法。加强预算评审、预算执行分析、决算审核、预算绩效评价等结果的运用，将上述结果作为制定和调整标准的重要参考。部门可根据本部门预算编报需要提出暂定标准，逐步完善后按程序上升为固定标准或法定标准。

（四）强化部门预算约束。

按照增强预算约束力和过紧日子的精神，我们正在制定预算调剂管理办法，从制度层面规范预算调剂，支持部门通过预算调剂解决新增支出需求，切实控制追加支出。

一是完善预算安排与发现问题挂钩机制。在现有做法基础上，梳理巡视、审计、预算评审、执行监控、决算审核、绩效管理、过紧日子评估等与预算安排挂钩事项，简化分类，明确规则，加大对屡审屡犯和存在问题突出单位的惩戒力度，以预算安排促进问题整改。

二是认真编制和执行经济分类预算。部门要从实编制经济分类预算，严格执行批复的经济分类预算，预算指标按照项目、经济分类科目控制资金支付，执行中需要跨经济分类科目支付资金的，应先办理预算调剂。

三是健全新增资产配置管理。新增资产配置是资产管理的入口和关键环节，要结合一体化系统中的资产存量数据，编制新增资产配置预算，在厉行节约的前提下合理购置资产。

（五）打通部门预算管理链条。

近年来，财政部积极打通部门预算管理链条，以预算编制和执行为核心，嵌入绩效管理、资产管理、预算评审、预算监管等环节，为改进部门预算管理提供有力支撑。

一是深化预算绩效管理改革。健全绩效管理制度体系，确保各领域各环节的管理有章可依、有规可循。着力完善全过程管理链条,把事前绩效评估、绩效目标管理、绩效运行监控、绩效评价、绩效结果应用、绩效考核等全面植入预算一体化系统,构建事前事中事后绩效管理闭环。继续推进绩效评价量质齐升,扩大财政重点绩效评价范围,加大部门和单位整体支出绩效评价试点力度。聚焦政策合理性、有效性,稳步推进转移支付和重大支出政策后评价。进一步强化绩效考核结果与预算安排挂钩机制,推动将考核结果纳入政府绩效和干部政绩考核体系。

二是搭建预算编制和执行协调机制。结合应用一体化系统,将预算编制与执行有机融合,预算执行人员要了解预算编制要求,预算编制人员也能及时看到执行进度。通过改进预算编制提高预算执行质量,通过加强预算执行分析提高预算编制水平。

三是依托绩效评估与预算评审把好前端关口。研究制定事前绩效评估管理办法,对新出台或到期延续的重大政策、项目开展事前绩效评估,评估结果作为申请预算的必备要件和安排预算的重要参考依据。研究制定预算评审管理暂行办法,将部门评审、财政评审作为项目入库、预算安排的重要依据。

四是发挥财政部各地监管局就地监管作用。强化对属地中央预算单位的闭环管理,进一步推动部门决算审核工作。研究将中央部门基础信息、项目库等全面纳入监管范围。

三、2023 年部门预算编制的思路和要求

(一) 2023 年部门预算编制总体要求。

以习近平新时代中国特色社会主义思想为指导,深入贯彻党的十九大和十九届历次全会及中央经济工作会议精神,坚决落实党中央、国务院重大决策部署,统筹财政资源,优化支出结构,做好重点支出分类保障,继续坚持政府过紧日子,勤俭节约办一切事业,严控一般性支出;以信息化推进预算管理现代化,全面应用预算管理一体化系统,依托信息化手段,深化预算绩效管理,加强项目全生命周期管理,加快支出标准体系建设,

强化财会监督，加强预算监管，促使部门预算管理标准科学、规范透明、约束有力。

（二）2023年部门预算编制重点工作。

近期，财政部已经印发了2023年预算编制通知，对中央部门一般公共预算、政府性基金预算和国有资本经营预算的编制工作进行了统一布置，接下来我们还将根据疫情防控形势，组织线上或线下培训，具体讲解预算编制业务。在此，我着重强调几点。

第一，强化落实党和国家重大政策的财力保障。要将落实党中央、国务院重大决策部署作为预算安排的首要任务，重点保障国家重大战略任务、国家发展规划和执行中央交办任务，优先保障工资、社保等刚性支出和科技、教育等重点领域，合理保障部门正常履职运转的必需支出。要优化项目分类设置，分类完善项目预算编报，梳理评估现有支出政策，根据项目分类、轻重缓急、评估结果等扎实做好项目排序，分清优先等次，对重点事项不遗漏，不留缺口。

第二，继续坚持政府过紧日子。继续按季度评估部门落实过紧日子情况，并将评估结果应用于预算安排，财政拨款"三公"经费预算将继续只减不增。要健全常态化过紧日子工作机制，细化分析公务运行成本，提高办公家具设备、办公用品的利用效率，该省的要锱铢必较，该减的要不留情面。即使疫情形势好转，也要继续控制好国内差旅费、会议费、培训费等支出。要对非财政拨款"三公"经费管理履行主体责任，加强内部审核，从严从紧控制规模。加强预算安排与资产配置衔接，房屋土地等资产存在闲置或对外出租的，原则上不得申请预算用于新增资产配置；进一步扩大资产共享共用范围，加强资产整合，减少闲置浪费。

第三，进一步加强部门预算资源统筹。要统筹用好非财政拨款，通过下级单位上缴收入、部门本级补助下级等规范方式，在事业单位之间统筹调配资金。结转结余资金规模仍然较大的，适当减少当年财政资金安排。为更好体现部门统筹各类资金情况，拟将报送全国人大的部门预算草案作格式调整，从侧重反映财政拨款转向反映部门全口径收支，部门全口径收支表格将提到最靠前的位置。各部门要层层压实责任，将各级单位依法依规取得的收入全部编入预算。其中，非本级财政补助收入和定向国外无偿援助资金应按要求规范编报。要准确预计年底结转资金并纳入预算，优先消化存量资金。统筹协调财政拨款、非财政拨款及结转资金，整合优化项目支出资金渠道。为提高预算编报准确性，2023年预算编报流程将编报非财政拨款收支从"二上"提前至"一上"阶段，到"二上"时还可做调整。

第四，加强项目全生命周期管理。要继续落实项目全生命周期管理要求，预算支出全部纳入预算项目库，未入库不得申报预算。2023年预算编报流程将储备项目、申报预算分成两个阶段，在"一上"前先完成项目储备入库，先入库再编报预算，这样便于部门和单位提前筹划项目，不为申报预算而临时编制项目。要提前谋划，按规定完成可行性论证、制定实施计划、预算评审等前期工作，确定项目实施周期、支出标准、支出总额和绩效目标等，逐级申报纳入预算项目库并进行排序，及时完成项目储备入库。

第五，推进支出标准体系建设。要健全基本支出标准体系，完善事业单位补助标准，加快项目支出标准体系建设，推进项目标准化管理。各部门要积极落实主体责任，加快推进项目标准化管理和支出标准制定，各部门专项业务费项目的支出标准覆盖率，今年年底前要达到40%以上；2023年年底前，专项业务费项目和重大延续性项目，原则上要全部制定支出标准或管理办法。财政部依托一体化系统建立支出标准库，部门暂定支出标准应在相关文件印发后10日内维护进入支出标准库，并报财政部备案。这项工作任务较重，部分标准的出台可能有一些难度，需要大家形成工作合力共同推进。

第六，持续深化预算绩效管理。要构建和完善事前事中事后绩效管理闭环系统，将绩效理念和方法深度融入预算编制、执行、监督全过程。各部门要认真履行绩效管理主体责任，按要求做好新出台重大政策、项目事前绩效评估，加快分行业、分领域、分层次核心绩效指标和标准体系建设，建立健全绩效指标库，按照"高度关联、重点突出、量化易评"的原则，合理设置绩效目标和指标，加强绩效自评和部门评价，将绩效结果与完善政策、预算安排有机衔接，对实施效果不明显、发现问题较为突出的项目和单位，不安排或少安排预算，削减或取消低效无效资金。

第七，持续推进部门预算公开。要坚持以公开为常态、不公开为例外，在向全国人大报送部门决算项目支出经济分类的基础上，下一步将研究向社会公开部门决算项目支出经济分类情况。各部门要提前研究改进项目支出经济分类编报，深入分析往年支出经济分类情况，准确把握"三公"经费、相关补助补贴等支出经济分类填报口径，如实反映各项预算支出的去向用途；进一步扩大绩效目标、绩效评价结果公开范围，力争在2023年有新的突破。

第八，进一步严肃财经纪律、硬化预算约束。财政部将积极落实人大预算审查要求，加强巡视、审计问题整改，完善审计整改工作机制和整改清单制度，将巡视、审计等查出问题与预算安排挂钩，研究采取更有力的约束和惩戒措施督促整改。要加强财会监督，推动财会监督与审计监督协调配合，充分发挥财政部各地监管局就地监管优势，持续加大监管监督力度。各部门要严格执行各项财经法规和管理制度，加强内控管理，落实主体责任，切实认真整改巡视、审计、监管等各方面发现的问题，有针对性提出整改措施，将整改任务逐条逐项落实到责任单位和责任人，确保整改取得实实在在的效果。要加强对下属单位的监督管理，对于下属单位存在的无预算超预算支出、漏报瞒报部门收入、落实过紧日子要求不到位、统筹结转资金不力等情况，要第一时间严肃处理和整改，对涉及预算编制的问题，要注意在2023年预算编制中整改到位。要督促下属单位敬畏财经纪律，严禁无预算超预算安排支出，严禁突击花钱、铺张浪费，不得违规建设楼堂馆所，让财经纪律成为不可触碰的"高压线"。

四、全面应用中央预算管理一体化系统

（一）坚定推进实施预算管理一体化。

实施预算管理一体化，从宏观层面讲，是推进国家治理体系和治理能力现代化的必然要求，是落实党中央、国务院决策部署的一项重要举措。从财政角度看，是落实过紧日子要求、加强财政资源统筹的重要保障，是

深化预算管理改革的基础工程，也是部门加强内部预算管理、提升管理水平的有力抓手。我在今年4月一体化预算编制培训班讲过这个认识问题，大家要进一步统一思想，提振信心，充分认识实施预算管理一体化的重要意义。

（二）一体化系统基本具备全面上线条件。

今年上半年，在各部门共同努力下，中央预算管理一体化推广实施工作平稳推进，按计划完成阶段性目标任务。一是系统联网部署进入收尾阶段。其中，2万家单位接入国家电子政务外网，联网覆盖率100%；535家单位接入国家电子政务内网，联网覆盖率98%。二是一体化业务培训扎实开展。财政部分别于4月、7月举行了一体化预算编制网络培训和线下专题辅导，各部门1300余人次参训；培训工作延伸到基层预算单位，各部门组织10.2万人次参加了一体化业务和系统操作培训。三是基础信息维护基本完成。各部门累计确认单位信息1.9万家，累计维护人员信息163万条，入库项目24万个，为开展预算编制、预算执行切换奠定基础。四是压力测试稳步实施。参照2022年年初预算，1.1万家单位向部门提交了试编"一上"预算，验证了预算编制功能；170个部门反馈了压力测试报告，对系统提出优化建议。目前来看，绝大部分单位已经将基础信息维护进入系统，各部门预算工作人员已经基本掌握系统操作，全面应用一体化系统的条件基本成熟。同时应该看到，目前一体化系统仍然存在一些需要解决的问题和有待优化的地方，需要继续提升一体化系统性能和完善功能。

（三）应用一体化系统开展2023年预算编制。

应用一体化系统编制2023年部门预算，对各部门来说，既是利用大数据规范管理的机遇，也要面对适应新系统、新规范的挑战。各部门要充分认识到实施预算管理一体化是党中央、国务院决策部署的一项重要任务，也是各部门提高预算管理水平的重要支撑。要以预算管理一体化为契机，更好掌握所属单位预算收支、预算执行和会计核算等信息，提高预算管理的规范化、科学化、标准化、精细化水平。

实施预算管理一体化，坚持统一的预算管理业务规范和统一的技术标准，信息系统是重要的抓手。对地方财政，我们不统一软件，不指定软件开发公司，鼓励各地按照一体化规范要求和技术标准开发应用各自的一体化系统。对中央本级来讲，我们推动使用一套系统软件，硬件集中部署在财政部，一体化系统的部署实施和运维费用统一由财政部负担，现阶段不主张搞二次开发，各部门的系统功能需求尽量纳入统一的服务标准和规范，保持软件统一、版本统一、功能统一。一体化系统是预算管理的基础性设施，现在一体化系统建设只是起点，不是终点。未来如何运用信息技术，量化分析集中的大数据，挖掘总结规律，辅助预算管理和科学决策，我们将会同各部门一起研究，携手推进。

下面，我就具体用好一体化系统，提几点要求。一是认真学习预算管理一体化管理和改革要求，对标预算管理一体化规范，学懂弄通一体化业务，请各部门继续组织做好一体化业务学习培训和系统操作培训。二是研究完善与预算管理一体化相适应的内部预算管理流程，健全完善部门预算管理和财务管理制度，细化管理要求，提升预算和财务管理水平。三是准确更新维护一体化系统的基础数据，规范填报单位名称、单位类型、机构编制等单位信息和相关人员信息，动态更新支出标准库、绩效指标库，完整反映行政事业单位资产情况。四是做好内部网络和硬件运维保障，优化用户及权限设置，明确一体化系统操作岗位职责。五是计划分三批将部门预算执行切换到一体化系统，其中前两批部门要在2022年预算执行中进行切换，请相关部门加强组织领导，认真做好准备，保障切换工作平稳实施。六是特别要强调保密问题，一体化系统分布在不同涉密等级的网络下，涉密信息和敏感信息较多，要严格执行保密规定，防止不同网络交叉混用，正确配置用户权限，切实维护数据安全。

同志们，今年将召开党的二十大，明年是新一届政府开局之年，做好2023年部门预算编制意义重大、责任重大，我们要更加紧密地团结在以习近平同志为核心的党中央周围，坚持以习近平新时代中国特色社会主义思想为指导，深刻认识"两个确立"的决定性意义，增强"四个意识"、坚定"四个自信"、做到"两个维护"，以时时放心不下的责任感，深入推进部门预算改革，认真做好部门预算编制，用实际行动迎接党的二十大胜利召开！

目　　录

第一章　中央部门预算改革综述 …………………………………………（ 1 ）
 第一节　中央部门预算改革的背景 ……………………………………（ 1 ）
 第二节　中央部门预算改革的主要内容 ………………………………（ 3 ）
 第三节　中央部门预算改革的主要成效 ………………………………（ 7 ）
 第四节　中央部门预算改革的方向 ……………………………………（ 9 ）

第二章　中央部门预算编制程序及要求 ………………………………（ 12 ）
 第一节　职责分工 ………………………………………………………（ 12 ）
 第二节　编制流程 ………………………………………………………（ 13 ）
 第三节　部门 2023—2025 年支出规划和 2023 年预算编制 ……（ 14 ）

第三章　中央部门收入预算编制 ………………………………………（ 21 ）
 第一节　中央部门收入预算编制概述 …………………………………（ 21 ）
 第二节　中央部门收入预算编制 ………………………………………（ 23 ）

第四章　中央部门支出预算编制 ………………………………………（ 27 ）
 第一节　基本支出改革情况 ……………………………………………（ 27 ）
 第二节　基本支出预算管理 ……………………………………………（ 29 ）
 第三节　项目支出预算概述 ……………………………………………（ 32 ）
 第四节　项目支出预算管理 ……………………………………………（ 34 ）
 第五节　项目支出标准体系建设 ………………………………………（ 40 ）

第五章　中央部门项目库管理 …………………………………（43）
第一节　项目库管理框架 ……………………………………（43）
第二节　人员类项目 …………………………………………（44）
第三节　运转类项目 …………………………………………（45）
第四节　特定目标类项目 ……………………………………（46）
第五节　严格项目入库管理 …………………………………（47）

第六章　部门预算管理重点工作 ………………………………（49）
第一节　中期财政规划管理 …………………………………（49）
第二节　坚决落实过紧日子要求，有力破除支出固化格局 …（52）
第三节　预算公开 ……………………………………………（58）
第四节　财政拨款结转和结余资金管理 ……………………（63）
第五节　部门预算评审 ………………………………………（69）
第六节　政府购买服务 ………………………………………（78）
第七节　政府采购 ……………………………………………（83）
第八节　需关注的审计问题及整改要求 ……………………（86）

第七章　预算管理一体化建设情况 ……………………………（90）
第一节　预算管理一体化建设的背景 ………………………（90）
第二节　预算管理一体化建设的主要管理机制 ……………（93）

第八章　预算绩效管理 …………………………………………（100）
第一节　全面实施预算绩效管理的重要意义 ………………（100）
第二节　一年来预算绩效管理改革进展情况 ………………（101）
第三节　近期预算绩效管理工作重点及思路 ………………（105）

第九章　财政预算监管 …………………………………………（108）
第一节　财政部各地监管局的工作职责 ……………………（108）
第二节　监管局职责转变要求、职责边界及制度建设 ……（109）
第三节　财政预算监管工作主要进展情况 …………………（112）

第十章　行政事业性国有资产管理 …………………………… (115)
 第一节　行政事业性国有资产管理综述 ………………………… (115)
 第二节　近年来行政事业性国有资产管理工作开展情况 ……… (115)
 第三节　加强行政事业性国有资产管理的工作思路 …………… (118)
 第四节　进一步推进资产管理与预算管理的有机结合 ………… (120)
 第五节　公务用车管理 …………………………………………… (121)
 第六节　中央行政单位国有资产处置收入和出租出借收入
    管理 ……………………………………………………… (123)

第十一章　地方部门预算改革 ………………………………… (125)
 第一节　地方部门预算改革的简要历程 ………………………… (126)
 第二节　地方部门预算改革的原则和特点 ……………………… (127)
 第三节　地方部门预算改革的主要内容 ………………………… (129)
 第四节　地方部门预算改革的主要经验和成效 ………………… (136)
 第五节　深化地方部门预算改革的思路和措施 ………………… (140)
 第六节　预算管理一体化建设对地方开展预算编制的意义 …… (144)

第十二章　预算支出标准汇编 ………………………………… (148)

附录 …………………………………………………………………… (169)
 附录一　中央部门预算改革大事记（2000—2022 年）………… (171)
 附录二　财政部关于编制中央部门 2023—2025 年支出规划
    和 2023 年部门预算的通知 …………………………… (183)
 附录三　中华人民共和国预算法 ………………………………… (193)
 附录四　中华人民共和国预算法实施条例 ……………………… (213)
 附录五　国务院关于进一步深化预算管理制度改革的意见 …… (230)
 附录六　党政机关厉行节约反对浪费条例 ……………………… (239)
 附录七　党政机关办公用房管理办法 …………………………… (252)
 附录八　党政机关公务用车管理办法 …………………………… (262)
 附录九　财政部关于推进中央部门中期财政规划管理的意见 … (267)

附录十　　财政部关于印发《中央本级基本支出预算管理办法》
　　　　　　的通知 …………………………………………………（271）

附录十一　财政部关于加强和改进中央部门项目支出预算
　　　　　　管理的通知 ……………………………………………（276）

附录十二　财政部关于进一步做实中央部门预算项目库的
　　　　　　意见 ……………………………………………………（285）

附录十三　财政部关于进一步完善中央部门项目支出预算
　　　　　　管理的通知 ……………………………………………（295）

附录十四　财政部关于加强中央部门预算评审工作的通知 ……（297）

附录十五　财政部关于印发《中央部门结转和结余资金管理
　　　　　　办法》的通知 …………………………………………（302）

附录十六　财政部关于进一步做好中央本级支出标准体系建
　　　　　　设工作的通知 …………………………………………（307）

附录十七　财政部关于印发《中央部门预算绩效目标管理办
　　　　　　法》的通知 ……………………………………………（311）

附录十八　财政部关于印发《中央部门预算绩效运行监控管
　　　　　　理暂行办法》的通知 …………………………………（336）

附录十九　财政部关于印发《项目支出绩效评价管理办法》
　　　　　　的通知 …………………………………………………（344）

附录二十　财政部关于委托第三方机构参与预算绩效管理的指
　　　　　　导意见 …………………………………………………（358）

附录二十一　财政部关于印发《中央部门项目支出核心绩效
　　　　　　　目标和指标设置及取值指引（试行）》的通知 …（361）

附录二十二　财政部各地监管局工作职能细化规定 ……………（371）

附录二十三　监管局财政监管工作基本指引（2022）…………（373）

附录二十四　中央部门基础信息口径说明 ………………………（388）

第一章 中央部门预算改革综述

第一节 中央部门预算改革的背景

部门预算是各部门依据国家有关法律法规及其承担的职能,所编制的反映部门所有收入和支出情况的综合财政计划,是政府各部门履行职能和事业发展的物质基础。实行部门预算改革,是我国加强财政支出管理的一项重大改革,对加强财政预算管理、提高财政资金效益、从源头预防腐败等,具有深远而重大的影响。

一、部门预算改革是市场经济体制和公共财政制度的内在要求

作为国家治理的基础和重要支撑,财政预算制度必须服从于和服务于国家的政治经济制度。国家政治经济制度的变革必然要求财政预算制度进行相应调整。

改革开放初期,我国采用的预算编制方法带有明显的计划分配的痕迹,财政统收统支,资金按功能切块分配,属于建设型财政的范畴。随着社会主义市场经济的建立和完善,政府的职能和活动范围逐步向提供公共服务、调节收入分配、促进经济增长等方面转变。财政作为政府履行职能的物质基础、体制保障、政策工具和监管手段,亟须按照社会主义市场经济的要求,建立与之相适应的公共财政体系。

1994 年实施的分税制财政体制改革,从收入方面初步理顺了中央与地

方间的分配关系，增强了中央财政的宏观调控能力，但是，财政支出方面的改革相对滞后，仍然采用与计划经济体制相适应的传统功能预算，已不能适应公共财政改革的要求。预算的编制方法、管理模式、运行机制和职责配置等都需要根据新的要求进行系统变革，逐步建立与市场经济体制和公共财政制度相适应的预算管理体系。

二、部门预算改革是消除传统功能预算种种弊端的必然选择

在计划经济体制下，传统功能预算适应于特定的历史需求，充分发挥集中力量办大事的制度优势，为国家重大战略和政策的实施提供了充足的财力保障。随着社会主义市场经济的逐步建立，传统功能预算与市场经济和公共财政不相适应的地方日益显现和增多，主要体现为：一是预算编制范围窄，预算外资金等部门自行控制的资金在分配和使用方面随意性很大；二是预算编制方法不科学，基本采用"基数加增长"的模式；三是预算编制时间短，基础性工作很难完成；四是预算支出安排粗放，大量资金没有细化到具体单位；五是预算管理财权不统一，重复建设和投入的现象较为普遍。

上述问题不但影响了预算管理的科学化和规范化，而且在一定程度上弱化了财政职能。要消除传统功能预算的种种弊端，就要紧密结合我国特殊的历史背景和现实国情，对我国的预算管理模式进行全面思考和大胆创新，推动建立新型的预算管理制度。

三、部门预算改革是全国人民代表大会和审计署推动的直接结果

传统功能预算暴露的种种问题引起了全国人大和审计署的高度重视。1999年6月，全国人大和审计署均提出要改进和规范中央预算编制工作，"要严格执行预算法，及时批复预算"；"要细化报送全国人大审查批准的预算草案内容，增加透明度"；"报送内容应增加对中央各部门支出、中央补助各地方的支出和重点项目的支出等"。全国人大预算工作委员会要求财政部2000年向全国人大提交中央预算草案时，要提供中央各部门的预

算收支等资料，要报送部门预算。为贯彻落实全国人大的要求，推进依法行政、依法理财，财政部向国务院报送了《关于落实全国人大常委会意见改进和规范预算管理工作的请示》，提出了细化政府预算编制，实施部门预算改革的初步构想。经国务院批准，财政部印发了《关于改进 2000 年中央预算编制的意见》（财预字〔1999〕464 号），正式拉开部门预算改革的序幕。

第二节　中央部门预算改革的主要内容

近年来，在党中央、国务院的正确领导下，在财政部和中央各部门的共同努力下，遵循"循序渐进、先易后难、逐步完善"的总体思路，先搭框架、再磨细节、稳步推进，通过推进综合预算、优化支出结构、完善分配机制、改进项目管理、理顺编制权责、实行中期规划、强化预算执行、加强绩效管理、推进预算公开等一系列改革，提高了预算管理的完整性、规范性、科学性、有效性和透明度，更加有效地发挥了财政职能作用。

一、推进综合预算管理

规范部门预算编报范围，将预算单位符合规定的各项资金全部纳入部门预算管理，一个部门一本预算。2011 年起，全部预算外收入纳入预算管理。增强各类预算之间的统筹协调，加大政府性基金预算、国有资本经营预算与一般公共预算的统筹力度。规范部门预算编报口径，2015 年起将部门预算划分为部门财政拨款收支预算和部门收支预算两个层次。其中，部门财政拨款收支预算与一般公共预算和政府性基金预算衔接，部门收支预算全面反映包括财政拨款收支、事业收支、事业单位经营收支和其他收支等在内的部门收支预算情况。

二、优化财政支出结构

结合国家战略部署、政府施政目标和宏观调控要求，调整和优化支出结构，加大对重大改革、重要政策和重点项目，以及深化供给侧结构性改革、打好三大攻坚战、促进教育文化卫生事业发展方面的支持力度，更好地服务经济社会发展。不折不扣落实过紧日子要求，推动建立节约型财政保障机制。中央部门支出连续四年作了较大幅度压减，2022 年结合审计、绩效等情况继续严格压减支出，还压减了部分重点项目和政策性补贴。从严控制"三公"经费，坚决取消无实质内容的因公出国（境）、公务接待等活动，严格控制车辆报废更新。积极构建过紧日子长效机制。按季对中央部门落实过紧日子要求的情况进行评估，督促部门认真整改年底突击花钱有关问题，推动部门及时堵塞漏洞、规范管理。

三、完善预算分配机制

推进预算支出标准体系建设。逐步扩大基本支出定员定额管理范围，初步构建起覆盖绝大多数行政单位、参公单位和部分公益性较强事业单位的分类分档定额标准体系。全面推进实物费用定额试点，范围扩大到所有中央部门本级，按照人员定额和实物定额相结合的方式核定试点单位公用经费规模。加快推进中央本级项目支出标准体系建设，按照先易后难、重点突破、逐步深入、梯次推进的原则，加强支出标准编制，积极推进项目支出标准体系建设和项目标准化管理，强化支出标准应用，发挥标准在预算编制和管理中的支撑作用。

四、改进项目支出管理

完善项目管理层次，将项目分为一级和二级项目，按新的分类加强项目整合，清晰反映项目与部门职能、任务之间的结构关系。加强政策研究和项目论证，加大项目精简整合力度，完善项目决策机制，提高项目质量。所有项目纳入项目库管理，年度预算安排项目从项目库中择优选取。规范项目入库管理，建立重大项目动态评估清理机制。不断扩大项目评审范围，部门项目评审实现全覆盖。强化评审结果应用，一方面将评审结果作为预算安排的上限；另一方面，对平均审减率超过容忍度的部门，适当压减部门项目支出预算。

五、理顺预算编制权责

进一步理顺预算管理关系，更好地发挥部门在预算编制、执行中的主体地位和责任，按照"放管服"改革要求，一方面，赋予部门更多的预算管理权限，部门具体项目的立项和经费安排等原则上由部门负责，强化部门主体责任；另一方面，减少财政部对预算编制微观事项的介入，重点做好总量平衡和宏观管理，更加注重管理制度和规程制定。将预算评审中心和监管局实质性嵌入预算编制流程，健全预算审核程序，充分地发挥预算审核和监管作用。2021年，财政部对75个中央部门一级预算单位的119个项目进行了评审，涵盖交通、环保、医疗卫生、教育、科技等多个领域，涉及资金1662.29亿元，有效促进了部门项目预算编制的科学性，显著提高了财政资金的使用效益和预算管理水平。强化预算安排约束机制。根据预算执行、决算、评审、审计、监管等工作中发现的问题，适当减少相关部门预算安排。

六、实行中期规划管理

根据中期财政规划和部门改革发展需求，合理确定规划期内中央部门的支出总量和结构。从编制2016年预算起，对纳入中央部门预算的一般公共预算和政府性基金预算拨款收支实行中期财政规划管理。实行逐年滚动管理，突出政策与预算相结合，增强预算约束力，各部门年度预算安排不得突破中期财政规划确定的对应年度部门中期财政规划。按照"先定政策，再排支出"的思路，加强政策、业务和预算的有机结合，实现总量控制与结构优化的衔接统一。

七、强化预算执行管理

增强预算约束刚性，从严控制追加预算，执行中除救灾等应急支出外，一般不出台增加当年支出的政策，必须出台的政策纳入以后年度预算安排；必须追加当年预算的，首先通过调整部门当年支出结构解决。严格控制代编预算范围和规模，逐步提高年初预算到位率。对于年度执行中新增的临时性、应急性等支出，要求通过机动经费或部门预算调剂等渠道解决。规范代编预算使用程序，执行中需要动用代编预算的，须报国务院批准后下达。对预计年底剩余的项目资金，部门可按程序调剂用于符合政策规定的基本支出缺口以及急需的项目支出。按照国务院部署，组织中央部门全面清理存量资金，收回后统筹用于经济社会发展急需资金的领域。同时，建立盘活存量资金长效机制，完善结转结余资金管理，将部门结余资金全面收回财政，加大存量资金消化力度，提高财政资金使用效率。

八、加强预算绩效管理

强化中央部门预算绩效管理，实现项目绩效目标、绩效执行监控、绩效自评、绩效责任四个全覆盖。推进绩效管理与预算管理紧密结合，实行预算编制、执行、监督全过程的绩效管理工作机制。报请中共中央、国务院印发了《关于全面实施预算绩效管理的意见》，并对中央部门贯彻落实文件精神提出了具体要求。制定印发《中央部门预算绩效运行监控管理暂行办法》（财预〔2019〕136号），对预算执行情况和绩效目标实现程度进行"双监控"，及时纠正偏差。部分项目绩效自评结果和重点绩效评价报告提交全国人大常委会，稳步推动绩效信息向社会公开。

九、推进部门预算公开

主动地接收人大审计监督，逐步细化报送全国人大审议的中央部门预算内容。强化部门主体责任，提高部门预算公开的主动性和积极性。加强部门预算公开力度，2022年共有102个中央部门（单位）公开部门预算，公开预算的部门数与上年持平。102个部门全部说明了贯彻落实过紧日子要求压减支出等情况，有82个部门公开了131个项目的项目文本，比上年增加27个项目；有100个部门公开了727个项目的绩效目标，比上年增加

599个项目。拓宽部门预算公开形式,大力推进"互联网+政务服务",除在部门网站公开外,还在财政部门户网站建立的专门平台和中国政府网设置的专门栏目上集中公开中央部门预算,方便社会公众监督。

第三节 中央部门预算改革的主要成效

20年来,中央部门预算改革不断向前推进,预算编制更加全面规范,预算管理更加公开透明,管理措施更加丰富完善,运行机制更加顺畅高效,为中央履行职能和事业发展提供了可靠的财力保障。特别是党的十八大以来,各部门认真贯彻落实党中央、国务院决策部署,通过推行中期财政规划、重塑预算编制链条、做实项目库、强化预算绩效管理、理顺各方权责关系、推进预决算信息公开,基本构建起层次清晰、运转顺畅的部门预算管理新框架,为建立现代财政制度奠定了坚实基础。

一、提升了部门履职保障能力

部门预算改革以后,实行"一个部门一本预算",部门预算管理的完整性得到了提高。中央部门在编制年度预算时就对本部门年度预算进行总体规划,结合本部门职能和年度工作安排统筹考虑并申报预算,促使部门将预算编制与部门职能和事业发展紧密联系在一起。同时,财政部门在编制年度预算时,根据国家战略需要以及党中央国务院具体要求,研究提出具体预算编报要求,为部门编制年度预算提供指引。这种新型的预算分配机制,确保了国家重大政策得到贯彻落实,也更符合部门履行职能的实际需要。

二、增强了部门预算的严肃性

部门预算改革以后,一方面改变了过去层层"留机动"的做法,预算全部批复到具体项目和具体单位,减少了资金在中间环节的滞留,提高了预算的年初到位率，为各预算单位严格按照预算执行创造了条件；另一方面改变了预算外资金、各种政府性基金由单位自行安排的做法，按照综合预算的要求，将预算外资金和部门其他财政性资金全面纳入预算管理或实行收支脱钩管理，部门预算的完整性得到提高，预算管理的随意性得到了控制。同时，财政部积极加强预算执行管理，严格预算执行约束，如有调整必须按程序报财政部门审批，提高了部门预算管理的严肃性。

三、提高了预算编制的科学性

部门预算改革以后，预算编制时间逐步延长，为部门全面、准确、科学、细化地编报预算提供了充足的时间保障。预算编制方法也逐步从传统的"基数加增长"过渡到按基本支出和项目支出分别测算，基本支出实行定员定额管理，项目支出立足项目库实行滚动管理，在编制程序上坚持从基层预算单位编起，逐级汇总，预算批复到基层单位和具体项目，大大提高了预算编制的科学化水平。

四、明确了预算编制的权责

部门预算改革以后，在制度设置上不断强化中央各部门主体地位，强调中央部门既是预算编制的主体，也是预算执行和绩效评价的主体；既是权利主体，同时也是责任主体。中央部门也切实改变了以往粗放的预算编报方式，充分履行预算编报的主体责任。逐步形成了中央部门为主、财政部门总体平衡的预算管理格局。部门预算理念不断增强，预算管理上下一盘棋的局面初步建立。

五、增强了部门预算的透明度

部门预算改革以后，全国人大监督的广度和深度不断延伸。报送全国人大审议的部门预算数量逐年增加，现已基本涵盖所有非涉密的中央部门；报送的重点项目数量2022年达到111个，比上年增加11个；报送的预算信息不断细化，全部支出已细化到项级科目。积极推动部门预算公开，2022年公开预算的部门数量达到102家。进一步细化公开内容、创新宣传方式，指导部门做好对压减一般性支出等重点事项的说明。

六、提高了财政资金使用效益

部门预算改革以后，财政部着力扭转以往"重分轻管"的局面，不断提高加强和完善财政资金管理措施，让有限的财政资金发挥出最大的使用效益。一方面，全面实施绩效管理，确立起绩效目标与部门预算同步申报、同步审核、同步批复机制，推进部门预算安排与绩效评价的结合，推动中央部门树立绩效观念，主动提高财政资金使用效益。另一方面，加强预算执行管理和财政拨款结转结余管理，建立健全预算执行监测分析制度，严格控制预算调整事项和调整时限，建立部门结余资金全面收回财政的制度，不断提高财政资金的使用效率和效益。

第四节　中央部门预算改革的方向

预算体现国家的战略和政策，反映政府的活动和方向，是推进国家治理体系和治理能力现代化的重要支撑，是宏观调控的重要手段。党中央、国务院高度重视预算管理工作。党的十九届五中全会对建立现代财税金融体制、深化预算管理制度改革作出部署。习近平总书记强调，财政是国家治理的基础和重要支柱，科学的财税体制是优化资源配置、维护市场统一、促进社会公平、实现国家长治久安的制度保障。党的十八大以来，按照党中央、国务院决策部署，财政部会同有关部门和地方积极改进预算管理制度，大力推进中期财政规划、重塑部门预算管理链条、地方政府债务管理、预算绩效管理等一系列重大改革举措落地实施，为建立现代预算制度提供了基础条件。当前和今后一个时期，财政处于紧平衡状态，收支矛盾较为突出，加之随着改革的逐步深入，预算管理中一些深层次问题逐步暴露出来，如预算统筹力度不足、预算约束不够有力、资源配置使用效率有待提高等，影响了财政资源统筹和可持续性，迫切需要进一步规范管理、提高效率、挖掘潜力、释放活力。

结合当前和今后一个时期财政形势，为解决预算管理中存在的突出问题，印发了《国务院关于进一步深化预算管理制度改革的意见》（国发〔2021〕5号），在前期一系列改革举措的基础上，立足于推进国家治理体系和治理能力现代化，更加注重加强预算管理制度改革顶层设计和预算管理各项制度的系统集成、协同高效，力争通过深化改革更好地将制度优势转化为治理效能，建立现代预算制度体系框架，更好发挥财政在国家治理中的基础和重要支柱作用，为全面建设社会主义现代化国家提供坚实保障。主要创新之处体现在以下几个方面：

一是加强重大决策部署财力保障。各级预算安排要将落实党中央、国务院重大决策部署作为首要任务。完善预算决策机制和程序，各级预算、决算草案应当按程序报本级党委和政府审议，各部门预算草案应当报本部门党组（党委）审议。

二是加强财政资源统筹。加大收入统筹力度，盘活存量，充分挖掘释放各种闲置资源潜力。加强政府性资源统筹管理，将依托行政权力、国有资源（资产）获取的收入以及特许经营权拍卖收入等按规定全面纳入预算。强化部门和单位收入统筹管理，要求部门和单位依法依规将取得的包括事业收入、事业单位经营收入等非财政拨款收入在内的各类收入纳入部门或单位预算，未纳入预算的收入不得安排支出。

三是规范预算支出管理。合理安排支出预算规模，充分发挥财政政策逆周期调节作用。优化财政支出结构，坚持"三保"支出在财政支出中的优先顺序。推进支出标准体系建设，将支出标准作为预算编制的基本依据。不折不扣落实过紧日子要求，严控一般性支出。完善财政资金直达机制，确保资金直达使用单位、直接惠企利民。

四是加强预算控制约束和风险防控。实施项目全生命周期管理，预算支出全部以项目形式纳入预算项目库，未入库项目一律不得安排预算。强化中期财政规划对年度预算的约束。加强财政运行风险防控，加强重大政策、重大政府投资项目等财政承受能力评估。健全地方政府依法适度举债机制，坚决遏制隐性债务增量，稳妥化解隐性债务存量。

五是提高预算管理信息化水平。将制度规范与信息系统建设紧密结合，以省级财政为主体建设覆盖本地区的预算管理一体化系统并与中央财政对接，动态反映各级预算安排和执行情况。建立完善全覆盖、全链条的转移支付资金监控机制。积极推动跨部门基础信息共享共用。

第二章　中央部门预算编制程序及要求

第一节　职责分工

根据《中华人民共和国预算法》（以下简称《预算法》）、《中华人民共和国预算法实施条例》（以下简称《预算法实施条例》）、《国务院关于深化预算管理制度改革的决定》（国发〔2014〕45号）、《国务院关于进一步深化预算管理制度改革的意见》（国发〔2021〕5号）、《国务院关于实行中期财政规划管理的意见》（国发〔2015〕3号）等文件精神，在中期财政规划和年度预算编制工作中，各方职责分工如下：

全国人民代表大会：审查中央和地方预算草案及中央和地方预算执行情况的报告；批准中央预算和中央预算执行情况的报告；改变或者撤销全国人民代表大会常务委员会关于预算的不适当的决议。

全国人民代表大会常务委员会：监督中央预算的执行；审查和批准中央预算的调整方案；撤销国务院制定的同宪法、法律相抵触的关于预算的行政法规、决定和命令。

国务院：编制中央预算草案；向全国人民代表大会作关于中央和地方预算草案的报告；组织中央预算的执行；决定中央预算预备费的动用；编制中央预算调整方案；监督中央各部门的预算执行；改变或者撤销中央各部门关于预算的不适当的决定、命令；向全国人民代表大会、全国人民代表大会常务委员会报告中央预算的执行情况。

财政部：具体编制中期财政规划和中央预算草案；具体组织中央和地

方预算的执行；提出中央预算预备费动用方案；具体编制中央预算的调整方案；定期向国务院报告中央和地方预算的执行情况。

中央部门：编制本部门中期财政规划和预算草案；组织和监督本部门预算的执行；定期向财政部报告预算的执行情况。

第二节　编制流程

中央部门预算按照"二上二下"的流程编制，具体如下：

预算编制准备阶段。主要是中央部门清理完善预算单位信息，开展项目清理和提前储备项目。财政部布置中央部门年度预算编制工作，修订《政府收支分类科目》，准备预算编制软件。

"一上"阶段。中央部门根据本部门发展规划、年度工作目标和重点等，从基层预算单位开始编制年度预算建议，逐级审核汇总，由部门编制年度预算建议方案报送财政部，同时报送人员、资产等基础数据和项目库。

"一下"阶段。财政部对中央部门报送的年度预算建议进行审核，综合考虑财力可能，研究提出中央部门预算安排总体建议方案，按程序报批后下达中央部门年度预算控制数。

"二上"阶段。中央部门根据财政部下达的"一下"预算控制数细化编制部门"二上"预算。中央部门在财政部下达的控制数以内，按规定的预算科目、报表格式等汇总编制本部门年度预算草案，在规定时间内报送财政部。财政部对部门报送的"二上"预算进行审核，汇编中央部门预算草案。

"二下"阶段。在全国人民代表大会批准中央预算后，财政部批复各中央部门预算，中央部门根据财政部批复的部门预算，逐级批复所属单位预算。

第三节　部门 2023—2025 年支出规划和 2023 年预算编制

一、编制范围

机关事业单位将一般公共预算拨款、政府性基金预算拨款、国有资本经营预算拨款、财政专户管理资金以及事业收入、事业单位经营收入等单位资金的收支情况列入 2023 年部门预算，中央企业将财政拨款收支列入部门预算。各单位同时编制 2023—2025 年一般公共预算拨款、政府性基金预算拨款三年支出规划。

二、项目储备入库

（一）提前谋划项目

中央部门组织所属单位根据履行职能和事业发展需要，提前谋划项目，开展可行性论证、制定实施计划等前期工作。对新出台的重大政策、项目开展事前绩效评估。新增项目应当有充分依据，体现中央本级支出责任，不得安排对地方的补助支出。涉及资产运行维护、信息化运行维护的运转类项目，应当有对应大型公用设施、大型专用设备、专业信息系统等资产作为立项依据。

（二）完善二级项目编报

1. 根据支出性质和用途，明确项目使用的支出功能分类项级科目，严格控制使用款级、项级科目中的其他支出科目；合理确定所属一级项目，使用定向国外无偿援助资金安排的项目统一编列至"使用定向国外援款"通用一级项目下。

2. 测算支出总额，全口径反映项目支出需求，其中，人员类项目和公用经费项目根据人员、编制、资产等基础信息和对应支出标准测算；其他运转类项目根据大型公用设施等资产情况和对应支出标准测算；特定目标类项目根据工作内容、任务量等和对应支出标准测算，集中反映不同资金来源情况，同一事项不分割为多个项目。

3. 确定实施周期，人员类项目、运转类项目与机构存续期及资产使用期限一致，暂按 1 年编报；特定目标类项目的实施周期由各单位根据项目实际情况合理确定，并据此提出分年支出计划。

4. 设定项目实施期总体绩效目标，描述最终期望达到的效果，突出项目核心产出和效果，合理设定绩效指标值。绩效指标应细化量化、规范合理，充分体现项目核心产出和效益。未按要求设定绩效目标的项目不得入库。

（三）开展部门评审

各部门应按规定开展项目评审，将评审结果作为项目入库、申报预算和改进管理的重要依据。人员类项目、公用经费项目、支出总额小于 100 万元的项目和按照法定标准测算的项目不需开展评审，其他项目入库前需要通过部门评审。评审要对立项依据、实施方案、支出总额、分年计划、绩效目标等提出具体意见，并根据评审意见完善项目编报。

（四）开展事前绩效评估

各部门和单位在申报入库项目时，对于新申请入库且财政资金需求超一定规模的项目需要开展事前绩效评估，评估结果作为申请预算的必备要件。事前绩效评估主要从立项必要性、投入经济性、绩效目标合理性、实施方案可行性、筹资合规性等方面对项目相关情况进行详细评估分析。

（五）项目审核入库

人员类项目、公用经费项目由单位审核后入库。对于其他运转类项目和特定目标类项目，不申报财政拨款资金的，由部门审核后入库；申报财政拨款资金（含横向项目）的，由部门报送财政部审核通过后入库。"一上"预算之后，确有特殊情况和政策依据需要申报项目入库的，最迟在 10

月 31 日之前完成入库。

三、部门编制"一上"支出规划和年度预算建议

（一）报送基础信息

部门应当根据机构隶属关系、机构改革等情况调整预算单位设置，按程序来函申请新增、撤销或变更单位信息。做好基础信息维护，通过基础信息汇总提取各单位 2022 年 8 月底人员编制数、实有人数和资产情况，较上年有较大变化的，应说明原因并提供证明文件。

（二）细化项目信息

启动编制 2023 年预算时，首先需要对已储备入库且拟纳入当年预算的项目进行细化，明确资金来源、支出经济分类、资产配置、政府采购、政府购买服务等项目信息。对于延续性项目，应当准确预计上年结转资金，结转下年按原用途继续使用。机动经费项目暂按上年情况编报，统一列部门本级。

（三）提出三年支出规划建议

部门根据轻重缓急和项目排序情况，从项目库中选取拟申报财政拨款资金的非横向项目，汇总提出三年支出规划建议。2023 年项目支出规划建议原则上不超过上年支出规划，一级项目规划数较上年有变化的，以及跨支出功能类级科目调整的，应当做出说明。对于因党中央、国务院新批准重要改革、重大政策等确需增加支出规划的，应当单独提出申请并提供文件依据和详细说明。相关业务主管部门管理的项目支出（如发展改革委、国防科工局安排的基本建设项目等），由主管部门负责编制支出规划建议。

（四）编制支出预算建议

1. 基本支出预算编制。从项目库中选取人员类项目、公用经费项目分别形成人员经费预算建议和公用经费预算建议。认真做好养老保险和医疗

保险单位缴费补助支出测算。

科学编制住房改革支出预算，住房公积金、提租补贴和购房补贴预算应当分别编制，专款专用，原则上不得相互调剂。优先消化住房改革支出财政拨款结转资金，统筹考虑其他资金，减少申请财政拨款资金。应当优先将预计 2022 年末公房出售收入扣除应计提住宅专项维修资金后余额的 20% 用于发放购房补贴，不足的部分再申请动用其他资金和财政拨款资金。各部门要加强对单位公房出售收入发放购房补贴的审核，切实加大动用公房出售收入发放购房补贴的力度，达不到规定比例的部门应当说明情况。

2. 项目支出预算编制。从项目库中选取其他运转类项目和特定目标类项目形成项目支出预算建议。部门经营往来支出情况通过选取上缴上级支出项目、事业单位经营支出项目和对附属单位补助支出项目单独反映。

（五）编制收入预算建议

部门预算收入包括财政拨款收入、财政专户管理资金收入（即教育收费）和单位资金收入，其中单位资金收入包括事业收入（不含教育收费）、上级补助收入、附属单位上缴收入、事业单位经营收入及其他收入。部门应根据经济形势、事业计划、经营状况等增收减收因素，合理预计当年收入和上年结转结余情况，除财政拨款结余资金按规定交回财政外，其他全部纳入预算，做到收支平衡。财政部及财政部代表国家接受的定向国外无偿援助资金纳入一般公共预算收入，通过财政拨款列入相关部门预算；其他部门接受的定向国外无偿援助资金列入部门的单位资金收入。

（六）其他编报事项

1. 部门预算支出涉及新增资产配置的，应编制新增资产配置预算。使用"309 资本性支出（基本建设）""310 资本性支出""31101 资本金注入""31201 资本金注入"和"31203 政府投资基金股权投资"等经济分类科目的，原则上应当形成资产。

2. 编制"三公"经费支出。部门要认真编报年度"三公"经费预算，严格按照有关规定和支出经济分类口径编列。财政拨款"三公"经费支出纳入财政限额管理，原则上只减不增；非财政拨款"三公"经费支出由各部门履行管理主体责任，做好内部审核，从严控制规模如实记录反映。

3. 部门要积极支持并督促属地中央预算单位配合财政部各地监管局开展部门预算监管工作。纳入监管局监管范围的中央二级及以下预算单位，应按要求和规定时限将2023年"一上"预算申报材料逐级汇总后报送当地监管局备查，并提供预算编制有关政策依据、证明文件等。

4. 部门要认真填报部门职能、机构设置、资产配置、人员编制等情况及说明，按照规定格式编写支出规划建议，说明项目排序、绩效评价结果运用、项目支出标准建设、非财政拨款收支等情况。按照保密规定标注文件和数据的密级。

四、核定三年支出规划和年度预算控制数

中央财政综合平衡后，核定下达部门2023—2025年支出规划控制数和2023年财政拨款"一下"控制数。基本支出控制数一般明确到支出功能分类项级科目或具体项目，项目支出控制数根据管理需要明确到一级项目或二级项目。

五、部门编制"二上"支出规划和年度预算草案

（一）细化分解控制数

部门将财政部下达的控制数细化分解到具体单位和具体项目。在一级项目控制数规模内，部门可调整二级项目支出计划或增减替换二级项目，增加的项目应当是已入库项目。部门如需调整一级项目、据实结算项目、机动经费项目及财政已明确的二级项目控制数，应当商财政部同意。

（二）编制"二上"支出规划

部门根据控制数分解情况，从项目库中选取非横向财政拨款资金项目，编制形成"二上"三年支出规划。

（三）编制年度预算草案

一是调整完善收入预算，财政拨款收入应当与财政部下达的预算控制数一致，财政专户管理资金、单位资金等各项收入结合最新情况进行必要调整，按规定全部纳入预算。二是根据财政部下达的预算控制数和预计收入情况，完善相关项目信息，明确项目结转金额、当年预算安排及资金来源，重新编制支出预算，做到收支平衡。根据预算安排等情况进一步调整完善绩效目标。

（四）编制政府采购预算

部门预算支出凡涉及政府采购的，严格按经济分类、政府采购品目和具体采购项目编制政府采购预算。政府采购预算直接控制政府采购计划和合同执行，需准确编制政府采购预算。政府采购预算编制应与新增资产配置预算保持衔接，列明拟采购设备的名称、数量和预算金额。部门应按照《政府采购促进中小企业发展管理办法》（财库〔2020〕46号）规定面向中小微企业预留一定份额政府采购预算。

六、国有资本经营预算编报工作

（一）国有资本经营预算安排重点

一是支持中央企业提高自主创新能力，加快实现科技自立自强。支持国有资本加大污染防治投入，推动如期实现碳达峰碳中和目标。二是推动中央企业落实"一带一路"倡议，深化对外经济合作。支持保产业链供应链稳定，推动畅通经济循环。服务保障国家粮食、能源安全。支持北京非首都功能疏解工作。三是推动加快国有经济布局优化和结构调整，向关系国家安全、国民经济命脉的重要行业集中，向提供公共服务、应急能力建设和公益性等关系国计民生的重要行业集中，向前瞻性战略性新兴产业集中。四是支持做好解决历史遗留问题工作，推动加快剥离国有企业办社会职能，支持"三供一业"分离移交、国有企业退休人员社会化管理等工作。五是支持文化等领域重大改革发展事项，推进文化领域供给侧结构性改革。深化高校所属企业体制改革，促进科研成果转化。六是加强与一般公共预算统筹衔接，安排资金调入一般公共预算，统筹用于保障和改善民生。

（二）相关编制要求

一是中央企业应根据上述支出重点，结合企业发展战略、改革进展、绩效管理等情况，编制国有资本经营预算支出计划，合理设置支出绩效目标，规范撰写编报说明，详细说明支出测算过程和政策依据。中央金融企业国有资本经营预算管理另有规定的，按有关规定执行。二是中央部门审核其监管（所属）中央企业报送的支出计划，考察论证支出计划合规性、可行性和绩效目标合理性、规范性，确保项目真实、数据准确、绩效目标科学合理；参考历史资金安排和绩效情况，加强绩效评价结果应用。

第三章 中央部门收入预算编制

中央部门预算收入,是中央部门编制年度预算时,预计在预算编制周期内从各种渠道依法取得的各类收入的总称,是中央部门履行职能、完成各项工作任务的财力保障。中央部门要充分、合理预计部门各项收入,依法、准确、真实、完整地编制收入预算。

第一节 中央部门收入预算编制概述

中央部门的收入主要包括一般公共预算拨款收入、政府性基金预算拨款收入、国有资本经营预算拨款收入、事业收入、事业单位经营收入、其他收入等。按照《国务院办公厅转发财政部〈关于深化收支两条线改革,进一步加强财政管理意见〉的通知》(国办发〔2001〕93号)和实行综合预算管理的要求,对预算外资金等非税收入的监管力度不断加大,一是推进收支两条线改革,将非税收入逐步纳入预算管理,直至全面取消预算外资金;二是推进非税收入收缴改革,避免坐收坐支。

一、推进收支两条线改革

按照国办发〔2001〕93号文件"对中央部门区分不同情况,分别采取将预算外资金纳入预算管理或实行收支脱钩管理等办法"的要求,逐步取消各部门预算外收入,实行收支脱钩管理,收入全额上缴国库,支出予以单独核定。自2002年7月起,将政府性基金全部纳入预算管理。2003

年，印发了《财政部 中国人民银行关于将部分行政事业性收费纳入预算管理的通知》（财预〔2002〕584号），将经贸、外贸等部门和单位的118项行政事业性收费纳入财政预算管理。2004年，进一步扩大了试点范围，增加司法部、原信息产业部等7个部门，基本实现了对预算外资金的规范管理。2005年，将国家广播电影电视总局集中的广告收入等预算外收入逐步纳入预算管理。2006年，国家广播电影电视总局集中的中央电视台广告收入全部纳入预算管理，支出由财政部根据广电事业发展的需要在部门预算中统筹考虑。2007年，将土地出让收支全额纳入政府性基金预算管理。2008年，将彩票公益金纳入政府性基金预算管理；印发《中央级事业单位国有资产处置管理暂行办法》（财教〔2008〕495号），明确中央事业单位资产处置收入上缴中央国库，实行"收支两条线"管理。2009年，印发《中央行政单位国有资产处置收入和出租出借收入管理暂行办法》（财行〔2009〕400号），明确将中央行政单位国有资产处置收入和出租出借收入分别上缴中央国库和中央财政专户；印发《财政部关于将按预算外资金管理的全国性及中央部门和单位行政事业性收费纳入预算管理的通知》（财预〔2009〕79号），明确从2010年1月1日起，将司法部等部门35项收费（含以前年度欠缴及未缴财政专户的资金和财政专户结余资金）全额上缴国库，支出通过一般公共预算或政府性基金预算安排，不再作为预算外资金管理。2010年，印发《财政部关于将按预算外资金管理的收入纳入预算管理的通知》（财预〔2010〕88号），明确从2011年1月1日起，中央部门的教育收费收入作为本部门的事业收入，纳入财政专户管理，其余中央部门预算外收入全部上缴中央国库，支出通过一般公共预算或政府性基金预算安排。中央部门收取的主管部门集中收入、国有资产出租出借收入、广告收入、捐赠收入、回收资金、利息收入等预算外收入纳入一般公共预算管理，使用时用于收入上缴部门的相关支出。从此，预算外资金正式退出历史舞台。

二、建立非税收入收缴分离制度

从2002年开始，按照国库管理制度改革方案的要求，逐步建立非税收入"单位开票、银行代收、财政统管"的非税收入收缴制度。一是财政部设立预算外资金财政专户，取消主管部门和执收单位设立的收入过渡户，对预算外资金汇缴专户实行零余额管理。二是取消原对一些预算外资金按一定比例留用的政策，预算外资金收支统一由财政专户反映。三是中央部门非税收入收缴改革范围不断扩大。四是对国有资本、国有资源、国有资产收入实施国库集中收缴管理，进一步扩大改革的资金范围。五是完善全国非税收入执收项目库，研究提出了推进中央地方分成收入、高等院校收费收入改革的措施。六是将国库集中支付改革的范围从一般公共预算资金扩大到政府性基金。

第二节　中央部门收入预算编制

一、部门收入的构成

部门预算收入包括财政拨款收入、财政专户管理资金收入和单位资金收入。其中：财政拨款收入包括一般公共预算拨款、政府性基金预算拨款、国有资本经营预算拨款；财政专户管理资金收入是缴入财政专户、实行专项管理的教育收费收入；单位资金收入指除财政拨款收入和财政专户管理资金以外的收入，包括事业收入（不含教育收费收入）、上级补助收入、附属单位上缴收入、事业单位经营收入及其他收入。部门预算收入在来源年度上又分为本年收入和上年结转，同时还可以使用以前年度非财政拨款结余弥补年度收支差额。

（一）上年结转

上年结转指以前年度安排、预计结转到本年度使用的资金，包括财政拨款结转资金、财政专户管理资金结转和单位资金结转。

（二）财政拨款收入

财政拨款收入指由中央财政拨款形成的部门收入，不包括非本级财政的拨款收入以及预计年度执行中从其他中央部门取得的财政拨款收入。根据《中华人民共和国预算法实施条例》，各部门预算应当反映一般公共预算、政府性基金预算、国有资本经营预算安排给本部门及其所属各单位的所有预算资金。

（三）上级补助收入

上级补助收入指预算单位从主管部门或上级单位取得的非财政拨款补助收入。

（四）事业收入

事业收入指事业单位开展专业业务活动及辅助活动取得的收入，包括教育收费收入等。

（五）事业单位经营收入

事业单位经营收入指事业单位在专业业务活动及辅助活动之外开展非独立核算经营活动取得的收入。

（六）附属单位上缴收入

附属单位上缴收入指本单位所属下级单位（包含独立核算和非独立核算的，相关支出纳入和未纳入部门预算的下级单位）上缴给本单位的全部收入（包括下级事业单位上缴的事业收入、其他收入和下级企业单位上缴的利润等）。

（七）其他收入

其他收入填列除上述收入以外的各项收入，主要包括非本级财政拨款、事业单位的投资收益等收入。

（八）使用非财政拨款结余

使用非财政拨款结余指预计用非财政拨款结余资金弥补本年度收支差额的数额。只有事业单位预计当年收入小于支出时，才可以用非财政拨款结余资金弥补收支差额。

二、部门收入预算编制的总体要求

部门在预测收入预算时，遵循项目合法合规、内容全面完整、数字真实准确的总体要求。

（一）项目合法合规

部门填列的各项收入，必须是预计依法取得的各项收入。各部门必须严格执行国家政策规定，认真做好主管部门集中收入、以政府名义接受的捐赠收入、政府财政资金产生的利息收入等编报工作，上述收入均应上缴国库、纳入一般公共预算管理，不得作为本单位收入反映。

（二）内容全面完整

中央部门收入预算的收入项目较多，资金来源各有不同，中央部门在填报预算时应做到全面反映、完整填报，对单位预计取得的各项收入进行全面反映，不应在部门预算之外保留其他收入项目。

（三）数字真实准确

部门预算收入的预测必须以国家社会经济发展计划和履行部门职能的需要为依据，同时结合近几年实际取得的收入并考虑增收减收因素测算，不能随意夸大或隐瞒收入，力求各项收入项目预算数据真实准确。

三、部门收入预算测算依据

部门收入是各部门切实履行其职能的财力保证。根据部门的发展规划、行使职能的需要对年度部门收入进行测算、分析，是部门预算编制工作的重要内容。中央部门在编制部门收入预算时，应对各项需求和资金来源进行认真测算、分析。

（一）明确预算目标

各部门要依据国家的中长期发展计划和本部门的职能，提出工作重点、任务，列出部门需要安排的重要事项，建立起各部门的年度预算目标。

（二）收集相关资料

部门应全面收集与部门预算编制相关的信息资料，如：部门资产数量和分布状况，部门财务状况，财政货币政策，经济增长速度，中央财政对部门财政拨款需求的满足程度等。

（三）分析、归集部门预算需求

一方面，要对收集的有关部门预算的各类资料进行深入分析，确保数据、信息的真实准确；另一方面，要对收集的信息、资料进行归类汇总，形成部门完整的决策信息。

（四）测算部门预算需求

根据财政部有关文件的规定，部门预算需求分为两个部分进行测算。一是基本支出。该项支出是以定员定额方式确定的，定员定额水平由财政部根据当年国家财力状况确定。各部门应集中力量做好人员基础数据的整理报送工作；二是项目支出。该项支出是根据部门履行职能和事业发展的实际需要确定的，各部门要以项目库为基础，根据国民经济发展规划、本部门事业发展计划以及中央财政的承受能力等合理测算项目预算。

四、需要说明的问题

为统一规范管理，中央部门非本级财政拨款收入纳入"其他收入"中反映。中央部门要科学、合理地编制综合预算，如实反映非本级财政拨款收入情况，规范会计核算，准确填列预算报表，不得隐瞒不报，也不允许无预算列收列支非本级财政拨款。

第四章 中央部门支出预算编制

第一节 基本支出改革情况

一、完善制度体系，提高基本支出的规范性

在深入调查研究的基础上，2001年财政部制定了《中央部门基本支出预算管理试行办法》（财预〔2001〕330号），确立了基本支出实行定员定额管理的新模式，明确了基本支出实行定员定额管理的具体思路。2002年，结合2001年定员定额试点情况，修订印发《中央本级基本支出预算管理办法（试行）》（财预〔2002〕355号），以更好地规范基本支出管理。2007年，结合基本支出改革工作和管理需要，财政部重新修订印发了《中央本级基本支出预算管理办法》（财预〔2007〕37号，以下简称《办法》）。在做好修订完善基本支出管理办法的同时，结合形势发展和管理需要，进一步完善基本支出财政拨款结转和结余资金管理规定、基本支出预算编制管理规程等。

二、扩大管理范围，提高定员定额管理的覆盖面

按照积极稳妥，逐步推进的原则，2001年率先选择10个部门进行了定员定额试点。2002年将试点范围从行政管理经费、公检法司支出扩大到

包括气象事业费、地震事业费、供销社事业费、交通事业费、高校经费和离退休管理机构经费的范围。此后，试点范围逐年扩大，试点单位也逐步由单一的行政单位扩展到参公单位和公益性事业单位。目前，行政单位、参公单位、公益一类事业单位全部实行纳入定员定额管理范围。

三、创新管理方法，提高定额标准的科学性

结合经济发展、物价变动、工资政策调整等因素，及时调整基本支出定额标准，积极研究建立定额标准的动态调整机制。在此基础上，实行了行政单位实物费用定额试点工作，推进资产管理与预算管理相结合。编制2012年预算时，将实物费用定额试点扩大到所有中央部门本级，编制2022年预算时，在京参公单位新增实行实物费用定额管理，人员定额和实物费用定额相结合的基本支出标准体系更加完善，基本支出预算分配的科学性、合理性进一步提高。

四、夯实管理基础，建立基础信息数据库

本着积极稳妥，循序渐进和充分整合利用现有资源等原则，2009年财政部启动了中央部门基础信息数据库建设工作，以全面掌握当前中央部门编制、人员、工资、津补贴等情况。中央部门基础信息数据库基本上覆盖了所有行政事业单位，所含信息既包括了在职人员，也包括了离休退休人员；既包括了编制、人员情况，也包含了部门本级的办公用房、公务用车等资产信息。随着中央部门预算管理一体化建设，进一步拓展了基础信息库，细化为单位信息库、人员信息库、资产信息库等，实现了"数出一源"，夯实了基本支出管理基础，提高了基本支出预算的科学化、精细化。

第二节　基本支出预算管理

一、基本支出预算的含义

基本支出预算主要是保障单位机构正常运转、完成日常工作任务而编制的年度支出计划，包括人员经费和公用经费两部分。人员经费是有关人员工资福利支出以及部分对个人和家庭的补助支出。公用经费是为保障机构正常运转和完成日常工作任务而用于购买商品、服务、办公设备等方面的支出。从编制2022年预算起，基本支出全部以项目形式纳入项目库。

二、基本支出定员定额管理

基本支出预算实行以定员定额为主的管理方式。定员定额是财政部在审核人员编制数、实有人数、资产数量等基础数据的基础上，根据定额标准测算安排基本支出预算的方法。

（一）定员定额项目及定额标准

根据预算编制需要和开支范围等情况，可以将人员经费和公用经费拆分若干支出部分，分别形成人员经费定额项目和公用经费定额项目。

1. 人员经费定额项目以核定的编制内实有人数为计算对象。人员经费定额标准根据国家工资、福利、保险政策以及政策规定的开支范围和开支标准等情况确定。

2. 公用经费定额项目包括人员综合定额和若干实物定额项目，其中，人员综合定额以核定的人员编制为计算对象。定额标准根据履职需要、有关政策规定、经济社会发展和物价水平、财力状况等情况，结合实际分类分档确定。实物定额项目以核定的资产为计算对象。定额标准根据物价水平、资产使用状况及运行维护需要等统筹确定。

定额标准一经确定，年度预算执行中不作调整。在编制下一年度基本支出预算之前，财政部统筹考虑影响定额标准的相关因素，调整确定下一年度定额标准。

（二）定员定额测算方法

1. 人员经费计算公式。

人员经费规模＝核定的编制内实有人数×定额标准

2. 公用经费计算公式。

公用经费规模＝核定的人员编制数×人员综合定额标准＋∑（核定的资产数×实物定额标准）

其中，事业单位人员编制存在空编的，空编部分按一半计算。

（三）定员定额管理单位范围

1. 行政单位和参公单位。根据各部门在党政序列中的位置及其职能等因素，将中央部门本级分为 3 大类，即党政领导机关、党务政务部门和其他部门。从 2006 年起，财政部开始研究参公单位纳入定员定额试点工作。目前，所有行政单位和参公单位基本支出已经实行定员定额管理，合理保障了各单位正常运转。

2. 事业单位。2008 年开始，在对中央部门所属事业单位的基本情况、人员情况、收支情况等进行摸底和分析的基础上，结合分类推进事业单位改革工作，逐步将公益一类事业单位纳入定员定额管理范围。截至 2022 年，公益一类事业单位全部按规定实行定员定额管理，扩大对公益二类事业单位政府购买服务改革试点，推动公益二类事业单位由"养人"到"办事"转变。

三、基本支出预算编制流程

（一）编报基础资料

中央部门根据财政部编制年度部门预算的要求，在规定时间内，组织编制本部门申报基本支出预算的基础数据和相关资料,按照规定格式报送财政部。

(二) 确定支出标准

财政部综合考虑影响基本支出的相关因素,以国家政策规定为依据,同时兼顾不同单位实际情况,以财力为基础,确定基本支出各项标准。

(三) 审核基础数据

财政部对各单位报送的人员基本情况进行整理,提取并审核测算基本支出所需的人员、资产等基础数据。编制数的审核应主要以中央编办正式文件为依据,实有人数为截至规定时间点的编制内实有人数。

(四) 测算下达基本支出预算控制数

财政部根据制定的定额标准和核实的单位人员、资产情况,测算形成各部门的基本支出预算控制数或财政拨款补助数,按程序下达给中央部门。

(五) 细化编制基本支出预算

中央部门在财政部下达的基本支出预算控制数额及财政拨款补助数额内,根据本部门的实际情况和国家有关政策、制度规定的开支范围及开支标准,在人员经费和公用经费各自的支出经济分类款级科目之间,自主调整编制本部门的基本支出预算,在规定的时间内报送财政部。需要强调的是,在编制基本支出预算时,基本支出自主调整的范围仅限于人员经费支出经济分类"款"级科目之间或公用经费支出经济分类"款"级科目之间的必要调剂,人员经费和公用经费之间不允许自主调整。

四、基本支出预算的调剂

中央部门要严格按照批复的基本支出预算执行,严格控制基本支出预算调剂。执行中确需调剂基本支出预算的,由中央部门向财政部提出申请，财政部按程序审核办理。执行中因编制内增人、增编等产生的增支需求，中央部门可申请动用本部门机动经费解决。

第三节 项目支出预算概述

一、项目支出预算的内涵和特征

项目支出预算是部门支出预算的组成部分，是中央部门为完成其特定的行政工作任务或事业发展目标，在基本支出预算之外编制的年度项目支出计划，包括基本建设、有关事业发展专项计划、专项业务费、大型修缮、大型购置、大型会议等项目支出。

项目支出预算是围绕"项目"编制的支出计划，项目支出预算具有三方面特征：一是专项性，预算围绕项目，项目围绕特定的业务目标，预算是为完成特定业务目标而编制的经费支出计划，针对不同目标应分别设立项目。二是独立性，每个项目支出预算应有其支出的明确范围，项目之间支出不能交叉，项目支出与基本支出之间也不能交叉，如果出现交叉则说明项目的目标或任务有重叠，项目边界不清，设置不尽合理。三是完整性，项目支出预算应包括完成特定业务目标所涉及的全部经费支出，应避免将为一个目标而发生的支出拆解分散到多个项目支出中去。

二、项目支出预算管理改革回顾

（一）部门预算改革前

中央部门预算改革以前，部门的项目预算是先有经费预算指标，再落实到具体项目，基本上是财政先切块分配资金，再由管理这些资金的部门将其分配到项目和各执行单位。这种管理方式下，预算编制随意，内容粗放、不具体；项目预算与部门职能业务脱节，无法体现预算政策；项目一年一定，缺乏稳定性和长期性；没有科学的项目决策程序，也没有完整的项目预算编审机制；项目执行过程中，缺乏有效监控，也没有追踪问效的制度；项目预算的约束力较差，资金使用的随意性较大；项目完成后也没有进行规范的成果、效益评价。以上这些都严重制约了预算编制质量的提高，阻碍了预算资金使用效率和效益的提高及财政支出结构的优化，不利于发挥预算的宏观政策工具作用。

（二）部门预算改革后

2000 年实行中央部门预算改革后，财政部将部门预算支出划分为基本支出和项目支出两部分，并分别按照不同模式管理。在推进中央部门预算管理改革的过程中，财政部结合改革实践，对项目支出预算和项目库管理不断加以完善和改进，在加强和改进项目支出预算管理、做实项目库、规范项目预算评审、项目支出标准建设、项目支出绩效管理等方面的一系列的制度办法，中央部门项目支出预算管理日趋规范，结构不断优化，绩效逐年提高，有力地保障了国家重大方针政策的贯彻落实和中央部门履行职能的需要。

2015 年以来，按照财税体制改革的总体方案，以及深化预算管理制度改革的有关部署，推行中期财政规划管理，把预算评审、预算监管和绩效管理嵌入预算管理流程，相继印发了《财政部关于加强和改进中央部门项目支出预算管理的通知》（财预〔2015〕82 号）、《财政部关于进一步做实中央部门预算项目库的意见》（财预〔2016〕54 号）、《财政部关于进一步完善中央部门项目支出预算管理的通知》（财预〔2017〕96 号）等文件，基本构建了以宏观政策目标为导向、以规范的项目库管理为基础、以预算评审和绩效管理为支撑的项目支出预算管理新模式。2021 年以来，按照《国务院关于进一步深化预算管理制度改革的意见》（国发〔2021〕5 号）要求，将项目作为部门和单位预算管理的基本单元，将项目的前期谋划、储备入库、预算编制、项目实施、项目终止等环节串联起来，推进实施项目全生命周期管理。

第四节　项目支出预算管理

一、项目的分级管理

中央部门预算项目支出项目实行分级管理，分为一级项目和二级项目两个层次。

一级项目明细到支出功能分类的款级科目，按照部门主要职责设立并由部门作为项目实施主体，每个一级项目包含若干二级项目。一级项目要有明确的名称、实施内容、支出范围和总体绩效目标，项目数量要严格控制，项目名称、实施内容和支出范围等在年度间要保持相对稳定。

二级项目包括在现有项目基础上规范整合而成的项目和新设立的项目，立项单位为项目实施主体。二级项目的设立，要与对应的一级项目相匹配，有充分的立项依据、具体的支出内容、明确合理的绩效目标。二级项目明细到支出功能分类的项级科目，年初部门预算按二级项目批复。

二、一级项目的管理

（一）一级项目的设立

一级项目在年度预算编制的前期准备阶段进行设置或调整。通用项目由财政部制定，并统一下发给部门。部门专用项目由各部门提出设置建议，经财政部审核后下发给部门，作为部门编制二级项目的基础。

（二）一级项目的设立要求

设置一级项目的基础是部门职责。以国家战略发展规划、宏观调控政策为导向，以相关行业、领域中长期发展规划为依据，结合部门事业发展需要，根据职责分工设置一级项目。

一级项目主要体现中央本级支出责任，聚焦重大改革、重要政策和重点项目。一级项目应有指向明确、合理的绩效目标，并围绕绩效目标来设计项目实施方案，保证绩效目标具有可行性。

一级项目的设置与部门职责紧密衔接，数量严格加以控制。一级项目一经设立，年度间应保持连续性、稳定性，一次性项目或短期工作任务原则上不设为专门的一级项目。

一级项目的名称应表意清晰、文字简练，准确反映项目的主要内容和范围等，避免与支出功能分类科目名称重复。一级项目应有独立、完整的支出内容，清晰、明确的实施范围，科学、合理的总体绩效目标。

一级项目的范围和规模应合理适度，避免规模过大或过小，要防止一级项目之间交叉、重叠。部门单项职责涉及支出规模较小的，应将多项职责合并设置一级项目；单项职责涉及支出规模较大的，应对职责适当细化后设置一级项目。

一级项目和二级项目之间应相互衔接，一级项目要集中体现所属二级项目的主要内容和绩效目标，二级项目要与对应的一级项目相匹配。

（三）一级项目的分类

按照使用范围，部门一级项目分为通用项目和专用项目。

通用项目，指根据部门的共性项目设立并由各部门共同使用的一级项目。通用项目由财政部根据管理需要统一设立，主要包括有预算分配权部门管理的项目和归口管理的项目等。

专用项目，指部门根据履行职能的需要自行设立和使用的一级项目。专用项目由中央部门提出建议，报财政部核准后设立。对于相关支出事项，财政部已统一设置通用一级项目的，部门不应再重复设置类似的专用一级项目。

（四）一级项目的内容

一级项目的内容应包括实施内容、支出范围和总体绩效目标。实施内容主要包括立项依据、涉及的工作任务、计划开展的活动等。支出范围指的是根据工作任务或开展的活动，计划发生的主要支出的范围。总体绩效目标指的是一级项目在预算年度内和三年内预期达到的产出和效果。

"一上"时，根据部门申报的预算和规划情况，对一级项目的上述内容要进行完整的、更为详细的填报，而且相关内容中应分别描述与年度预算和三年规划对应的情况。"一下"后，根据财政部下达的控制数，在"二上"时，要对上述内容进行调整和修改。

三、二级项目的管理

（一）二级项目的设立

二级项目由具体预算单位根据项目支出预算管理的相关规定和部门的有关要求自主设立。按照部门规定的程序和时间要求逐级上报。

（二）二级项目的设立要求

项目内容要反映政府施政目标、部门主要职责和发展规划，并避免与公用经费及其他项目交叉重复。项目要在深入的政策研究和充分论证的基础上设立，并具备可执行性，预算批复后即可实施。二级项目包括在现有项目基础上规范整合而成的项目和新设立的项目，项目单位为实施主体。支出性质相同的预算事项原则上不按照司（局）、处（室）分别编报二级项目，应进行归并整合后合并编制，具体支出事项作为项目的子活动进行管理，避免对同类支出的管理碎片化。

（三）二级项目的分类

项目支出对应的二级项目包含其他运转类项目和特定目标类项目，特定目标类项目按照重要性，划分为重大改革发展项目、专项业务费项目和其他项目。

其他运转类项目，专项用于大型公用设施、大型专用设备和专业信息系统运行维护等，主要以各类大型专用资产等为计算对象，保障单位管理的大型公用设施、大型专用设备、专业信息系统运行维护等方面的需要，包括资产运行维护项目、信息化运行维护项目等。

重大改革发展项目，指党中央、国务院文件明确规定中央财政给予支持的改革发展项目，以及其他必须由中央财政保障的重大支出项目等。

专项业务费项目，指中央部门为履行职能，开展专项业务而持续、长期发生的支出项目，如：大型设施、大型设备运行费，执法办案费，经常性监管、监测、审查经费，以及国际组织会费、捐款支出等。

其他项目，除上述两类项目外，中央部门为完成特定任务需安排的支出项目。基本建设项目统一列为其他项目，并按管理主体分为国家发展改革委安排的基建项目、中央财政安排的基建项目和其他主管部门安排的基建项目。

（四）二级项目的周期

二级项目要有明确的实施周期。项目实施周期应与国民经济社会发展规划、部门或行业发展规划的期限相适应，与中期财政规划相衔接。除业务主管部门已明确批复实施周期外，项目实施周期一般不超过5年，项目到期后需继续安排的，应按程序重新立项。其他运转类项目和专项业务费项目的实施周期暂定1年，编制下一年度预算时可补充编制后续年度的支出计划，实施周期相应顺延。其他项目周期一经确定，原则上不得调整；确需调整的，按程序报批。

（五）二级项目的内容

二级项目要与对应的一级项目相匹配，有充分的立项依据、详细的实施方案、明确的支出内容、具体的支出计划、合理的绩效目标。二级项目编制要统一按照"项目—活动—子活动—分项支出—标准（价格）—支出计划"的层次加以细化，清晰反映项目内容、具体活动和支出需求。对重大的经常性、专项性项目，要制定统一的项目立项指南、实施方案编写规范和支出计划填报模版，推进立项依据政策化、实施方案合理化、绩效目标科学化、项目活动清单化、支出内容选项化、经费开支定额化，建立健全项目编制的规范体系。

二级项目的立项依据一般包括：法律法规规定的政府义务、国民经济社会发展五年规划、国务院政策文件、部门（单位）的职责等。无前述立项依据的项目，应对项目立项的意义和必要性进行全面阐述和论证，并对开展相关任务的决策过程进行描述。立项依据中应论述的内容包括：

1. 项目（及其政策）是否有利于发挥市场配置资源的基础性作用和更好地发挥政府作用；

2. 项目是否属于中央本级事权，与地方政府的职责关系；

3. 项目对国家安全、政治、经济、外交、文化以及社会结构等方面的意义和影响；

4. 项目是否有利于促进社会公平正义，是否有利于降低社会成本、提高效率；

5. 项目对于部门（单位）履行职能、完成工作任务的必要性及推动作用；

6. 项目是否属于本部门（单位）职能范围，其他部门（单位）是否开展类似项目，与本项目之间如何区分或衔接，其他部门（单位）已有类似项目的情况下，本部门（单位）相关项目立项是否必要等。

项目的实施方案，要力求选择实现绩效目标的最优路径，降低成本消耗，提高产出绩效。实施方案一般应包括以下内容：

1. 项目的主要目标、总体思路、实施方式、步骤和计划、开展的主要活动；

2. 项目实施与实现项目目标之间的关联性；

3. 项目实施方案的路径选择是否最优的说明（是否有其他替代方案，为何选择本方案）；

4. 与本部门（单位）其他项目的关系（是否与其他项目交叉或互补）。

除上述内容外，二级项目还应填报与年度预算有关的相关管理信息，如：项目的密级和期限、是否纳入绩效评价等。

四、项目的调整及控制

（一）财政部对项目的调整与控制

1. 项目的处理与调整。根据审核和评审情况，财政部对项目有三种处理方式：一是审核通过，纳入项目库；二是审核未通过，且项目立项属于不符合国家有关政策的，财政部对相关项目明确标识"不予安排"；三是审核未通过，但不违反国家有关政策的项目，财政部通知部门进行调整后重新申报。对明确标识"不予安排"的项目，不得再纳入年度预算和支出规划。

2. 核定下达控制数。财政部根据全国中期财政规划、财政政策、部门需求等情况，综合平衡后，核定并下达部门三年项目支出控制数。控制数中明确一级项目和部分重点二级项目的具体分年控制数。项目库随控制数一并下发给部门。

（二）项目支出的调整

1. 项目调整的控制规则。财政部下达控制数后，在一级项目的支出控制数规模内，部门可增减或替换二级项目，增加的二级项目必须是已经财政部审核通过并纳入项目库的项目。部门如需在一级项目之间进行调整，或对控制数中已明确的二级项目进行调整的，应报财政部批准。

2. 新增项目的调整程序。部门应在编制"一上"预算之前完成新增项目的申报入库。"一上"之后，部门如有新项目需要纳入预算或规划中安排的，应单独报财政部，由财政部履行相关审核程序并纳入项目库后下发给部门，部门再将相关项目纳入预算或规划中予以安排。超过规定时限，财政部将不再接收部门新增项目申报。

3. 已入项目库的调整程序。对已经纳入项目库的项目，部门如需调整，应通过项目调整功能将项目调整为新状态，单独报财政部，由财政部履行相关审核程序并纳入项目库后下发给部门。

五、项目支出预算的批复和调剂

（一）项目支出预算的批复

全国人民代表大会批准中央预算后，财政部以"一级项目＋二级项目"的形式批复各中央部门的年度项目支出预算。

（二）项目支出预算的调剂

硬化预算约束，年度预算执行中除救灾等应急支出和少量年初未确定事项外，一般不追加当年项目预算支出，必须出台的政策通过以后年度预算安排。确需增加安排的，原则上部门应在已批复的预算内，通过调整当年支出结构解决并按程序报批。

项目的调剂需要从项目库发起，部门通过调整项目信息提出调剂申请。需要报财政部审核同意的调剂，财政部审核同意后批复给部门。项目当年支出以外的后续年度支出计划，原则上预算执行中不做调整，在编制下一年度预算时统一调整。

第五节　项目支出标准体系建设

一、推进项目支出标准体系建设的重要意义

项目支出标准是科学编制项目支出预算的基础，支出标准体系建设是深化中央部门预算改革的重要举措。党的十九大报告提出："建立全面规范透明、标准科学、约束有力的预算制度。"《国务院关于进一步深化预算管理制度改革的意见》（国发〔2021〕5号）要求："推进支出标准体系建设。建立不同行业、不同地区、分类分档的预算项目支出标准体系。根据经济社会发展、物价变动和财力变化等动态调整支出标准。加强对项目执行情况的分析和结果运用，将科学合理的实际执行情况作为制定和调整标准的依据。加快推进项目要素、项目文本、绩效指标等规范化标准化。将支出标准作为预算编制的基本依据，不得超标准编制预算"。

上述重要论述和要求，为支出标准体系建设工作指明了方向，提供了根本遵循。加快支出标准体系建设，是落实党中央、国务院要求的具体举措，是规范部门预算管理的有力抓手，是提升预算编制科学性合理性的必由之路。

二、项目支出标准分类

根据项目支出标准的适用对象，分为通用、专用及内部标准等3类。

通用标准是适用于中央部门共性项目的支出标准，如会议费标准、差旅费标准等。通用标准主要由财政部负责编制、发布。

专用标准是适用于特定部门、专项资金或专项业务项目的支出标准。专用标准由部门负责编制、财政部审核后发布。

内部标准是由各部门自行制定，供内部管理使用的支出标准。

三、推进项目支出标准体系建设的总体思路

通过多年工作，初步形成了目标明确、职责清晰、程序规范、运行有序的运行机制和结构合理、覆盖广泛、应用有效的标准体系框架。中央部门支出有标准、用标准的观念普遍增强。但与新时代深化预算改革、加强预算管理的要求相比，支出标准体系建设工作还有待提升，如：一些领域的支出标准需满足各方诉求，还要兼顾财力可能，制定难度较大；部门标准制定工作不平衡；有的部门存在"重分轻管"的惯性，有的部门将标准视为申请资金的工具，制定的标准与财力可能差距较大。

财政部将会同中央部门按照党的十九大精神和深化预算管理制度改革要求，进一步推进项目支出标准体系建设。

一是加快标准建设进程。以与部门履职紧密相关的专项业务费项目和重大延续性项目为重点，着力推进部门内部标准建设。专项业务费项目和重大延续性项目，原则上要全部制定支出标准或管理办法。依托评审等工作，针对部门普遍使用、资金量大、实施期限长的共性项目加快制定通用和专用标准。

二是规范标准建设机制。标准制定工作可由部门自行承担，也可按规定委托第三方机构承担并加强指导。标准制定应符合实际、切实可行，能够反映现阶段的合理需求和财力状况，防止以标准制定倒逼财政增支。在标准制定过程中，要充分利用预算评审、决算、绩效管理等各方面的信息

资料，不断改进标准制定方法，提高标准建设的科学性、合理性。

三是完善标准应用机制。依托预算一体化系统，建设支出标准库，加强对已制定标准的收集整理。加强已有标准的应用，将支出标准作为预算编制的基本依据，在应用中不断推进已有标准完善。

第五章 中央部门项目库管理

第一节 项目库管理框架

一、概述

项目库管理是预算管理的基础，预算支出全部以项目形式纳入预算项目库，预算管理各环节均以项目为基本单元，实施项目全生命周期管理，主要分为前期谋划、项目储备、预算编制、项目实施、项目结束和终止等阶段，全流程动态记录和反映项目信息变化情况。各部门、单位要树立"先谋事后排钱"理念，坚持"先有项目再安排预算"原则，提前研究谋划、常态化储备预算项目，单位申请预算必须从项目库中挑选预算项目。

二、管理流程及规则

1. 项目储备原则上从部门和单位发起，部门和单位完成评审论证和内部审批程序后，才能将预算项目报送财政部。财政部审核通过的项目，作为预算储备项目，供预算编制时选取；退回修改的项目，部门和单位按照财政部意见修改，并经财政部审核通过后作为预算储备项目；审核不通过的项目，不作为预算储备项目。

2. 绩效目标是项目入库的前置条件，原则上，未按要求设定绩效目标或审核未通过的项目不得纳入项目库。对于新出台重大政策对应的项目需要开展事前绩效评估,评估结果作为申请入库的必要条件。

3. 预算项目逐年滚动管理,经常性项目、延续性项目及当年未安排的预算储备项目,自动滚入下一年度储备。入库项目要规范、准确、完整地填报相关信息,实行动态调整和定期清理。

4. 预算项目按照预算支出性质和用途,分为人员类项目、运转类项目和特定目标类项目三个项目类别。

第二节 人员类项目

一、概述

人员类项目指部门和单位有关人员的工资福利支出、对个人和家庭的补助支出项目。人员类项目由财政部统一设立,财政部可根据本级人员类项目预算管理实际情况,设立人员工资项目、养老保险单位缴费项目、住房公积金项目等人员类项目。

二、管理流程及规则

1. 前期谋划和项目储备。财政部统一设立人员类项目并授权给部门和单位使用,部门和单位从授权项目中选择并确认本部门和单位适用的人员类项目和对应的功能科目,完善项目信息后纳入项目库作为预算储备项目。

2. 预算编制。单位在编报人员类项目预算前,需维护更新单位信息、人员信息等基础信息,合理确定项目资金性质,细化完善部门预算支出经济分类科目等项目信息,单位按照基础信息及支出标准测算形成人员类项目支出需求。各部门、各单位选取人员类项目,按预算编制要求报送财政部审核。有充分依据确需对人员类项目支出需求进行调整的,一并报财政部审核。财政部审核确认后,将各部门、各单位人员类项目按预算编制程序列入预算。

3. 项目实施。动态记录和反映项目预算下达、预算调整和调剂、预算执行等情况。

4. 项目终止。人员类项目期限原则上与机构存续期一致。

第三节 运转类项目

一、概述

运转类项目包括各部门、各单位为保障其机构自身正常运转、完成日常工作任务所发生的公用经费项目和专项用于大型公用设施、大型专用设备、专业信息系统运行维护等的其他运转类项目。公用经费项目主要按照定员定额方式管理,以人员编制、实有人员、通用资产等为计算对象,保障单位日常运转和基本履职需要。其他运转类项目主要以各类大型专用资产等为计算对象,保障单位管理的大型公用设施、大型专用设备、专业信息系统运行维护等方面的需要,包括资产运行维护项目、信息化运行维护项目等。

二、管理流程及规则

1. 前期谋划。各部门、各单位结合本部门、本单位的职责和事业发展规划,提前研究谋划本部门、本单位下一年度运转类项目支出需求。各部门、各单位按照中期财政规划管理要求,参照以前年度预算安排及执行等情况,组织申报其他运转类项目,开展其他运转类项目评审论证,根据评审报告和相关支出标准测算其他运转类项目支出。

2. 项目储备。

(1) 公用经费项目。财政部设立公用经费项目并授权给部门和单位使用，部门和单位从授权项目中选择并确认本部门和单位适用的公用经费项目和对应的功能科目，完善项目信息后纳入项目库作为预算储备项目。

（2）其他运转类项目。各部门、各单位根据项目申报、评审论证、支出测算、大型专用资产使用管理等情况，在项目库中规范、完整、准确地填报项目要素，报送财政部审核。财政部审核通过的项目，作为预算储备项目。项目需要明确大型专用资产对应的资产卡片编号等要素。

3. 预算编制。单位在编报预算前，需对已储备并计划纳入当年预算的项目进行细化。单位应合理确定运转类项目预算资金性质，细化编制部门经济分类科目、新增资产配置、政府采购、政府购买服务、年度绩效目标等信息。公用经费项目总额根据支出标准和有关测算模板进行测算，经单位确认后作为公用经费项目支出需求。其他运转类项目测算信息可以调整，项目总额和各类资金性质金额可以调增或调减。项目细化完成后，各部门、各单位从储备项目中选取预算项目，按预算编制程序列入预算。

4. 项目实施。动态记录和反映项目预算下达、预算调整和调剂、预算执行、绩效管理等情况。

5. 项目终止。公用经费项目原则上与机构存续期一致。其他运转类项目期限与相应的大型公用设施、大型专用设备、专业信息系统等的使用期一致，当大型公用设施、大型专用设备、专业信息系统等不再使用，项目应标记"终止"。

第四节 特定目标类项目

一、概述

特定目标类项目指部门和单位为完成其特定的工作任务和事业发展目标所发生的支出项目。除人员类项目和运转类项目外，其他预算项目作为特定目标类项目管理。

二、管理流程及规则

1. 前期谋划。各部门、各单位结合本部门、本单位的职责和事业发展规划，提前研究谋划本部门、本单位的特定目标类支出需求。各部门、各单位按照中期财政规划管理要求，参照以前年度预算安排及执行等情况，组织项目申报，开展项目评审论证，根据评审报告和相关支出标准测算项目支出。

2. 项目储备。各部门、各单位将本部门、本单位特定目标类项目录入项目库，规范、完整、准确填报项目要素，涉及资产修缮、维修维护的特定目标类项目，部门、单位应将涉及资产作为项目立项依据，报送财政部审核。财政部审核通过的项目，作为预算储备项目。储备项目需要配置资产的，各部门、各单位应当填报资产配置信息。有配置标准的，应当按照标准填报；没有配置标准的，应当结合本单位履职需要和事业发展需求，合理预计填报。

3. 预算编制。各部门、各单位结合项目绩效目标和总投入，根据成本效益原则，从储备项目中挑选预算项目，对项目进行排序，按预算编制程序编制预算。财政部对各部门、各单位选取的预算项目进行审核。

4. 项目实施。动态记录和反映项目预算下达、预算调整和调剂、预算执行等情况。

5. 项目终止。对执行完毕的项目和不再执行的项目标记"终止"。

第五节 严格项目入库管理

一、完善审核程序

部门要提前储备项目，及时完成项目论证、立项、审核评审和申报入库等工作。向相关业务主管部门申报的项目（如发展改革委、国防科工局安排的基本建设项目等），应当事先储备纳入项目库，未按规定入库的项目不得纳入预算安排。

财政部对部门申请纳入项目库的项目进行审核，通过审核的，纳入项目库；需要调整的，由部门调整后重新上报；不符合政策规定的，不得列入规划和预算。

二、严格预算编报

部门入库项目统一按照"项目—活动—子活动—分项支出—标准（价格）—支出计划"的层次编报，清晰反映项目内容、具体活动和支出需求。入库项目应确保具备可实施条件。部门拟纳入预算安排的项目必须是经财政审核同意纳入项目库的项目，部门新增项目未经财政审核确认的，不能进入预算编报环节。

三、开展事前评估

部门要结合预算评审，对新出台重大政策、项目开展事前绩效评估，评估结果作为申请预算的必备要件。财政部加强新增重大政策和项目预算审核，必要时组织第三方机构独立开展绩效评估。

第六章 部门预算管理重点工作

第一节 中期财政规划管理

2013年,党的十八届三中全会《中共中央关于全面深化改革若干重大问题的决定》明确提出"建立跨年度预算平衡机制"。《国务院关于深化预算管理制度改革的决定》(国发〔2014〕45号)明确提出"改进预算管理和控制,建立跨年度预算平衡机制",包括实行中期财政规划管理、改进年度预算控制方式、建立跨年度预算平衡机制等。为落实改革决定,国务院印发了《国务院关于实行中期财政规划管理的意见》(国发〔2015〕3号),对实行中期财政规划管理提出了具体意见,标志着财政预算由年度管理转向中期管理的改革进入实质性阶段。

一、中期预算的概念

中期预算通常指的并不是法律上的多年拨款,而是一种多年度的滚动计划或者政府对其支出的预算。世界银行多采用"中期支出框架"的概念,重点强调财政支出。世界银行的研究成果认为中期支出框架由三个阶段序列组成,分别是:中期财政框架、中期预算框架和中期绩效框架。其中,中期财政框架侧重于强调中期的收支总量平衡,自上而下地制定宏观经济和财政中期目标;中期预算框架在中期财政框架的基础上,结合国家和部门中期发展战略制定中期预算,设定中期支出上限,侧重于支出的战略性优先配置；而中期绩效框架侧重于通过预算分配鼓励产生更好的绩效表现。

二、中央部门中期财政规划管理的目标

（一）提高预算的可持续性

中央部门三年支出规划与中期财政规划相衔接，建立在对未来三年收入水平和支出规模的合理预测之上，在既定的支出规模之下，财政部将有限的财政资源更加有效地分配到国家战略和政策的优先领域，既保证各部门合理的资金需求，又使财政支出具备稳固和可靠的基础，增强预算的可持续性。

（二）增强预算约束力

适应预算控制由平衡状态、赤字规模向支出预算和政策拓展，有效控制支出，增强约束力。一方面，部门三年支出规划受中期财政规划约束，规划期内中央各部门的支出安排不得突破中期财政规划确定的年度支出上限。另一方面，部门年度预算编制也受其三年支出规划约束，未来三年支出规划中的第一年规划即为年度预算，后两个年度的支出规划作为后续年度部门预算编制的基础。部门规划也要与三年规划相衔接，需要资金支持的要纳入三年滚动规划统筹考虑。

（三）盘活存量资金

实行中期财政规划管理，使中央部门能够提前知晓未来三年本部门可用的资金规模，在这个规模之下，部门可以根据需要在年度间统筹安排使用资金，能够有效避免部门出于对未来的不确定性，而在当期"保基数""争增量"的冲动，有利于减少结转结余资金的产生。

（四）理顺预算管理关系

中期财政规划管理有利于更好地体现中央部门作为部门预算主体的地

位,部门将在预算编制、执行等方面发挥更大的作用,同时对资金使用结果负责。财政部更侧重于在部门间合理配置预算资源,加强项目评审和绩效评价等方面,形成财政部和中央部门之间的合理分工和有效制衡。

三、中央部门中期财政规划主要内容与编制方法

(一) 主要内容

1. 实施范围。一是预算范围,对纳入中央部门预算的一般公共预算和政府性基金预算拨款收支均实行中期财政规划管理。二是支出范围,中央部门中期财政规划主要针对部门项目支出,基本支出按照统一要求编制和调整。三是部门范围,编制部门预算的中央部门全部纳入部门中期财政规划实施范围。

2. 时间和期限。2015年起,财政部组织中央部门编制三年支出规划,此后每年向后延伸一年。为确保年度预算与中期规划紧密衔接,N—N+2年的中期财政规划编制工作与N年的部门预算编制同步进行。中央部门中期财政规划编制的支出规划期为三年。

3. 管理方式。中央部门中期财政规划实行滚动管理。中央部门中期财政规划的规划期为三年,每年向后延伸一年,在时间上实现滚动管理。在编制下一个三年规划时,根据部门提出的重大增减因素,以及新的预测结果和支出上限,财政部对已编制的后两个规划年度及时进行调整,并添加一个规划年度,形成新一轮中期财政规划,使规划与实际情况的变化相适应。

(二) 规划编制方法

1. 编制方法。

(1) 部门提出规划需求。中央部门结合国民经济和社会发展五年规划纲要及相关专项规划,按照部门职责,研究未来三年涉及财政支出的重大改革和政策事项,以此为基础,测算提出部门的三年支出需求,按规定时间和预算管理渠道提交财政部。

（2）审核确定支出限额。财政部根据中期财政规划、财政政策、部门需求等情况，经综合平衡、优化结构，分解形成部门支出限额，并下达部门三年支出控制数。

（3）部门编报三年支出规划。中央部门根据财政部下达的三年支出控制数，合理安排政策出台时机和力度，明确政策目标，列出分年度工作任务和时间节点，说明资金使用对象、保障标准、运行流程，建立预算绩效管理机制，在此基础上编制三年支出规划报财政部。

（4）汇总编制中期财政规划。财政部审核汇总部门的三年支出规划，汇编形成中央部门中期规划草案，按程序报批后实施。

2. 以后年度编制方法。以后年度编制规划时，中央部门根据情况变化，可对上年编制的三年规划中后两个年度的分年支出规划进行内部结构调整，并补充第三个年度的规划。财政部重点就调整的内容及第三个规划年度的支出上限进行测算，并按前述程序审核下达。

3. 规划调整方法。部门中期财政规划一经确定，原则上不予调整。中央部门因重大增减支因素需要调整未来年度支出的，应在编制新一轮规划前提出需求，按流程报财政部审核。财政部根据未来财政收支预测结果，结合重大增减因素，制定方案调整支出规划，并在编制规划时通知中央部门，各部门根据新的支出上限调整部门分年度支出安排，按程序报批后实施。

第二节　坚决落实过紧日子要求，有力破除支出固化格局

艰苦奋斗、勤俭节约不仅是中华民族传统美德，也是中国共产党人的政治本色和优良传统。党中央在革命、建设、改革的各个阶段一直强调，各级党政机关要大兴艰苦奋斗之风，带头厉行勤俭节约，反对铺张浪费。习近平总书记强调，"不论我们国家发展到什么水平，不论人民生活改善到什么地步，艰苦奋斗、勤俭节约的思想永远不能丢。艰苦奋斗、勤俭节约，不仅是我们一路走来、发展壮大的重要保证，也是我们继往开来、再创辉煌的重要保证"。各部门要从政治和全局高度，准确把握中央精神，

把习近平总书记关于"艰苦奋斗、勤俭节约"的要求不折不扣贯彻落实到财政财务工作全过程、各方面，通过政府过紧日子、保障人民过好日子，使节约的财政资金更多更有效地投入到为群众办实事中。

一、近年来部门预算管理中落实过紧日子要求情况简述

近年来，中央财政积极采取措施，严格部门预算编制，强化部门预算管理，着力将过紧日子要求落到实处。主要体现在以下几个方面：

一是中央部门支出连续4年作了较大幅度压减。2019年一般性支出，主要是非刚性非重点项目支出，平均压减10%以上；2020年将压减范围扩大到公用经费，非急需非刚性支出压减50%以上；2021年进一步提高上述支出的压减幅度，是压减力度最大的一年；2022年结合审计、绩效等情况继续严格压减支出，还压减了部分重点项目和政策性补贴。

二是健全完善制度体系。2019年制定印发《关于贯彻落实过"紧日子"要求 进一步加强和规范中央部门预算管理的通知》（财预〔2019〕10号），在严格部门预算编制、规范部门预算执行等方面作出具体规定。2020年制定印发相关文件，在大力压缩一般性支出、严格执行经费开支标准等方面提出明确要求。此外，研究制定《关于规范差旅伙食费和市内交通费收交管理有关事项的通知》（财办行〔2019〕104号）等制度办法，将有关方面要求进一步具体化、规范化。

三是切实加强部门预算管理。坚持精打细算、勤俭节约，从严从紧编制部门预算。推进支出标准体系建设，着力发挥标准的基础支撑作用。加强项目库建设，严格项目入库管理。推进项目预算评审和重大项目评估清理，强化评审评估结果运用。严格预算执行管理，严禁铺张浪费和大手大脚花钱。持续推进盘活存量资金，避免资金闲置和沉淀浪费。推进预算绩效管理工作，切实提升资金使用效率和效益。

四是加强评估和经验推广。2020年建立定期评估机制，按季对中央部门落实过紧日子要求情况进行评估，推动部门树牢勤俭节约意识，及时发现问题、堵塞漏洞、改进管理。加强经验交流推广，梳理中央部门带头过紧日子的经验做法、典型案例等，印送部门和地方参考借鉴，帮助部门结

合自身实际，研究细化落实过紧日子的具体举措。

二、落实过紧日子的有关具体要求

一是进一步严格部门预算编制。各部门要牢固树立过紧日子思想，坚持勤俭办一切事业，从严从紧编制部门预算。下大气力优化部门支出结构，大力压减一般性支出，节省出资金用于重大战略、重要改革和重点领域，增强国家重大战略任务财力保障。将部门各项收支全部纳入预算管理，加大结转资金、当年预算等各项资金统筹力度，按照量力而行和讲求绩效的原则，合理安排符合规定的各项支出，避免资金闲置和沉淀浪费。切实落实部门项目管理主体责任，严格执行项目库管理规定。加强项目支出预算评审，项目库中按规定应评审的项目要全部评审，将评审结果作为编报预算的上限，并建立审减率与所属单位整体项目预算安排挂钩机制。

二是切实规范部门预算执行。各部门要刚化硬化预算约束，除另有规定外，执行中一律不再追加部门预算。预算执行中新增的临时性、应急性等支出，要通过机动经费等现有预算解决。坚持精打细算、勤俭节约，严禁铺张浪费和大手大脚花钱，对不该开支或不必开支的事项一律不得开支，结余资金要按规定及时交回中央财政。切实加快预算执行进度，提升预算执行质量，强化所属单位当年预算执行和下年预算安排挂钩机制的执行，提高财政资金使用效率。完善内部财务管理办法，严格规范会计核算，严格执行经费开支范围和标准，严格报销审核，不得报销任何超范围、超标准以及与相关公务活动无关的费用，不得接受或变相接受企业资助，不得摊派、转嫁费用。严格执行国库集中支付、政府采购和公务卡制度，不得违规从零余额账户向实有资金账户划转资金。

三是持续强化"三公"经费管理。各部门要继续从严控制"三公"经费预算，加强对所属单位"三公"经费支出事项必要性、合理性的审核。强化"三公"经费执行管理，执行中不再追加部门"三公"经费预算。结合本单位实际制定因公临时出国（境）、公务用车、公务接待等公务活动的具体规定，严格审批管理，加强统筹规划和总量控制，不得安排无实质内容的公务活动。严格控制赴有关"热门"国家和热点旅游城市访问团组，严格规范不计批次团组审批和管理。认真落实公车改革和管理规定，严格保留车辆管理，在规定范围内加大保留车辆统筹使用力度，不得放宽租用条件变相增加保留车辆，不得超标准租赁各类高档豪华车辆。不得以举办会议、培训等名义列支、转移、隐匿接待费开支，除另有规定外，国内公务接待不得报销各类烟酒费用。

四是着力强化和规范资产管理。各部门要加强资产管理，依法设置资产管理账簿，按规定及时登记入账，做到账实相符，严禁账外管理。优化新增资产配置管理，对已有资产配置标准的，要严格按照标准配置；对没有资产配置标准或暂未纳入新增资产配置相关预算编报审核范围的，要结合单位履职需要、存量资产状况，按照厉行节约反对浪费的原则，在充分论证的基础上配置。探索建立本部门长期低效运转、闲置资产的共享共用和调剂机制，加大所属单位间共享调剂力度，切实盘活存量资产，提高资产使用效率。

五是切实严肃财经纪律。各部门要贯彻落实"三重一大"决策制度，完善重大项目安排、大额资金使用流程。着力强化部门内控管理，建立财政资金使用全流程内控机制，将项目立项、预算编制、预算执行、绩效管理等各个环节的责任明确到人、落实到位，有效防控业务和管理风险。严格执行国家工资政策规定，严禁超过规定标准、范围发放津贴补贴，未经工资主管部门批准，各部门一律不准以任何借口、任何名义、任何方式出台工资津贴补贴政策。依法自觉接受监督，深刻剖析存在的问题，坚持即知即改、立行立改，从管理源头和制度层面解决问题，切实整改到位。积极配合财政部各地监管局对属地中央单位的预算监管工作，认真整改发现的问题。严格执行各项法律法规，切实把财经纪律和各项管理制度落到实处，对相关违规违纪违法行为，严格按照《预算法》《财政违法行为处罚处分条例》等有关法律法规严肃处理。

三、加强中央部门"三公"经费管理

（一）"三公"经费的概念和口径

纳入中央财政预决算管理的"三公"经费指中央部门用一般公共预

算、政府性基金预算财政拨款安排的因公出国（境）费、公务用车购置及运行费和公务接待费，是党政机关维持运转或完成特定工作任务所开支的相关支出，是政府行政开支的一部分。其中：

因公出国（境）费反映单位公务出国（境）的国际旅费、国外城市间交通费、住宿费、伙食费、培训费、公杂费等支出。

公务用车购置及运行费反映单位公务用车车辆购置支出（含车辆购置税）、燃料费、维修费、过路过桥费、保险费、安全奖励费用等支出。

公务接待费反映单位按规定开支的各类公务接待（含外宾接待）支出。

从单位范围看，编报"三公"经费财政拨款预决算的单位包括向财政部编报部门预算的中央部门本级及其所属行政单位、参公单位、事业单位、社会团体、企业等。从支出类别看，"三公"经费预决算既包括通过基本支出公用经费安排的支出，也包括通过项目支出安排的支出。

（二）加强"三公"经费管理的有关措施

严格控制中央部门"三公"经费支出，是贯彻落实中央八项规定和上届政府"约法三章"要求，促进党政机关厉行节约工作的一项重要举措。近年来，财政部采取措施，完善"三公"经费制度和管理，加强"三公"经费预算编制和执行管理，严格控制"三公"经费预算规模，积极推动"三公"经费公开，着力构建厉行节约的长效机制。

1. 完善"三公"经费制度和管理。修订完善"三公"经费管理制度，中共中央办公厅、国务院办公厅印发了《党政机关国内公务接待管理规定》、财政部印发了《因公临时出国经费管理办法》（财行〔2013〕516号）、《中央和国家机关外宾接待经费管理办法》（财行〔2013〕533号）等，"三公"经费制度体系进一步完善。强化因公出国计划审批管理，严格控制因公出国团组数量，降低因公出国经费开支规模。继续实行公务用车编制与经费双向控制，推进公务用车制度改革，切实降低公务用车运行成本。加强公务接待费管理，对公务接待费预算实行总额控制，全面推行公务卡结算制度。

2. 加强"三公"经费预算编制和执行管理。从编报 2010 年部门预算开始，财政部要求中央部门从基层单位逐级汇总编报"三公"经费预算，逐步细化"三公"经费预算编制，规范编报口径，提高了"三公"经费预算编报的准确性。加强"三公"经费执行管理，明确要求各部门用财政拨款安排的"三公"经费支出不得超过预算规模。对部门申请追加预算事项中涉及"三公"经费预算的，要求报请国务院同意后方可追加，有效控制了执行中追加"三公"经费预算。根据中央有关精神，从2017年起，教学科研人员因公临时出国开展学术交流合作经费实行区别管理，不再纳入中央部门"三公"经费预算进行额度控制。

3. 严格控制"三公"经费预算规模。近年来，财政部持续贯彻落实党中央、国务院关于过紧日子和坚持厉行节约反对浪费有关要求，从严控制中央部门"三公"经费预算，加强对"三公"经费支出事项必要性、合理性的审核。通过努力，中央本级"三公"经费预算规模连年下降，支出得到有效控制。

4. 积极做好"三公"经费公开工作。2011年7月，财政部第一次公开了中央本级2010年"三公"经费支出和2011年预算情况。98个中央部门公开了本部门2010年"三公"经费决算和2011年预算情况。2011年以来，中央部门"三公"经费公开成为一项常态化工作，公开形式不断完善，公开内容不断细化。

四、持续健全完善厉行节约、反对浪费制度体系

一是坚持系统集成，构建符合实际有效管用的基础性制度体系。2013—2017年，按照中央办公厅"1+20"厉行节约、反对浪费制度体系建设统一部署，集中制（修）订中央和国家机关会议费、差旅费、培训费以及因公临时出国经费等管理办法；督促指导地方各级财政部门制（修）订了一批经费管理办法、细则及配套政策，仅省级财政部门出台的制度就达200多个，基本搭建起全方位、立体式厉行节约反对浪费制度体系。

二是坚持查漏补缺，逐步拓展制度范围。按照重点先行、梯次推进的原则，围绕制度规范和支出标准全覆盖的目标，完善会议定点管理制度，细化严禁党政机关到风景名胜区开会的规定，实现会议支出管理全覆盖；

细化差旅伙食费、市内交通费收交的具体规定，明确交纳标准、交纳方式和管理要求，增强约束力和可操作性。

三是坚持与时俱进，动态调整支出标准。加强分析研判，保持公务支出开支标准的科学性、适用性，根据市场价格变化和实际工作需要，细化差旅住宿费标准到地市级，增加部分地市旺季住宿费上浮标准；对培训项目实施分类管理，调整培训费综合定额标准和讲课费标准；调整因公临时出国住宿费标准；针对公车改革后党政机关公务用车管理的新情况、新问题，分类调整公务用车配备的排气量、价格等标准。

四是坚持改革创新，适时转变管理理念、优化管理方式。积极适应形势变化，推动公务支出管理理念从以"管理＋控制"为主向"管理＋服务"为主转变，停止执行会议和培训年度计划备案及执行情况报告制度，改进和优化会议、培训费用管理，减轻部门报送材料负担；进一步明确科研项目承担单位对难以取得发票的住宿费用可实行包干制，从政策层面为科研院所进一步开展差旅费管理改革试点指明方向。

第三节　预算公开

一、预算公开法制建设

预算公开是现代财政制度的基本特征，是实现国家治理体系和治理能力现代化的重要推力，是政府接受监督的重要途径，是打造透明政府、阳光行政的重要抓手。党中央、国务院、全国人大高度重视预算公开工作，制定了有关预算公开的法律、行政法规和系列规范性文件，财政部也制定了相关规章制度，规范预算公开工作。

2007年1月17日，国务院常务会议通过《中华人民共和国政府信息公开条例》（国务院令第492号），自2008年5月1日起施行。其中第十条规定，县级以上各级人民政府及其部门应当依照条例规定，重点公开财政预算、决算报告等政府信息。

2013年11月12日，党的十八届三中全会通过的《中共中央关于全面深化改革若干重大问题的决定》提出，"实施全面规范、公开透明的预算制度"。

2013年11月25日，中共中央办公厅、国务院办公厅发布《党政机关厉行节约反对浪费条例》。其中第五十四条规定：党政机关应当建立健全厉行节约反对浪费信息公开制度。除依照法律法规和有关要求须保密的内容和事项外，应当按照及时、方便、多样的原则，以适当方式公开预算和决算信息。

2014年8月31日，第十二届全国人大常委会第十次会议审议通过了《关于修改〈中华人民共和国预算法〉的决定》（主席令第十二号），修改后的《预算法》自2015年1月1日起施行。《预算法》第一条提出"建立健全全面规范、公开透明的预算制度"；第十四条对预算公开的主体、范围、内容、时限等作出具体规定，包括政府预决算公开和部门预决算公开两个层次，明确规定"经本级人民代表大会或者本级人民代表大会常务委员会批准的预算、预算调整、决算、预算执行情况的报告及报表，应当在批准后二十日内由本级政府财政部门向社会公开，并对本级政府财政转移支付安排、执行的情况以及举借债务的情况等重要事项作出说明。经本级政府财政部门批复的部门预算、决算及报表，应当在批复后二十日内由各部门向社会公开，并对部门预算、决算中机关运行经费的安排、使用情况等重要事项作出说明。各级政府、各部门、各单位应当将政府采购的情况及时向社会公开。本条前三款规定的公开事项，涉及国家秘密的除外"；第九十二条规定了违反预算公开规定应承担的法律责任，即各级政府及有关部门"未依照本法规定对有关预算事项进行公开和说明的"，责令改正，对负有直接责任的主管人员和其他直接责任人员追究行政责任。

2014年9月26日，国务院印发《国务院关于深化预算管理制度改革的决定》（国发〔2014〕45号），对预算公开提出明确要求。一是扩大部门预决算公开范围，除涉密信息外，中央和地方所有使用财政资金的部门均应公开本部门预决算。二是细化预决算公开内容，除涉密信息外，政府预决算和部门预决算全部细化公开到功能分类的项级科目，专项转移支付预决算按项目按地区公开，按经济分类公开政府预决算和部门预决算。三是加大"三公"经费公开力度，细化公开内容，所有财政资金安排的"三公"经费都要公开。四是对预决算公开过程中社会关切的问题，要规范整改、完善制度。

2014年10月23日，党的十八届四中全会通过的《中共中央关于全面推进依法治国若干重大问题的决定》提出，"全面推进政务公开，坚持以公开为常态，不公开为例外的原则，推进决策公开、执行公开、管理公开、服务公开、结果公开。重点推进财政预算、公共资源配置等领域政府信息公开"。

2016年2月，中共中央办公厅、国务院办公厅根据新形势、新情况，印发了《关于进一步推进预算公开工作的意见》，要求各地区、各部门强化主动公开意识，坚持以公开为常态、不公开为例外原则，进一步扩大预算公开范围，细化公开内容，加快公开进度，规范公开方式，进一步推进预算公开工作。

2017年10月，党的十九大报告提出，"建立全面规范透明、标准科学、约束有力的预算制度，全面实施绩效管理"。

2019年4月，国务院修订《中华人民共和国政府信息公开条例》（国务院令第711号），修订后的条例自2019年5月15日起施行。

2019年10月31日，党的十九届四中全会通过的《中共中央关于坚持和完善中国特色社会主义制度 推进国家治理体系和治理能力现代化若干重大问题的决定》提出，"完善标准科学、规范透明、约束有力的预算制度"。

2020年8月，国务院修订《中华人民共和国预算法实施条例》（国务院令第729号），修订后的条例自2020年10月1日起施行。其中第六条规定，"一般性转移支付向社会公开应当细化到地区。专项转移支付向社会公开应当细化到地区和项目。政府债务、机关运行经费、政府采购、财政专户资金等情况，按照有关规定向社会公开。部门预算、决算应当公开基本支出和项目支出。部门预算、决算支出按其功能分类应当公开到项；按其经济性质分类，基本支出应当公开到款。各部门所属单位的预算、决算及报表，应当在部门批复后20日内由单位向社会公开。单位预算、决算应当公开基本支出和项目支出。单位预算、决算支出按其功能分类应当公开到项；按其经济性质分类，基本支出应当公开到款"。

2021年3月7日，国务院印发《国务院关于进一步深化预算管理制度改革的意见》（国发〔2021〕5号），明确提出：加大各级政府预决算公开力度，大力推进财政政策公开。扩大部门预决算公开范围，各部门所属预算单位预算、决算及相关报表应当依法依规向社会公开。推进政府投资基金、收费基金、国有资本收益、政府采购意向等信息按规定向社会公开。建立民生项目信息公示制度。细化政府预决算公开内容，转移支付资金管理办法及绩效目标、预算安排情况等应当依法依规向社会公开。细化部门预决算公开内容，项目预算安排、使用情况等项目信息应当依法依规向社会公开。推进按支出经济分类公开政府预决算和部门预决算。

为贯彻落实党中央、国务院决策部署和法律制度规定，2008年以来，财政部制定了关于预算公开的一系列规章制度文件，如《关于进一步推进财政预算信息公开的指导意见》（财预〔2008〕390号）、《关于进一步做好预算信息公开工作的指导意见》（财预〔2010〕31号）、《关于深入推进地方预决算公开工作的通知》（财预〔2014〕36号）、《财政部关于切实做好地方预决算公开工作的通知》（财预〔2016〕123号）、《财政部关于印发〈地方预决算公开操作规程〉的通知》（财预〔2016〕143号）、《财政部关于印发〈地方政府债务信息公开办法（试行）〉的通知》（财预〔2018〕209号）、《财政部办公厅关于印发财政预决算领域基层政务公开标准指引的通知》（财办发〔2019〕77号）、《财政部关于推进部门所属单位预算公开工作的指导意见》（财预〔2021〕29号）等。

二、历年中央部门预算公开工作

2008年，财政部与审计署联合印发《关于2008年部门预算内部公开试点的通知》，选择监察部、财政部等11个部门进行部门预算内部公开试点，将部门预算通过张贴、查阅等形式在单位内部公开。2010年，财政部下发《关于进一步做好预算信息公开的指导意见》（财预〔2010〕31号），要求中央部门落实预算公开的主体责任，及时主动公开预算，财政部、环境保护部等中央部门首次公开本部门预算。此后，中央部门预算公开范围不断扩大，公开时间相对集中，公开数据更加细化。2011年，中央"三公"经费预算首次向社会公开。2013年，中央本级"三公"经费预算和中央部门"三公"经费预算的公开时间由以往7月随同部门决算公开，调整为4月随同部门预算公开，公开时间提前3个月。2014年，中央部门预算除涉密内容外，全部公开到支出功能分类最底层的项级科目；部门预算专门增加《"三公"经费财政拨款预算表》，详细反映"三公"经费预算安排及上年度执行情况，将"公务用车购置及运行费"进一步细化公开为"公务用车购置费"和"公务用车运行费"。2015年4月17日，100个中央部门公开部门预算，100个中央部门公开"三公"经费预算，财政部汇总公开了中央本级"三公"经费预算情况，中央部门预算公开的表格由2014年的6张增加到8张。为了便于社会公众理解，中央部门在公开表格的同时，还对表格的内容进行解释说明，并增加了机关运行经费情况、政府采购情况、国有资产占有使用情况、预算绩效情况的说明。除法定涉密信息外，中央部门预算在2014年已全部公开到支出功能分类最底级的项级科目的基础上，2015年一般公共预算基本支出进一步公开到经济性质分类最底级的款级科目。2016年，有102个部门（单位，下同）公开部门预算，101个部门公开"三公"经费预算。2017年，有105个部门公开部门预算，公开的部门预算涵盖财政拨款和非财政拨款收支情况，其中：财政拨款收支公开5张表，部门收支公开3张表，首次集中在财政部建立的专门平台、中国政府网设置的专门栏目公开中央部门预算，教育部、科技部等10个部门首次公开10个重点项目的文本和绩效目标。2018年，有89个部门在4月13日向社会集中公开部门预算，公开项目文本和绩效目标的重点项目数增加到36个，涉及36个中央部门。

2019年4月2日，102个中央部门（单位）公开部门预算，具备公开条件的中央部门都已公开部门预算，公开部门数比2018年增加了13家，集中公开时间比2018年提前了11天。同时，有47个部门公开了50个重点项目的文本和绩效目标，有88个部门在公开预算时专门说明了非重点、非刚性支出压减情况，切实落实《政府工作报告》提出"各级政府要过紧日子""一般性支出压减5%以上、'三公'经费再压减3%左右"的要求。

2020年6月11日，102个中央部门（单位）公开部门预算，公开预算的部门数与上年持平。各部门重点说明了落实政府过紧日子要求压减支出情况，进一步加大项目支出及预算绩效信息公开力度，102个部门全部说明了贯彻落实过紧日子要求压减支出等情况，有71个部门公开了83个项目的项目文本，有97个部门公开了109个项目的绩效目标。

2021年3月25日，102个中央部门（单位）公开部门预算，公开预算的部门数与上年持平。102个部门全部说明了贯彻落实过紧日子要求压减支出等情况，有81个部门公开了104个项目的项目文本，有99个部门公开了128个项目的绩效目标。落实《预算法实施条例》关于部门预算构成的规定，安排国有资本经营预算拨款的中央一级预算单位中，除涉密部门外，有10个部门公开了国有资本经营预算。

2022年3月24日，102个中央部门（单位）公开部门预算，公开预算的部门数与上年持平。102个部门全部说明了贯彻落实过紧日子要求压减支出等情况，有82个部门公开了131个项目的项目文本，比上年增加27个项目；有100个部门公开了727个项目的绩效目标，比上年增加599个项目。

第四节 财政拨款结转和结余资金管理

财政拨款结转和结余资金（本节简称结转结余资金）是财政资金的一种阶段性状态，是财政资源的重要组成部分，规范和加强结转结余资金管理是完善部门预算管理制度体系、提高财政资金配置效率和使用效益的必然要求。

一、结转结余资金管理工作回顾

为解决结转结余资金管理中存在的诸多问题，2005年起财政部开始建立制度、采取措施，加强和规范部门结转结余资金管理。

（一）2014年以前的结转结余资金管理

2005年，财政部研究制定了《中央部门财政拨款结余资金管理暂行规定》（财预〔2005〕46号）。2006年，财政部修订发布《中央部门财政拨款结余资金管理办法》（财预〔2006〕489号）。2010年，经过几年的运行，结合管理中出现的新问题、新情况，财政部再次对管理办法进行修订，印发了《中央部门结转结余资金管理办法》（财预〔2010〕7号）。修订后的办法明确了结转结余资金的管理程序，具体分为报送和确认、预算执行、预算编制三个阶段。每阶段主要内容如下：

1. 结转结余资金的报送和确认。预算年度结束后，中央部门对本部门结转结余资金情况逐级汇总，对形成结转结余的原因进行分析说明，并报财政部。财政部对部门结转结余资金数额和有关项目完成情况进行审核确认后，正式批复中央部门。

2. 预算执行阶段。部门基本支出结转资金原则上结转下年继续使用，可在执行中用于增人增编等人员经费和日常公用经费支出；项目支出结转资金下年按原用途继续使用，项目支出结余资金在执行中原则上不得动用，全部用于统筹编制以后年部门预算。

3. 预算编制阶段。"一上"预算时，部门应将结转结余资金情况和申请的当年财政拨款支出统筹考虑，在此基础上提出部门预算需求。编制基本支出预算应优先动用基本支出结转资金，编制项目支出预算应优先动用项目支出结余资金。有项目支出结余资金的部门，应将结余资金作为下一年度预算的首要来源，统筹安排使用。延续项目有结转资金的，应结合项目进展情况、结转资金情况，统筹提出下年度项目支出预算申请。"二上"预算时，部门应对结转资金情况做出充分预计，在"二上"预算中填报。

（二）2015年以后的结转结余资金管理

2015年，为落实《国务院办公厅关于进一步做好盘活财政存量资金工作的通知》（国办发〔2014〕70号）精神，切实提高财政资金使用效率，财政部印发了《财政部关于盘活中央部门存量资金的通知》（财预〔2015〕23号），对2015年结转结余资金管理工作及相关规程进行了部署和安排。进一步加大了对结余资金的清理力度和对结转资金的消化力度。

1. 进一步清理结转结余资金。按照国办发〔2014〕70号文要求，对中央部门一般公共预算结转结余资金（含从2015年起由政府性基金预算转列一般公共预算的结转结余资金），以及政府性基金预算结转结余资金做进一步的深入清理。将以下资金清理为结余资金：

（1）2012年及以前年度项目结转资金（包括基本建设支出和非基本建设支出）。

（2）2013年批复的项目支出，两年未动用的；项目已完成或终止形成的剩余资金；项目结转资金中不需继续使用的部分。

（3）2014年批复的项目支出，项目已完成或终止形成的剩余资金；项目结转资金中不需继续使用的部分。

2. 收回结余资金统筹安排使用。对经进一步清理后，确认的结余资金中，已在2015年2月28日前已经形成实际支出的，不再收回，其余资金由财政部审核后统一发文予以收回，统筹用于经济社会发展亟需资金支持的领域。对中央部门收回资金的项目需要在2015年及以后年度继续实施的，作为新的预算项目管理，按照部门预算程序重新申请和安排。

3. 建立结转资金定期报告制度。为有效监控存量资金情况，对中央部门结转资金执行情况进行定期统计。中央部门于每季度结束后15日内，及时汇总截至上一季度末的结转资金情况，进行分析后报财政部。

4. 加快消化结转资金。对2015年继续结转使用的资金，由中央部门进行跟踪分析，采取有效措施，尽快按原用途使用。同时，对编入2015年预算的项目，提前做好可行性研究、评审、招投标、政府采购等前期准备工作，预算批复后尽快启动，加快预算执行进度。

二、《中央部门结转和结余资金管理办法》主要内容

根据深化部门预算改革的新形势，结合近年关于中央部门财政拨款结转结余资金管理的新要求，为进一步改进中央部门结转结余资金管理，盘活存量资金，提高财政资金使用效率，2016年2月，财政部再次修订管理办法，印发《中央部门结转和结余资金管理办法》（财预〔2016〕18号，本节简称《办法》）。

（一）管理范围

1. 拓展预算范围。《办法》中，除一般公共预算结转结余资金外，将

政府性基金预算结转结余资金也纳入管理范围，按照统一原则进行管理。

2. 优化资金管理范围。为真实反映部门结转结余资金情况，为预算管理决策提供更加准确可靠的信息，《办法》中规定，对资金已支付但会计上未列支出的预付账款，以及已支付资金购买但未领用的存货，在管理中予以扣除。对预付账款在以后年度发生收回的，将收回的资金作为结转结余资金。

（二）结转结余的划分

1. 基本支出年度剩余资金仍作为结转管理。《办法》中，对基本支出的年度剩余资金维持原管理办法，仍作为结转资金，结转下年继续使用。这主要是考虑到基本支出中人员经费主要按照定员定额或基数方式测算，年度剩余资金一般较少；基本支出中的公用经费开支范围较广，使用时灵活性较强，允许结转使用有利于鼓励部门厉行节约，加强管理，节约开支，提高使用效率。同时，为避免出现基本支出结转资金规模过大的问题，《办法》中规定，对部门结转资金规模较大、占比较高的，财政部可予以收回。

2. 项目支出按照实施周期划分结转结余。按照实施部门中期支出规划管理以及项目全周期滚动管理的相关改革要求，项目需按照实施周期予以稳定资金保障，确保项目绩效目标实现。相应地，对项目的年度剩余资金也需重新界定性质，并调整管理方式。因此，《办法》中对项目结转结余，总体上按照项目实施周期是否结束来进行划分，实施周期未结束的为结转资金，实施周期结束的为结余资金。

3. 连续两年未用完的项目资金作为结余。按照《预算法》相关规定，为了避免资金长期结转造成闲置，《办法》中明确，在实施周期内，连续两年（指批复预算资金的当年和下一年度）未用完的项目支出预算资金，作为结余资金管理。

4. 允许项目中部分资金提前确认为结余。修订前《办法》规定，单个项目的年度剩余资金应全部确认为结转资金或全部确认为结余资金，这种管理方式相对简单，但不符合实际情况，导致部分已不需要支出的资金较长时间闲置在部门，不利于提高效率。因此，《办法》中规定，因实施计划因故调整，不需要继续支出的部分项目支出预算资金，作为结余资金管理。

（三）结余资金的处理

1. 结余资金统一由财政收回。根据国务院文件精神以及2015年盘活存量资金的做法，为了提高资金使用效率，《办法》中规定，除部分符合相关条件的中央科研项目结余外，其他结余资金均收回财政。

2. 可在执行中及时确认结余。按照修订前《办法》关于项目支出结余资金，应全部统筹用于编制以后年度部门预算的规定，经确认的结余资金需要间隔一年时间才能动用，降低了资金使用效率。《办法》规定，预算执行中，项目提前完成、因故终止或实施计划发生调减，不需要继续支出的预算资金，部门应及时清理为结余资金报财政部，由财政部发文收回财政，以保证结余资金及时安排使用，提高效率。

3. 基建结余资金全部收回。关于基本建设项目的结余资金，《办法》中要求按照基本建设项目结余资金管理相关规定执行。根据最新印发的《基本建设项目结余财政资金收回同级财政的通知》（财建〔2015〕707号）要求，《基本建设财务管理规定》（财建〔2002〕394号）中有关结余的财政资金30%由项目建设单位留用的规定和《关于基本建设项目竣工结余财政性资金处理有关事宜的通知》（财建〔2013〕454号）不再执行，基建项目的财政资金结余全部收回财政。

（四）减少结转结余的措施

1. 由事后消化提前到事中控制。为了提高预算执行效率，减少资金闲置，《办法》中对控制结转资金的管理思路，由事后消化调整为事中控制。在执行中实时跟踪预算执行进度，对预计当年难以执行的支出，部门可根据实际情况，及时调整结构，将资金用到急需的地方，避免年底形成结转结余，切实提高资金使用效率。部门调整支出结构后形成的缺口由部门在其三年支出规划的规模内解决，财政不再单独安排。

2. 加强考核实施奖惩。《办法》规定按照项目实施周期是否结束来划分结转结余，根据新的项目支出预算管理模式，项目的实施周期最长可为

5年（基建项目竣工前，均视为实施周期）。项目周期延长后，为了避免部门长期结转或大规模结转，《办法》中提出了几项新措施：一是在周期内，连续两年未用完的资金要作为结余管理。二是部门要跟踪执行进度情况，并进行统计、分析，提出加快执行进度的建议，报财政部。三是结转资金规模较大的，财政部可将结转资金收回财政。四是对部门控制、消化结转资金情况进行考核、通报，对考核排名靠后的压缩其以后年度支出规模。五是部门要对所属单位的结转资金消化情况进行考核和奖惩。

3. 调减或调剂支出要集中限时办理。为了提高效率，避免部门调减或调剂支出较晚影响预算执行，《办法》中要求对中央部门申请调减当年预算或调剂支出，应在8月31日前集中办理。

（五）结转结余的报送和确认

为了提高工作效率，减少重复报送，《办法》中改进了结转结余资金的报送和确认办法。

1. 年度结转资金的报送和确认。对部门年度结转资金不再单独组织统计、报送和批复，部门在编制年度预算时一并编报。财政部在批复部门年初预算时一并批复部门结转资金。部门预算中批复的结转资金与部门决算批复相关数据不一致的，以部门决算为准。

2. 年度结余资金的报送和确认。年度预算执行结束后，中央部门在30日内完成对结余资金的清理，将情况报财政部。财政部在20日内发文确认结余资金，并收回财政。年初确认的结余资金数与部门决算批复相关数据不一致的，以部门决算为准，并做相应调整。

（六）结转结余收回的处理

为了与新的制度衔接，《办法》中明确部门结转结余资金收回，按照《财政总预算会计制度》（财库〔2015〕192号）相关规定进行处理，即收回的资金冲抵当年预算支出。对基本建设项目的结余资金，考虑到基本建设项目管理的特殊性，《办法》中要求按照基本建设项目结余财政资金收回的相关规定执行。

第五节 部门预算评审

预算评审是加强项目支出预算管理，提高预算编制质量，优化预算资源配置的重要手段。2015 年，财政部印发了《财政部关于加强部门预算评审工作的通知》（财预〔2015〕90 号），明确了预算评审职责、范围、内容、环节、方式及结果运用等内容，将预算评审嵌入预算管理流程，成为预算编制链条上的必要环节。近年来，随着部门预算管理改革的持续深入，中央部门预算评审工作有序推进，评审范围不断扩大，评审形式不断丰富，参与评审机构的专业化程度不断提高，预算评审工作步入常态化轨道，预算评审对预算编制的支撑作用日益显著。

2020 年，国务院印发的《中华人民共和国预算法实施条例》指出"各级政府财政部门应当建立和完善项目支出预算评审制度。各部门、各单位应当按照本级政府财政部门的规定开展预算评审。项目支出实行项目库管理，并建立健全项目入库评审机制和项目滚动管理机制"。2021 年，国务院印发的《国务院关于进一步深化预算管理制度改革的意见》（国发〔2021〕5 号），指出要"建立健全项目入库评审机制和项目滚动管理机制"。上述法律制度文件都对预算评审工作提出了明确的要求，需要深入研究并推进相关工作。

一、预算评审管理规定和要求

（一）预算评审职责

中央部门和财政部按照部门预算管理权限，分别组织开展预算评审工作。财政部负责制定预算评审的管理制度，对各部门评审工作进行指导，对纳入财政部项目库的项目组织评审，运用评审结果。

中央部门预算评审工作应由部门内部负责预算管理的内设机构组织，主要职责是制定评审制度，选择中介机构和专家，监督评审过程，运用评审结果，安排评审经费等。接受委托的中介机构和专家独立开展评审工作，对出具的评审报告负责。

（二）预算评审范围

预算评审主要针对部门预算中的项目支出预算。

1. 部门评审范围。拟纳入项目库的项目原则上都要进行预算评审。考虑到评审工作经济性同时避免重复评审，以下项目可不纳入部门预算评审范围：已确定立项且按规定的支出标准和要求测算的项目，按规定由项目主管部门（指负责专项资金管理并审核相关部门申报项目的部门）评审的项目，绝密级项目（另有规定的除外），总支出规模在100万元以下的项目，其他按规定不予评审的项目。预算执行中拟申请追加预算的项目，以及项目内容、绩效目标或支出总规模等发生调整的项目，原则上也要履行部门评审程序。

2. 财政评审范围。部门申报的项目中党中央、国务院最新确定的重大改革、重要政策和重点项目，专业性强、技术复杂、年度增支需求较大的拟纳入预算安排的重大的项目优先纳入财政部评审范围。预算执行中拟追加预算的项目，财政部也要有选择地进行评审。

（三）预算评审内容

预算评审的内容主要包括完整性、必要性、可行性和合理性等方面。完整性主要指项目申报程序是否合规，项目申报内容填写是否全面，项目申报所需资料是否齐全等。必要性主要指项目立项依据是否充分，与部门职责和宏观政策衔接是否紧密，与其他项目是否存在交叉重复等。可行性主要是项目立项实施方案设计是否可行，是否具备执行条件等。合理性主要是项目支出内容是否真实、合规，预算需求和绩效目标设置是否科学合理等。

（四）预算评审环节

各部门要按照"先评审后入库"的原则，对部门本级及所属单位申报的项目进行自评，评审通过的项目作为预算备选项目进入项目库。预算执行中拟申请追加预算的项目,原则上也要经过评审,纳入项目库后才能申报。项目库中的项目遵循"先预算评审后安排预算"的原则,预算编制阶段,在部门已经开展评审的基础上,由财政部根据需要对拟纳入预算安排的项目进行评审,根据评审结果确定是否安排及预算额度。预算执行阶段,由财政部对部门申请追加预算的项目中拟安排预算的项目进行评审。

(五)预算评审方式

根据预算管理级次的不同,各部门可实行集中评审或分级评审,具体形式由各部门自行确定。根据不同类型项目的特点,可采取由部门所属评审机构、委托有相应资质的中介机构或组织专家评审等方式开展预算评审。委托中介机构评审的,要根据政府购买服务的要求,按照政府采购法规定的方式确定承接主体,签订委托合同。组织专家评审的,原则上应设立专家库并从中随机抽取符合相关专业要求的专家。根据部门的需要,财政部预算评审中心可提供业务指导和技术支持。

(六)评审结果运用

部门要在提高评审质量的基础上,强化预算评审结果的运用,将评审结果作为项目入库、申报和调整的重要依据,并作为预算安排的上限控制。要把预算评审的总体情况作为确定所属单位预算规模的参考因素之一,引导各部门如实申报项目和预算。

财政部将财政预算评审结果作为预算安排的上限控制,对上年财政预算评审整体审减率较高的部门,压减下一年度项目支出预算。

二、预算评审的组织实施

(一)评审具体流程要点

根据需要制定预算评审工作计划,确定评审项目、内部分工、时间安排等。具体项目的预算评审一般包括前期准备、制定评审方案、实施评审、报告撰写与稽核、出具报告和案卷归档等环节。具体如下:

1. 前期准备。根据部门预算评审工作计划，项目评审负责人及时通知项目申报单位做好预算评审准备工作。同时，评审人员要获取项目资料，了解项目主要内容，收集、熟悉相关政策制度文件和标准规范。

2. 制定评审方案。在前期准备工作基础上，制定项目预算评审方案，确定评审方式，明确评审内容、评审重点、评审方法和评审时间安排，确定参加项目预算评审的中介机构人员和行业专家，做好任务分组和人员分工。

3. 实施评审。根据评审方案，实施项目预算评审。项目预算评审主要是对项目完整性、必要性、可行性以及预算合理性进行全面审核。

不同评审人员按照任务分工进行评审。部门预算管理人员主要负责评审业务联系、沟通协调、政策把握、评审进度控制、评审结论复核、中介机构人员以及行业专家管理等组织管理工作。行业专家主要利用自身专业优势，评审项目的必要性和可行性，审核项目实施方案和绩效目标的合理性，以及项目预算与项目实施方案及目标的匹配性等。中介机构人员则主要负责审核项目资料和预算完整性、核实工作量、材料与设备市场询价以及资料收集整理等预算评审基础性工作。

对于项目预算合理性的评审，主要的方法有：已经制定相关支出标准的，按标准核定，如办公家具配备标准、会议费标准、培训费标准、出国费标准等；材料、设备等价格，通过市场询价确定；对于工程修缮类项目，按照工程造价审核的方法通过识图算量、套用定额和市场价格确定；需要调整项目实施方案的，通过评审专家的专业审核，形成专家意见后，按专家意见调整，相应调整预算。

评审中可建立重大事项会商机制，充分讨论，必要时可进一步聘请专家进行咨询。项目评审负责人要做好沟通协调，以及质量、进度控制等工作，并对初步评审结论进行复核。在此基础上，与项目申报单位交换意见，并根据交换意见情况，对初步评审结论进行调整，形成最终评审结论，由项目申报单位签署意见、盖章。

评审过程中要形成评审工作底稿，包括评审事项、审核过程、审核依据、审核结论、编制人及编制日期等内容，重大事项工作底稿还需附原始凭证或取证材料。同时，要做好评审工作底稿的复核工作。

4. 报告撰写与稽核。评审报告主要围绕评审内容展开，一般应包括基本情况、评审结论、问题和建议，如有特殊情况需要说明的，可在报告中体现。基本情况是对项目情况的介绍，包括项目背景、项目内容、项目申报预算、项目实施周期等。评审结论主要是针对项目完整性、必要性、可行性和合理性的评审意见，如有涉及预算调整情况，需对项目预算调整的内容、调整原因、调整依据等进行逐一描述。问题和建议主要是评审中发现的项目预算编制和管理等方面存在的问题以及相应的对策建议。此外，应建立评审稽核机制，做好评审报告的内部稽核工作，对评审结论的客观公正性和科学合理性，以及评审报告的完整性和表述的准确性进行稽核。

5. 出具报告和案卷归档。根据稽核意见对评审报告进行修改完善，按照规定程序报有关部门。同时，及时整理项目评审资料，做好案卷归档工作。

（二）中介机构管理

根据预算评审工作需要，按照《中华人民共和国政府采购法》（以下简称《政府采购法》）、《中华人民共和国政府采购法实施条例》（以下简称《政府采购法实施条例》）、《财政部关于促进政府采购公平竞争优化营商环境的通知》（财库〔2019〕38号）等有关要求，采用公开招标方式，择优选择若干会计师事务所和工程造价咨询公司参与部门预算项目评审工作。在项目评审过程中，要做好对中介机构人员管理，严肃工作纪律和工作要求，严格质量控制，有效控制预算评审风险。项目预算评审实行回避制度，中介机构与项目申报单位可能存在影响评审结论公正性的，应主动回避。中介机构的付费可根据市场水平和考核情况确定。

（三）专家管理

根据预算评审工作需要，可建立评审专家库。专家的管理主要包括入库、库中专家的选取、使用、考核与付费等。为规范管理，可制定专家库管理办法，明确专家的选取、使用、考核等内容。一般而言，专家库的建立可根据业务需要，采取业内公开招聘、单位推荐、自荐等方式，按照入库标准，择优聘请。在项目预算评审过程中，需做好对专家的管理，严肃工作纪律和工作要求，严格质量控制和日常考核，有效控制预算评审风险。行业专家与项目申报单位有关联关系的，应主动回避。专家付费按照有关规定执行。

三、2021 年财政预算评审情况

（一）总体情况

2021 年，财政部对 75 个中央部门一级预算单位的 119 个项目进行了评审，涵盖交通、环保、医疗卫生、教育、科技等多个领域，涉及资金 1662.29 亿元，平均调减率约 46.66%。通过评审，大幅剔除了项目预算申报中的不合理支出，有效促进了部门项目预算编制的科学性，显著提高了财政资金的使用效益和预算管理水平。

（二）主要做法

1. 提高政治站位，坚持科学评审理念。财政预算评审坚持服务国家改革发展中心工作，不断提高政治站位，既要保障中央部门履职工作，充分考虑中央部门行政的合理需求，又要为财政资金的高效使用把好门、站好岗，规范项目预算编制和管理，提高财政资金使用效益。同时，要严格遵守国家财经政策和纪律，确保预算评审合法、合规、合理。

2. 加强项目预算评审的标准化、流程化。2018 年，预算评审中心印发了《中央部门项目支出预算评审操作规程（试行）》，进一步明确评审工作程序及各环节要求，强化了评审工作流程和评审标准要求，加强质量控制，推动评审工作规范化。2021 年，预算评审中心继续按照规定的工作程序和规范要求开展评审工作，加强过程管理，提高质量要求。随着评审工作的不断深入，预算评审中心及时总结分析，着手对评审操作规程进行修订完善，以适应预算管理新形势、新要求。

3. 完善内部审核机制，提高评审质量。为提高评审质量，强化内部审核。进一步优化内部审核专家构成，充分发挥财政专家、行业专家、中心

班子成员等组成的内审委员会作用，在评审关键环节和节点加强审核，进一步提升评审的客观性和公正性。

4. 重视和加强与各方的沟通。与部内各司局、部门和项目单位的沟通是评审工作程序中的必要环节，也是提高评审工作科学性、合理性的必要手段和重要保证。预算评审中心在评审前期部署和评审流程中均强调了沟通协调工作，明确沟通工作程序、争议处理等具体事项要求。评审过程中，预算评审中心也按照要求与部内相关司局、部门及项目单位进行充分的沟通，争取各方理解与支持，推动了重大问题的有效解决。

5. 充分利用专业技术力量。预算评审涉及多个领域，专业性较强，利用好社会专业技术力量，对做好预算评审工作至关重要。一是坚持专家评审方式，按照专业对口原则聘请专家参与预算评审工作，利用专家的专业知识，重点对项目的必要性、可行性进行判断，对实施方案的合理性进行分析和优化调整，进而对项目预算进行调整。二是充分发挥中介机构人员的基础作用。按照预算评审中心管理制度，采用公开招标方式择优选择协作机构参与评审，承担项目资料和预算完整性审核、工作量核实、材料与设备市场询价以及资料收集整理等预算评审基础性工作。

（三）评审要点

1. 预算审核方面。预算评审主要关注项目的完整性、必要性、可行性和合理性。项目评审中需关注的要点包括：

一是通过了解部门职责、有关的行业发展规划，以及国家当前关于该行业或领域的有关政策等，明确评审项目立项的必要性。

二是通过了解部门经费渠道与项目支出总体情况，判断评审项目与其他项目之间的关系，是否缺乏统筹，是否存在交叉重复等问题。

三是对于一个项目涉及中央部门内部不同部门的，通过了解部门内部机构设置和职责分工，判断评审项目不同内容之间是否存在衔接问题。

四是了解项目实施方式，评审项目实施方式是否合理、合规，是否存在应招标未招标等问题，进而优化调整项目实施方式，并结合市场价格水平评审项目预算。

五是区分政府与市场的边界，确定预算支持重点。按照厘清政府与市场边界的思路确定评审原则,即具有公益性的事业活动或者服务于政府政策目标的企业活动应由中央财政给予补贴,而参与市场竞争、具有盈利能力的事业单位活动或者不具有公益性的企业活动不应纳入财政补贴范围。

六是根据延续性项目以前年度执行和绩效情况,评审当年预算。对于延续性项目预算,不仅要审核当年预算申报情况的真实性、完整性和科学性,还要审核项目以前年度的执行情况和绩效状况。延续性项目预算以前年度的执行情况和绩效评价是核定当年预算的重要依据,对于执行情况不理想、资金大量结转的项目或者绩效目标完成较差的项目,应审减当年或以后年度预算,或中止项目。

七是优化项目实施方案,提高项目可行性。评审中,对于新增项目预算,重点评审其必要性和可行性。一方面深入到项目单位,如实了解项目实施的目标和条件,督促项目单位细化项目的具体内容,核实项目的工作量、费用标准。另一方面,发挥专家智慧,优化项目实施方案,并相应调整项目的费用结构,提高项目预算的可执行性。

2. 绩效目标审核方面。绩效目标的审核主要是关注目标设置的完整性、指标是否可量化、目标是否符合实际等。审核时需要关注的要点包括:

一是绩效目标的格式是否规范、内容是否完整,绩效目标是否明确、清晰。

二是绩效目标的设定与部门职能、事业发展规划、项目实施内容是否相关,是否选取了关键指标,绩效指标是否细化、量化。

三是预期绩效是否显著、合理,资金规模与绩效目标之间是否匹配。

四是绩效目标是否经过充分论证和合理测算,符合客观实际,所采取的措施是否切实可行,绩效目标能否如期实现。

(四)评审发现的主要问题

从评审情况看,主要还存在编制基础薄弱、项目前期论证不充分、支出结构不合理等问题。

1. 部分项目预算编制基础工作薄弱。部门项目预算申报的资料不规范、不完整,一些专业性较强的项目不同程度上存在着申报资料简单、内容不完整、缺少预算明细及测算依据等问题，没有全面准确地反映部门特定活动的绩效目标及指标、具体内容和支出需求。项目总体目标仅为子项目绩效目标的罗列加总，缺少系统性的总体目标及阶段性目标，导向性不强。

2. 项目前期论证不够充分。一些项目在立项阶段未充分考虑业务工作需要和现实条件，立项程序缺失，对立项必要性、实施方案合理性、可行性等缺少科学的审核论证，导致项目立项依据不充分、项目实施必要性不强、不具备执行条件、多头申报等问题较为突出。

3. 项目支出结构不合理。当前中央部门在申请项目预算资金时，仍然存在"基数＋增长"的思维惯性，大量的延续性项目既没有明确的执行期限、也没有建立绩效评价退出机制，即使政策环境发生了较大变化，项目仍在延续，未能及时清理或转型，固化了项目支出结构。

4. 项目预算的费用构成不科学、不合理。大部分项目预算的申报规模超过实际需求，预算编制的科学性、合理性亟需提高。一是项目预算的费用标准过高、规模过大。项目申报预算中设备购置数量偏多、单价偏高以及系统开发和运行维护费用标准偏高等问题比较普遍，直接导致项目单位的资金结余或者盈利超常。二是项目预算的费用测算依据不充分，测算标准不统一，测算误差较大，"拼凑"预算痕迹明显，费用结构不合理。三是基本支出挤占项目支出的问题较为突出，一些项目尤其是专项业务费项目预算中包含了部门或者单位日常的办公费、邮电费、水电费等基本支出内容。

四、完善部门的预算评审工作

（一）建立项目入库评审机制

落实《预算法实施条例》和《国务院关于进一步深化预算管理制度改革的意见》（国发〔2021〕5号）要求，建立健全项目入库评审机制。部门在"一上"之前先完成项目评审、储备入库，先评审入库再编报预算。通过建立入库评审机制，进一步完善预算管理链条，做实项目库，避免为预算编项目。

（二）将预算评审与项目支出标准建设相结合

中央部门在评审项目时，要注重评审数据的积累和有效利用。一方面，为以后年度开展同类项目评审提供参考。另一方面，可与部门内部项目支出标准建设计划相结合，对于适宜标准化管理的项目，通过数据的积累和分析，逐步建立项目支出标准和规范，实现项目的标准化管理。

（三）注重评审专家的遴选和使用

对于专业性较强的项目，预算评审要充分利用行业专家的专业技术优势。行业专家的选择和使用很大程度上决定了项目评审结论的客观公正性，因此选择使用专家是目前评审工作中非常重要的一项内容。一是要合理确定专家的数量，坚持专家集体评审方式，对预算评审各事项要经过专家的集体讨论形成共同意见，避免项目评审结论由个别专家确定的情况。二是要明确对专家的专业背景、业务能力等要求，综合考虑专业、工作单位等因素，优化专家结构。

（四）强化评审结果的运用

预算评审的生命力在于结果的有效运用，因此，各部门在开展评审工作时，要强化评审结果的运用。在提高客观公正性的基础上，从评审制度安排和预算评审程序设计方面为评审结果的有效运用提供保障。

第六节 政府购买服务

政府购买服务，指各级国家机关将属于自身职责范围且适合通过市场化方式提供的服务事项，按照政府采购方式和程序，交由符合条件的服务供应商承担，并根据服务数量和质量等因素向其支付费用的行为。

一、我国政府购买服务现状

近年来,在党中央、国务院统一部署和领导下,在各级财政部门大力推动下,经过各方面共同努力,中央和地方政府购买服务改革工作取得重要进展和明显成效。

(一) 制度体系基本建立

明确政府购买服务适用《政府采购法》及其实施条例。建立了基础制度,出台《政府购买服务管理办法》(财政部令102号)。建立了专项管理制度体系,包括指导性目录编制、预算管理、政府采购、第三方绩效评价等重要环节;中央和地方分级分部门编制政府购买服务指导性目录,财政部印发《中央本级政府购买服务指导性目录》。针对事业单位、社会组织、行业协会商会如何参与政府购买服务,分别出台了专项政策措施。

(二) 改革工作机制不断健全

建立了领导协调机制,加强了改革的领导协调。建立了信息化机制,依托政府采购网建成政府购买服务信息平台。建立了联系点制度,在全国8个省份15个市、县、区设置联系点,发挥改革"试验田"作用。建立健全全国财政系统政府购买服务信息报送机制,逐步规范和完善报送要求,为推进改革提供了积极支持。

(三) 重点专项改革有序推进

开展事业单位政府购买服务改革,推进将现由公益二类事业单位承担、通过财政预算拨款方式安排、适合通过市场化方式提供的服务事项相应财政预算拨款改为政府购买服务(以下简称"拨改买"),通过改革激发事业单位内在活力。推进政府向社会组织购买服务,鼓励社会组织通过承接政府购买服务参与社会治理和提供公共服务。推进第三方绩效评价,促进政府购买服务质量和效率提升。

（四）分行业领域改革多点突破

部分重点公共服务领域改革从中央到地方在全国推开，包括残疾人服务、养老、文化、交通运输、青少年社会工作、社会救助、法律服务等，在改善人民群众生活、促进经济社会发展等方面发挥了重要作用。

（五）有效助力新冠肺炎疫情防控

适应新冠肺炎疫情防控需要，各地在核酸检测、消毒消杀、防疫宣传、心理疏导、法律服务、就业培训等方面开展政府购买服务，充分调动社会资源，提升响应能力和疫情防控水平，支持做好促发展、稳就业工作，助力疫情防控和复工复产，取得积极成效。

总的来看，近年来政府购买服务范围和资金规模快速扩大，推动公共服务和国家治理创新取得明显成效。政府购买服务改革的实施，更好地满足了人民群众公共服务需求，提高了公共服务效率和财政支出绩效，助推了政府职能和行政观念切实转变。

二、政府购买服务的政策要求

当前和今后一个时期的政府购买服务改革工作，要以习近平新时代中国特色社会主义思想为指导，认真贯彻落实党的十九大和十九届历次全会精神，聚焦转变政府职能、改善公共服务、创新社会治理、提升财政绩效，深化政府购买服务改革，规范实施政府购买服务管理。

（一）关于购买主体

政府购买服务的购买主体是各级国家机关，包括各级人大机关、行政机关、监察机关、审判机关、检察机关等。党的机关、政协机关、民主党派机关、承担行政职能的事业单位和使用行政编制的群团组织机关使用财政性资金购买服务的，可以参照执行。

政府购买服务的购买主体强调其国家机关属性。不承担行政职能的事业单位不属于国家机关，其功能定位是负责直接提供特定领域公益服务，不作为政府购买服务的购买主体。不承担行政职能的事业单位可以购买自身所需辅助性服务，此类行为属于政府采购，但不属于政府购买服务。

（二）关于承接主体

可以承接政府购买服务的主体包括依法成立的企业、社会组织（不含由财政拨款保障的群团组织），公益二类和从事生产经营活动的事业单位，农村集体经济组织，基层群众性自治组织以及具备条件的个人。

各级政府部门应积极推进事业单位政府购买服务改革，激发事业单位活力。公益二类事业单位承接政府购买服务的，应当注意防止出现既通过财政拨款养人办事，同时又花钱购买服务的行为。公益一类事业单位、使用事业编制且由财政拨款保障的群团组织，不作为政府购买服务的购买主体和承接主体。

社会组织是政府购买服务的重要承接主体。要坚持政府购买和培育扶持并重，引导社会组织健康有序发展。加强分类指导和重点支持，鼓励各级政府部门同等条件下优先向社会组织购买民生保障、社会治理、行业管理、公益慈善等领域的公共服务。

购买主体向个人购买服务，应当限于确实适宜实施政府购买服务并且由个人承接的情形，不得以政府购买服务名义变相用工。具体实施当中，购买主体向个人购买服务，应当根据《中华人民共和国民法典》《中华人民共和国政府采购法》和《政府购买服务管理办法》（财政部令 102 号）有关规定签订政府购买服务合同，并按合同约定支付购买费用。

（三）关于购买内容

政府购买服务的内容包括政府向社会公众提供的公共服务，以及政府履职所需辅助性服务。6 类事项不得作为政府购买服务内容：一是不属于政府职责范围的服务事项；二是应当由政府直接履职的事项；三是政府采购法律、行政法规规定的货物和工程以及将工程和服务打包的项目；四是融资行为；五是购买主体的人员招、聘用，以劳务派遣方式用工以及设置公益性岗位等事项；六是法律法规及国务院规定的其他事项。各级政府部门开展预算编制工作应当准确把握政府购买服务内容，禁止以政府购买服务名义变相举债融资、用工或"甩锅"等行为。

（四）关于购买活动实施

政府购买服务应当突出公共性和公益性，重点考虑、优先安排与改善民生密切相关，有利于转变政府职能、提高财政资金绩效的项目。购买活动具体要求：

一是遵循预算约束。政府购买服务项目所需资金应当在相关部门预算中统筹安排，并与中期财政规划相衔接，未列入预算的项目不得实施。购买主体在编报年度部门预算时，应当通过填报政府购买服务支出表等方式反映政府购买服务支出情况。部门向所属事业单位购买服务，属于"拨改买"改革范围的，应当将相关经费预算由事业单位调整至部门本级管理，不再直接作为事业单位经费。事业单位承接政府购买服务取得的收入，应当纳入事业单位预算统一核算，税后收入由事业单位按相关政策规定进行支配。

二是确定规范、适当的购买方式。购买主体应当根据购买内容及市场状况、相关供应商服务能力和信用状况等因素，通过公平竞争择优确定承接主体。属于政府集中采购目录以内或采购限额标准以上的项目，按照政府采购法律、行政法规和相关制度的有关规定，采用公开招标、邀请招标、竞争性谈判、竞争性磋商、单一来源采购等方式确定承接主体。属于政府采购限额标准以下且集中采购目录以外的政府购买服务项目，可实施简易采购，由购买主体按照公平、效率原则自行确定项目的承接主体。"拨改买"项目原则上通过竞争择优方式确定服务承接主体，对暂不具备竞争条件的，改革当年可按规定通过单一来源采购方式直接委托原提供该服务的事业单位承接。

（五）关于绩效管理

购买主体应当健全政府购买服务绩效管理链条，实施全过程绩效管理。要做好新增重大政府购买服务项目事前评估，加强政府购买服务项目事中监控，强化绩效评价结果应用，推动形成评价、反馈、整改、提升的良性循环；处理好项目绩效评价与履约验收的关系，加强评价结果与购买经费结算挂钩。财政部门可以根据需要，对部门政府购买服务整体工作开展绩效评价，或者对部门实施的资金金额和社会影响大的政府购买服务项目开展重点绩效评价。要合理运用第三方绩效评价，不得借第三方绩效评价推卸应当直接由政府履行的职责。

第七节 政府采购

政府采购制度是现代财政制度的组成部分，是加强财政支出管理的重要管理制度。按照《中华人民共和国政府采购法》（以下简称《政府采购法》）的规定，政府采购指各级国家机关、事业单位和团体组织，使用财政性资金采购依法制定的集中采购目录以内或者采购限额标准以上的货物、工程和服务的行为。

一、政府采购工作开展情况

1996年我国政府采购制度改革开始试点，2003年政府采购法正式施行。经过20多年的改革发展，政府采购制度改革取得显著成效。在法制建设方面，形成了包括《政府采购法》《政府采购法实施条例》、部门规章和各类规范性文件在内的完整法律制度框架；在采购范围和规模方面，从满足机关单位办公需要向为社会提供公共服务扩展，全国政府采购规模由2002年的1009亿元增加到2020年的36970.6亿元；在采购执行方面，绝大多数预算单位都能够依法采购、规范程序，改革前采购人自由随意采购的局面得到根本改变；在政策功能方面，构建了一套包括支持创新、绿色、中小企业发展以及本国产品和脱贫地区农副产品采购在内的政府采购政策体系，丰富了财政调控的方式和手段；在信息公开方面，建立起采购意向、采购活动、采购结果及合同文件全流程信息公开机制，广泛接受社会监督。目前，政府采购制度适用范围覆盖到全国各级党政部门与事业单位，深入到政府社会经济管理的不同领域和层次，在规范政府预算支出、创造公平竞争的市场环境、规范行政履职行为以及推动实现国家经济社会目标等方面发挥了重要作用。

二、政府采购预算编制和调剂

（一）政府采购预算编制

《政府采购法》第六条明确规定，政府采购应当严格按照批准的预算执行。《国务院关于进一步深化预算管理制度改革的意见》（国发〔2021〕5号）规定，细化政府采购预算编制，确保与年度预算相衔接。建立支持创新产品及服务、中小企业发展等政策落实的预算编制和资金支付控制机制。

全面完整编制政府采购预算是中央预算单位开展政府采购工作的重要基础。

政府采购预算是部门预算的重要组成部分。中央预算单位使用财政性资金采购集中采购目录以内或者采购限额标准以上的货物、工程和服务，应当在编制部门预算时同步编制政府采购预算。关于财政性资金，《政府采购法实施条例》第二条明确规定是指纳入预算管理的资金，而《预算法》第四条则规定政府的全部收入和支出都应当纳入预算。因此，中央预算单位凡使用纳入部门预算管理的资金开展的政府采购活动，均应编制政府采购预算。

政府采购预算直接控制政府采购计划和合同执行，中央预算单位需准确编制政府采购预算。预算单位在编制2023年政府采购预算时，应当按照《国务院办公厅关于印发中央预算单位政府集中采购目录及标准（2020年版）的通知》（国办发〔2019〕55号）确定编制范围，凡基本支出和项目支出涉及政府采购的，均应严格按经济分类、政府采购品目和具体采购项目编制政府采购预算。在相应部门经济分类下，按照《政府采购品目分类目录》列明货物、工程、服务类型，细化填报具体采购项目的名称、采购标的名称、采购数量（规模）、预算金额、需实现的主要功能或者目标等基本信息。拟购置相关设备的，应与新增资产预算衔接，列明拟采购设备的名称、数量和预算金额。同时，按照《政府采购促进中小企业发展管理办法》（财库〔2020〕46号）规定，对适宜由中小企业提供的，足额预留专门面向中小企业采购份额。

(二) 政府采购预算调剂

预算执行中部门预算资金调剂（包括追加、追减或调整结构）需要明确政府采购预算的，按部门预算调剂的程序和规定，由主管预算单位报财政部审核批复。预算执行中部门预算支出总金额不变，但需单独调剂政府采购预算的类别（货物、工程、服务）和金额，以及使用非财政拨款资金采购需要明确政府采购预算的，按照《关于完善中央单位政府采购预算管理和中央高校、科研院所科研仪器设备采购管理有关事项的通知》（财库〔2016〕194号）规定的程序，由主管预算单位报送财政部备案。

三、政府采购预算执行管理要求

政府采购实行集中采购和分散采购相结合的管理方式。中央预算单位采购纳入集中采购目录的政府采购项目，必须委托集中采购机构代理采购；采购未纳入集中采购目录的政府采购项目，可以自行采购，也可以委托集中采购机构在委托的范围内代理采购。

中央预算单位应当按照《政府采购需求管理办法》（财库〔2021〕22号）的规定，加强采购需求管理，科学合理确定采购需求，明确采购项目，编制采购实施计划，对项目进行审查，制定履约验收方案及风险管控措施。执行中，根据采购项目的具体特点，选择公开招标、邀请招标、竞争性谈判、竞争性磋商、询价、单一来源采购及框架协议采购等适宜的采购方式。采购公开招标数额标准以上的非涉密货物、服务因特殊情况需采用非公开招标方式的，以及达到分散采购限额标准需要采用单一来源方式的涉密货物、工程和服务应报财政部审批。政府采购应当采购本国的货物、工程和服务，需要采购的产品在中国境内无法获取或者无法以合理的商业条件获取的，应当报财政部审核。按规定备案政府采购合同并开展履约验收，全面统计所有政府采购项目执行情况，完整编报政府采购信息统计报表。

政府采购遵循公开透明原则，中央预算单位应当按照政府采购信息公开的规定，及时在中国政府采购网公开采购意向、发布采购文件、公告中标（成交）结果公告、采购合同等政府采购项目信息。拟申请采用单一来源采购方式的非涉密采购项目，在报财政部审核前还需在中国政府采购网进行公示。

第八节 需关注的审计问题及整改要求

一、法律规定和制度建设

《中华人民共和国宪法》第九十一条规定，国务院设立审计机关，对国务院各部门和地方各级政府的财政收支，对国家的财政金融机构和企业事业组织的财务收支，进行审计监督。

《中华人民共和国审计法》第三条规定，审计机关依照法律规定的职权和程序，进行审计监督。审计机关依据有关财政收支、财务收支的法律、法规和国家其他有关规定进行审计评价，在法定职权范围内作出审计决定。第五条规定：审计机关依照法律规定独立行使审计监督权，不受其他行政机关、社会团体和个人的干涉。

中共中央印发《深化党和国家机构改革方案》规定，组建中央审计委员会。为加强党中央对审计工作的领导，构建集中统一、全面覆盖、权威高效的审计监督体系，更好发挥审计监督作用，组建中央审计委员会，作为党中央决策议事协调机构。主要职责是，研究提出并组织实施在审计领域坚持党的领导、加强党的建设方针政策，审议审计监督重大政策和改革方案，审议年度中央预算执行和其他财政支出情况审计报告，审议决策审计监督其他重大事项等。中央审计委员会办公室设在审计署。

中共中央总书记、国家主席、中央军委主席、中央审计委员会主任习近平2018年5月23日下午主持召开中央审计委员会第一次会议并发表重要讲话。习近平总书记在讲话中指出，审计是党和国家监督体系的重要组成部分。审计机关成立30多年来，在维护国家财政经济秩序、提高财政资金使用效益、促进廉政建设、保障经济社会健康发展等方面发挥了重要作用。特别是党的十八大以来，为促进党中央令行禁止、维护国家经济安全、推动全面深化改革、促进依法治国、推进廉政建设等作出重要贡献。习近平总书记强调，中央审计委员会要强化顶层设计和统筹协调，提高把方向、谋大局、定政策、促改革能力，为审计工作提供有力指导。审计机关要树立"四个意识"，自觉在思想上政治上行动上同党中央保持高度一致，坚决维护党中央权威和集中统一领导，落实党中央对审计工作的部署要求。习近平总书记指出，审计机关要坚持以新时代中国特色社会主义思想为指导，全面贯彻党的十九大精神，坚持稳中求进工作总基调，坚持新发展理念，紧扣我国社会主要矛盾变化，紧紧围绕统筹推进"五位一体"总体布局和协调推进"四个全面"战略布局，依法全面履行审计监督职责，促进经济高质量发展，促进全面深化改革，促进权力规范运行，促进反腐倡廉。习近平总书记强调，各地区各部门特别是各级领导干部要积极主动支持配合审计工作，依法自觉接受审计监督，认真整改审计查出的问题，深入研究和采纳审计提出的建议，完善各领域政策措施和制度规则。

二、需关注的审计问题

近几年，中央预算执行及其他财政收支等审计工作报告对于中央部门预算管理提出了一些共性问题，主要包括：

1. 预算编制不完整、不规范。非财政拨款收入管理不到位，部分资金未纳入预算管理。部分部门为非所属单位代编预算，部门预算项目支出中安排补助地方支出，预算安排时项目尚未确定或不具备实施条件，在项目支出中列支基本支出。

2. 财政存量资金统筹使用不到位。上年结转资金纳入年初预算比例低。部分累计结转的项目仍然安排预算造成结转继续增加。部分部门及单位未能及时收回以前年度结余资金。

3. 支出标准建设有待加强。部分部门未按要求新启动标准制定工作，未对本部门支出标准建设情况进行说明。同类项目预算编制依据各异，有的部门培训班标准差异较大。

4. 决算编报不准确。部分部门及单位在决算中未披露代表国家获得外国政府、联合国组织无偿援助资金。

5. 预算绩效管理不到位。部分项目绩效目标不完整不规范，指标设定不够科学合理；部分项目绩效自评结果不实，部门资金使用率自评100%的项目实际支出为零；绩效评价结果应用不充分，自评得分低的项目仍申请下年预算。

6. "三公"经费管理不严。因公出国（境）方面，部分部门及单位超计划、超限量、超人数安排出国团组，部分部门及单位无预算、超预算列支或转由其他单位承担出国（境）费用。公务用车方面，部分单位未按规定完成公车改革，部分部门及单位无偿占用、超标准超编制、违规或变相配备、未按规定使用公务用车，无预算、超预算、超标准支出公务用车购置及运行维护费。

7. 会议管理和办公用房清理等工作不够到位。会议和培训管理方面，部分部门及所属单位无计划、计划外召开会议或举办培训，违规在非定点饭店或京外召开会议，超预算、超标准、超范围列支，或转由其他单位承担会议费、培训费。办公用房方面，部分单位存在未经批准新建或改扩建办公楼、办公用房超标等问题。

8. 依托管理职能或利用行业影响力违规收费。部分部门及所属单位违规开展资质认证、资格考试、评比表彰、举办论坛、中介服务收费或直接收取赞助等。

9. 违规发放津贴补贴、兼职取酬。个别部门及单位存在违规发放津贴补贴、违规兼职或取酬等问题。

三、有关审计问题整改要求

1. 落实整改责任。认真整改审计查出的问题，落实责任主体，层层压实责任，制定整改方案及台账，即知即改、立行立改，实现对账销号，按时整改到位。各部门要认真履行预算编制和执行的主体责任，对本部门及所属单位预算管理中出现的违法违规问题，要及时予以纠正，并依法依规问责。

2. 加强资金统筹。加强全口径预算管理，将各项收入和支出全部纳入预算。加大结转资金与年度预算的统筹力度,盘活用好存量资金,加快预算执行,防止形成资金沉淀。强化预算安排与预算执行挂钩机制。严格按规定清理、及时交回结余资金。

3. 强化预算绩效管理。将所有预算收支全面纳入绩效管理。严格绩效目标管理,科学设定绩效目标,促进花钱与办事、绩效与责任深度融合。认真审核绩效自评结果,加强绩效评价结果应用,根据绩效评价结果改进管理、优化预算安排。

4. 严格审核项目。认真组织开展本部门项目评估清理工作,切实改变项目支出只增不减的固化格局。做好项目前期准备工作。加强项目预算评审,确保项目预算与支出政策、机构职责衔接匹配。扎实推进项目库管理,加强项目预算审核,不断提高项目预算编制的科学性、准确性。

5. 严肃财经纪律。着力强化部门内控管理,建立财政资金使用全流程内控机制。严格执行预算管理制度规定,人员经费、公用经费和项目支出不得相互挤占,不得在部门预算中安排补助地方支出。切实加强"三公"经费及会议费管理,坚持勤俭办一切事业,严禁铺张浪费和大手大脚花钱。

第七章　预算管理一体化建设情况

第一节　预算管理一体化建设的背景

为贯彻落实党的十九大和十九届四中、五中全会对于深化预算管理制度改革、建立现代财税体制的决策部署，财政部党组在深刻总结历次预算改革经验基础上，提出了预算管理一体化建设的重要举措，用系统思维和信息化手段推动深化预算管理制度改革。2019年6月，财政部党组会议审议通过预算管理一体化系统建设的实施方案，部署在全国推进预算管理一体化建设。目前，全国统一的预算管理一体化规范和标准体系初步建立，地方所有省份已经实现预算管理一体化系统上线运行，中央预算管理一体化建设进入全面推广实施阶段，预算管理一体化建设取得了显著进展，已经成为进一步深化预算管理制度改革的重要内容和主要支撑手段。

一、预算管理一体化建设的总体思路

预算管理一体化建设的主要任务是，在已经基本确立的现代预算制度框架基础上，按照系统集成、协同高效的要求，用系统思维综合预算管理全流程各业务环节，制定全国统一的预算管理一体化规范和系统技术标准，规范各级预算管理的工作流程、控制规则、管理要素和数据标准。在此基础上，各地由省级财政部对标统一的规范和标准建设覆盖本地区的预算管理一体化系统并与中央财政对接，将统一的管理规则嵌入一体化系

统、规范预算管理和硬化预算约束,同时有效衔接预算管理各环节、各层级、各主体,实现五个"一体化"的管理目标,充分发挥财政在国家治理中的基础和重要支柱作用。

一是全国政府预算管理的一体化。建立各级政府预算的动态汇总机制和转移支付追踪机制,动态反映各级政府预算的安排和执行情况,追踪转移支付资金的分配、拨付和使用,增强财政对政府预算资源的统筹调度能力。

二是各部门预算管理的一体化。各部门及所属单位依法依规将取得的各类收入纳入部门和单位预算,执行统一的预算管理制度,统筹使用好本部门各类收入和存量资金资产,突出保障重点支出需求,提高资金使用效益和资产配置效率。

三是预算全过程管理的一体化。整合预算编制、执行、决算和报告、政府采购、资产管理和债务管理等预算管理环节,强化顺向环环相扣的控制机制和逆向动态可溯的反馈机制,推动预算管理与绩效管理深度融合,预算执行结果及形成资产情况作用于以后年度预算编制,形成预算全过程的管理闭环。

四是项目全生命周期管理的一体化。预算管理各环节以预算项目为基本单元,预算支出全部以项目形式纳入预算项目库,实施项目全生命周期管理。各类合规确定的中长期支出事项和跨年度项目在全生命周期内对财政支出的影响、地方政府债务偿债支出等应纳入中期财政规划,加强跨年度预算平衡。

五是全国预算数据管理的一体化。坚持部门和单位财务管理主体责任的基础上,集中单位会计核算、资产管理、账户资金等预算信息,实现财政部与单位主管部门共享共用。各省预算管理一体化系统集中地方各级财政预算数据,并与中央财政对接,实现全国预算数据的自动汇总和动态反映。

二、预算管理一体化建设取得了显著进展

(一) 全国统一的预算管理一体化规范和标准体系初步建立

2020年2月,财政部印发《预算管理一体化规范(试行)》(财办

〔2020〕13号,以下简称《规范》),按照基础信息管理、项目库管理、预算编制、预算批复、预算调整和调剂、预算执行、会计核算、决算和报告等预算管理主要环节,统一规定了各级预算管理业务的工作流程、控制规则和管理要素,明确了预算管理一体化建设的目标模式。同时,财政部严格依据《规范》制定发布《预算管理一体化系统技术标准》(以下简称《标准》),明确预算管理一体化系统的数据生产汇总标准和外部对接标准,保证将《规范》规定的管理规则落实到系统建设中。为广泛深入开展预算管理一体化理念和管理机制的宣传培训,财政部预算管理一体化建设业务组编写了上、下两册共70万字的《预算管理一体化规范实用教程》。教程除对预算管理一体化建设的背景和《规范》中各项管理机制详细解读以外,还编制了13个综合案例、41个专栏、47个示例和59个流程图,设置了48个公开文件二维码链接,制作了教程音频、动漫微课、自测习题等在线多媒体资源,促进了《规范》的贯彻落实。

(二)地方预算管理一体化建设加快推进

财政部部署各地分两批,有序开展预算管理一体化系统建设实施。预算管理一体化建设主要是统一规范和标准,不推广统一软件,各地可根据实际情况选择建设模式。各地财政部高度重视、主动作为,预算管理一体化建设实施范围不断拓展,系统建设质量不断提升。目前,全国36个省(自治区、直辖市、计划单列市)和新疆生产建设兵团均已上线实施预算管理一体化系统,并延伸至3283个财政部门,基本实现省、市、县全覆盖;52.7万个预算单位应用一体化系统开展了2022年度预算编制和执行,初步实现了预算管理主要业务环节的衔接贯通、各级财政部和预算单位的业务协同和数据共享,也为全国预算数据的动态反映和自动汇总提供了强有力的基础支撑。

(三)中央预算管理一体化建设启动试点工作

地方预算管理一体化建设的成功实践验证了《规范》和《标准》的规范性和可行性,充分表明预算管理一体化建设是实现财政工作信息化、数字化的关键,将有力支撑深化预算管理制度改革。2020年12月,中央深改委第 17 次会议通过了《关于进一步深化预算管理制度改革的意见》（国发〔2021〕5 号，以下简称《意见》），部署进一步深化预算管理制度改革的具体措施，推动预算管理水平再上新台阶。2021 年 3 月，《意见》由国务院正式印发。《意见》明确要求以信息化手段支撑中央和地方预算管理，加快建设预算管理一体化系统，地方力争 2022 年底全面运行，中央部门根据国家政务信息化建设进展同步推进相关信息系统建设。《意见》中提出的项目全生命周期管理、加强部门和单位收入统筹和预算管理、强化预算对执行控制、建立完善全覆盖全链条的转移支付资金监控机制等新的管理要求，也需要依托预算管理一体化系统落地实施。为贯彻落实《意见》，财政部于 2021 年 2 月开展了中央预算管理一体化建设试点工作，以地方较为成熟的预算管理一体化系统为基础，经适配改造后在中央本级实施。目前，中央一体化系统的基础信息管理、项目库管理、预算编制、预算执行、会计核算和资产管理等功能模块已成功上线运行。试点部门和单位应用一体化系统成功开展了 2022 年预算编制和预算执行相关业务，系统各项功能得到有效验证。在试点工作的基础上，中央预算管理一体化建设现已进入全面推广实施阶段，所有中央部门将全面应用中央预算管理一体化系统开展 2023 年预算编制工作，部门预算执行业务将从 2022 年年中开始分批推进上线实施。

第二节　预算管理一体化建设的主要管理机制

预算管理一体化建设在系统梳理当前预算管理制度基础上，针对当前预算管理存在的主要问题，运用系统思维建立健全了一系列管理机制。本节主要介绍《规范》中与部门预算管理关系密切的主要管理机制。

一、建立健全项目全生命周期管理机制

建立健全项目全生命周期管理机制，就是以项目为主线，将前期谋划、项目储备、预算编制、项目实施、项目结束和终止等各个环节有序串

联起来，以项目为"纲"、以围绕项目展开的各环节管理为"目"，实现预算管理"纲举目张"，形成完整、清晰、可追踪、可回溯的预算管理信息链条，反映项目预算管理由始至终的全过程。

一是完善以项目库为源头的预算管理机制。预算支出全部以项目的形式纳入预算项目库，并根据各类预算支出性质和用途将预算项目分为人员类项目、运转类项目和特定目标类项目。其中，人员类项目支出和运转类项目中的公用经费项目支出对应目前的基本支出，其他运转类项目支出和特定目标类项目支出对应目前的项目支出。各部门、各单位结合部门事业发展规划提前研究谋划项目，常态化开展项目申报和评审论证，财政部审核通过后储备入库，从而增加项目评估和储备时间，提高储备项目质量和成熟度。预算编制坚持"先有项目再安排预算"和"资金跟着项目走"，必须从项目库中选取项目，按优先次序安排，待分配项目细化和预算调整调剂必须调整项目库中相关项目信息。

二是完善项目预算分年度安排机制。多年度实施的项目要测算项目支出总额并如实填报项目计划实施周期，将项目活动和支出分解到各年度，细化测算每年的预算需求。财政部审核后按照每年实际支出需要分年度安排预算，保证纳入年度预算编制的是真正的当年预算。经常性项目、延续性项目及当年未安排的预算储备项目，自动滚入下一年度，促进准确、高效编制预算。

三是实时记录和动态反映项目全生命周期的预算管理信息。预算管理各环节均以预算项目为基本管理单元，预算编制到项目、执行按项目进行预算指标控制、总预算会计和单位会计都要核算到项目，各类预决算报表也是基于细化到项目的预算和会计核算数据自动汇总生成。项目实施过程中动态记录和反映项目预算下达、预算调整调剂、预算执行等情况，项目结束和终止时，系统自动计算项目预算结余。

二、建立健全政府预算、部门预算、单位预算衔接机制

为明确政府预算、部门预算、单位预算的衔接控制关系，《规范》厘清了政府预算、部门预算、单位预算的概念和相互关系，突出了政府预算

在收支总额控制中的地位和作用。

一是明确政府预算的测算规则和政府预算对部门和单位预算的控制规则。从财力安排的角度看，先测算政府收入预算，再确定政府预算安排本级部门支出预算规模和转移性支出预算规模，然后确定各具体部门预算支出规模，最后部门确定单位预算的支出规模，这反映了自上而下的控制规则，即本级政府预算规模决定部门预算中的财政拨款收支规模，部门预算规模决定了单位预算规模。

二是明确政府预算项目与部门和单位预算项目衔接规则。从预算汇总的角度看，单位预算由单位所有项目预算汇总而成，部门预算由单位预算汇总而成，本级政府预算由部门预算中的财政拨款项目预算汇总而成，这反映了自下而上的汇总规则。除应急、救灾等特殊事项外，部门不得代编应由所属单位实施的项目预算。财政待分配项目在执行中应当细化为具体实施项目，保证预算支出执行落实到具体项目和单位。

三、建立健全单位资金管理机制

部门和单位财政拨款收入以外的事业收入、事业单位经营收入、其他收入等各类单位资金，按照《预算法》的规定，必须列入部门和单位预算，没有预算不得列支。为依法加强单位资金的预算管理，《规范》从预算编制、支出控制、核算管理等方面，对单位资金管理作出了明确要求。

一是明确单位资金收支全部列入预算。单位资金同财政拨款一样全部编入单位年初预算，并汇入部门预算。各部门要统筹各类资金资产，结合本部门非财政拨款收入情况统筹申请预算，保障合理支出需求。财政部根据单位资金收入情况，统筹合理安排财政拨款预算。执行过程中新增安排单位资金支出要报财政部审批，提高单位资金预算的全面性、准确性和严肃性。

二是硬化单位资金预算对支出的约束。逐步实行对单位资金严格按照预算控制执行。一体化系统与单位资金的开户银行联网，单位比照国库集中支付流程，通过一体化系统办理资金支付。一体化系统根据财政部批复的单位资金预算，生成单位资金预算指标。财政部采取先试点后推开的方式，逐步实现严格依据单位资金预算指标控制单位资金支付，杜绝无预算、超预算使用单位资金。

三是强化对单位资金核算的监督管理。为全面掌握单位收支情况，同时更好地落实会计法要求，实施对各单位的会计监督，《规范》规定，单位应当按照财政部有关规定及时将会计核算信息传送同级财政部门。财政部积极创造条件，通过与预算单位联网对接，逐步实现同级预算单位会计核算信息的动态反映和集中存放。

四、建立健全国库集中支付管理机制

《规范》根据预算管理一体化对项目预算执行控制的细化要求，以及现代信息技术发展情况，进一步优化了国库集中支付制度的运行机制。

一是优化国库集中支付业务流程。完善国库集中支付控制体系和集中校验机制，实行全流程电子支付，优化预算支出审核流程，全面提升资金支付效率。各部门、各单位统一通过一体化系统办理资金支付业务，单位通过一体化系统提出申请，系统按照财政部和主管部门设定的校验规则对预算指标等校验通过后，自动发送代理银行办理资金支付，再与人民银行清算。同时，在一体化系统中加强资金支付与采购管理、现金流量预测等业务环节的衔接，提高资金支付规范性和运行效率。

二是项目预算指标直接控制资金支付。由于预算指标已细化到具体单位和项目，用款计划不需再承担预算细化和预算控制职能。《规范》规定预算指标下达后，单位根据预算指标申请支付资金，财政部直接按照预算指标控制资金支付，支付直接对应明细、具体的预算指标，加强了资金支付与项目预算指标的衔接。保留用款计划的地区，可以采取用款计划和项目预算指标对资金支付"双控制"的模式。

五、建立健全结转结余资金预算管理机制

为严格执行预算法关于"连续两年未用完的结转资金，应当作为结余资金管理"的要求，加强结转结余资金回收效率和统筹使用，《规范》依

据《预算法》明确了结转结余资金计算和管理的规定，建立结余资金自动收回的机制。

一是严格按规定计算结转结余资金。落实《预算法》规定，连续两年未用完的结转资金，应当作为结余资金管理。各部门、各单位上一年预算的结转、结余资金按照国务院财政部门的规定办理。系统根据预算执行情况，严格按规定自动计算结转结余资金，为后续管理提供数据支撑。同时，按照预算法关于"各级政府上一年预算的结转资金，应当在下一年用于结转项目的支出"的规定，《规范》明确除科研项目外，不得改变上年财政拨款结转资金的用途，不需按原用途继续使用的，应当及时交回财政，避免部门将结转资金调剂用于其他项目，影响财政部统筹安排资金。

二是建立结余资金自动收回机制。年度执行中，单位应在最后一笔资金支付完成后，对项目标记"终止或结束"，系统自动冻结剩余指标，经财政部审核批复后，系统自动收回剩余财政拨款指标。年度终了，除按规定留归项目承担单位继续使用的科研经费等，系统自动将连续两年未用完的财政拨款预算指标转为结余资金管理，经财政部批复后系统自动收回。通过一体化系统实现结转结余资金的动态管理，财政部可以及时跟踪掌握项目预算结转结余情况，有效控制新增结转结余资金规模，从而提高财政资金使用效益。

六、建立健全预算管理与资产管理的衔接机制

《规范》将资产管理嵌入预算编制、预算执行、会计核算、决算和报告等业务环节进行一体化设计，建立财政资金形成实物资产的全链条管理机制，准确核算和动态反映资产配置、价值变动、存量等情况，为强化资产预算约束、摸清政府的资产家底提供基础支撑。

一是加强资产基础信息管理。逐步建立较为完整的资产分类与代码管理体系，覆盖固定资产、无形资产、公共基础设施、政府储备物资、文物文化资产、保障性住房、在建工程、长期投资等各类资产。加强资产分类与政府采购品目的衔接，逐步统一成一套代码共享共用，简化单位预算编制与财政预算审核。建立资产卡片标准化管理体系，反映各项资产的基本

信息、财务信息、使用信息、处置信息等，全面反映资产配置、使用、变动等情况。

二是将新增资产配置管理嵌入预算管理全流程。单位在进行运转类项目和特定目标类项目储备时，需要配置资产的，应填报资产配置信息。单位申请项目预算时，对于属于资本性支出，将形成资产的，原则上应依据项目库资产配置信息编制资产配置预算。资金支付时财政部通过一体化系统汇集政府采购、会计核算、资产卡片等信息，对单位资产配置的实际情况进行动态反映和监督管理。建立资产变动与非税收入征缴联动管理机制，督促单位将资产出租出借、对外投资、处置等产生的收入及时足额上缴财政。资产会计核算信息和资产卡片信息同步更新，形成会计核算和实物资产管理的双向控制，确保账实相符，全面准确反映资产的价值信息。单位编制部门决算、部门财务报告和行政事业单位国有资产报告时，系统依据会计账簿中的资产价值和资产卡片信息自动生成相关资产报表，确保账表一致、相关报告衔接一致，准确反映政府的资产家底情况。

三是逐步完整反映存量资产并加强存量资产信息在预算编制管理中的应用。各单位在确保存量资产的卡片信息与会计账务核对一致的基础上，逐步将存量资产的卡片信息导入一体化系统中，实现所有存量资产的完整反映，并将单位存量资产信息作为审核其资产配置预算的重要参考。对于涉及资产运行管理和修缮维护的项目，单位在项目储备时应关联其对应的资产卡片，根据资产存量情况测算资金需求，提高预算编制的科学性。

七、建立健全预算指标核算管理机制

目前的预算指标管理方式无法全面、准确反映预算指标的增减、来源及状态，《规范》引入管理会计理念，采用会计复式记账法核算预算指标管理业务或事项，强化财政部对预算指标管理全流程的追踪和控制，实时掌握预算分配和执行进度，加强对预算执行的监督。

一是全面覆盖预算指标管理各业务环节。预算指标核算以预算指标管理业务或事项为核算主线，采用复式记账法对预算指标的批复、分解、下达、调整、调剂、执行和结转结余的全过程进行记录，保证每项指标业务都以相同金额在两个相互关联的账户同时记录，通过各账户之间客观上存在的对应关系，更加真实、全面、动态地反映预算指标管理业务全貌。

二是强化预算对执行的控制。预算指标核算遵循会计复式记账法有借必有贷，借贷必相等原则，坚持"先有预算、再有指标、后有支出"，建立"支出预算余额控制支出指标余额、支出指标余额控制资金支付"的控制机制，实现预算管理业务或事项有效衔接、相互制衡。支出预算和收入预算遵循"同增同减"原则，确保全面完整反映收支预算，真正做到预算管理源头数据无缝衔接和有效控制；预算形成指标，指标控制支出，遵循"此增彼减"原则，切实硬化预算约束，真正做到支出以经批准的预算为依据，未列入预算的不得支出。

三是强化对预算执行全过程的完整反映。建立全国统一的预算指标账科目编码和核算规则，将统一的会计复式记账规则作为一体化系统底层控制机制的重要组成部分，嵌入预算管理各个节点。系统按统一的核算口径和规则完整记录预算指标增减、来源及状态，实时动态地反映各级财政预算执行的运行状态，并可以通过账目之间对应关系，追溯预算从批复到执行全过程变动情况，真正完整反映预算执行全过程。

第八章　预算绩效管理

预算绩效管理是一种"注重结果导向、强调成本效益、硬化责任约束"的新型预算管理方式,是政府绩效管理的重要组成部分。预算绩效本质上反映的是各级政府各部门的工作绩效,目的是推动政府和部门效能提升,不断提高公共服务质量和水平,增强政府的公信力和执行力。

第一节　全面实施预算绩效管理的重要意义

党中央、全国人大、国务院高度重视预算绩效管理工作,多次强调要深化预算制度改革,加强预算绩效管理,提高财政资金使用效益和政府工作效率。2015年新《预算法》将"讲求绩效"作为预算管理的基本原则之一,对预算绩效管理做出了具体规定。2017年党的十九大报告强调,要"加快建立现代财政制度,建立全面规范透明、标准科学、约束有力的预算制度,全面实施绩效管理"。2018年9月,《中共中央 国务院关于全面实施预算绩效管理的意见》正式印发,明确提出力争用3—5年时间基本建成全方位、全过程、全覆盖的预算绩效管理体系,着力提高财政资源配置效率和使用效益,改变预算资金分配的固化格局,提高预算管理水平和政策实施效果,为经济社会发展提供有力保障。2021年5月,《国务院关于进一步深化预算管理制度改革的意见》(国发〔2021〕5号)要求,推进预算和绩效管理一体化,推动预算绩效管理提质增效。

全面实施预算绩效管理是推进国家治理体系和治理能力现代化的内在要求,是深化财税体制改革、建立现代财政制度的重要内容,是优化财政资源配置、提升公共服务质量的关键举措。当前我国经济发展进入新常态，财政收入增长放缓，支出刚性需求较大，财政运行紧平衡特征明显。全面实施预算绩效管理，将管理方式从"重投入"向"重绩效"转变，有利于挖掘内部潜力，把有限的财政资金用在刀刃上、花在紧要处，推动实现更高质量、更有效率、更加公平、更可持续的发展。

第二节 一年来预算绩效管理改革进展情况

一年来，财政部以推进预算绩效管理提质增效为核心，坚持问题导向和目标导向，通过完善管理链条、健全管理体系、加强绩效评价、强化绩效考核、做实结果应用、推进信息公开、发挥各方合力，预算绩效管理改革取得了新进展、新成效。

一、着力补足短板，绩效管理链条逐步完善

针对全过程绩效管理堵点和难点，进一步完善管理机制，推进绩效管理深度融入预算编制和执行。一是抓好事前绩效评估。着手建立事前绩效评估机制，今年以来组织对国家融担基金再担保业务风险补偿、综合货运枢纽示范等多个新出台或到期延续的重大政策、项目开展事前绩效评估，从必要性、可行性、合理性、经济性、合规性等多个维度全面论证，防止"拍脑袋决策"，从源头上提高预算编制的科学性和精准性。二是严格绩效目标管理。针对绩效目标和指标设置不够科学规范、指标值不尽合理等问题，2021年8月，财政部印发了《中央部门项目支出核心绩效目标和指标设置及取值指引（试行）》（财预〔2021〕101号），明确了指标设置原则、编制方法、取值方式、数据来源等，进行有效引导和规范。另外，专门印发通知组织中央部门在2022年预算编制中全面落实《指引》要求，提升绩效指标量化程度和客观性。三是扎实做好绩效运行监控。组织中央部门对1—7月项目预算执行情况和绩效目标实现程度开展监控，并督促部门强化监控结果应用，对大幅偏离绩效目标的项目，结合实际分析原因，及

时研究提出分类处置措施。

二、积极扩围拓面，绩效管理体系不断健全

按照完善全覆盖预算绩效管理体系有关要求，积极开展政府债务项目、主权财富基金、社会保险基金等绩效管理。一是加强专项债券项目绩效管理。2021年6月，财政部印发了《地方政府专项债券项目资金绩效管理办法》（财预〔2021〕61号），对事前绩效评估、绩效目标管理、绩效运行监控、绩效评价管理和评价结果应用等进行了全面规定，提高专项债券资金配置效率和使用效益。二是探索开展主权财富基金绩效管理。研究明确评价导向、指标体系、评价方法、评价数据、评价结果及应用，推动基金更加有效响应国家宏观政策、服务实体经济和微观经济，引导基金高质量发展。三是研究开展社会保险基金预算绩效管理。2022年5月，财政部联合人社部、税务总局和医保局印发了《社会保险基金预算绩效管理办法》（财社〔2022〕65号），明确了绩效目标管理、绩效运行监控、绩效评价及结果应用等各环节管理要求，推动提升社会保险基金管理水平。

三、精准分类施策，绩效评价质效稳步提升

结合各类评价方式的功能定位，完善多层次的绩效评价体系，分类聚焦重点、增进协同配合。一是全面开展绩效自评。组织对中央本级项目、中央对地方共同财政事权转移支付以及专项转移支付全面开展绩效自评，覆盖一般公共预算、政府性基金预算和国有资本经营预算。持续强化审核监督，加大自评结果抽查复核力度，推动提升自评结果的客观性和真实性。二是持续改进部门评价。督促部门加大重点民生支出和体现核心职责的事业发展类项目评价力度。2021年组织对613份部门评价报告进行全面复核，选取民政部、交通运输部等部门的16个重点项目开展现场核查，并将有关结果纳入预算绩效考核和落实"过紧日子"要求评估范围，推动部门提升评价质量。三是进一步强化财政评价。2022年聚焦科技、文化等重点领域，拟对72个项目开展财政重点绩效评价，比上年增加32个，涉

及资金约 1.3 万亿元。首次将国债发行和付息支出、中央本级基建投资项目、中央本级国有资本经营预算项目、地方政府专项债券项目、政府购买服务项目等纳入评价范围，同时，大幅扩大部门和单位整体支出绩效评价试点，将工业和信息化部、生态环境部、交通运输部、农业农村部、北京大学第三医院等纳入试点范围。四是稳妥推进转移支付和重大支出政策后评价。2021 年 8 月，财政部聚焦政策合理性和有效性，组织对水污染防治资金、就业补助资金等 5 个重点项目开展后评价，根据评价结果研究完善有关政策，切实提升政策效能和资金使用效益。

四、坚持目标导向，预算绩效考核不断强化

以全面提升中央部门和地方财政预算管理水平为目标，采取多种措施强化绩效考核，压实中央部门和地方主体责任。一是改进考核结果通报方式。将按照"优秀"和"良好"两个等次通报表扬调整为通报全部考核结果排名，更好发挥激励先进、鞭策后进的作用。二是加强与政绩考核的衔接。积极推进预算绩效考核纳入地方高质量发展综合绩效评价，有效提升各地对预算绩效管理的重视程度，增强工作积极性和主动性。三是完善绩效考核内容。2022 年财政部出台了中央部门预算管理绩效考核办法，将重大政策落实、预算编制、预算执行、绩效管理、资产管理、预算透明度、预算管理一体化建设等全面纳入考核范围，更加侧重预算管理实绩和资金使用总体效果。

五、硬化刚性约束，绩效结果应用全面加强

通过绩效结果应用完善改进政策、优化财政资源配置，推动形成反馈、整改、提升绩效的良性循环。一是将绩效结果与部门预算安排挂钩。在审核测算 2022 年中央部门预算时，对财政重点绩效评价得分较低的项目，按照一定幅度分档予以压减。建立绩效考核结果与 2022 年部门整体预算安排挂钩机制，对排名靠前的部门适当增加安排项目支出，对排名靠后的部门进一步压减项目支出和公用经费。下达部门 2022 年"一下"控

制数时，一并通知部门绩效结果与预算安排挂钩情况，做实"奖优罚劣"机制。二是推动绩效结果与转移支付分配挂钩。在修订完善农田建设补助资金、支持地方高校改革发展资金、中央引导地方科技发展资金等转移支付资金管理办法时，明确将绩效结果作为资金分配的调节系数，规范绩效因素使用方式，不断强化激励约束。三是督促部门加强绩效结果应用。将重点绩效评价结果反馈被评价部门和单位并督促整改有关问题。组织对证监会"市场培育及建设支出"、自然资源部"自然资源调查监测评价和自然资源确权登记"等项目整改情况进行专项核查，推动提升部门决策能力和管理水平。

六、大力推进公开，绩效信息透明度显著提升

自觉接受人大和社会各界监督，着力打造阳光绩效。一是加大绩效评价结果报送和公开力度。2021年，组织将中央部门的493个项目绩效自评结果、29个重点项目绩效评价报告随同中央决算报送全国人大，并首次报送中央对地方转移支付绩效自评结果，随同2020年部门决算公开绩效自评结果的项目数量达到535个，比上年增加100个。2022年，组织将中央部门的586个项目绩效自评结果、36个重点项目绩效评价报告随同2021年中央决算报送全国人大。同时，积极组织和推动中央部门随同部门决算公开项目绩效评价结果。二是积极配合2022年预算审查。将中央对地方共同财政事权转移支付和专项转移支付、政府性基金预算项目绩效目标随同中央预算草案报送全国人大，2022年中央部门重点项目绩效目标报送数量达到111个，比上年增加11个。三是大幅增加绩效目标公开数量。2022年3月组织公开2022年中央部门预算时，进一步加大了一般公共预算、政府性基金预算和国有资本经营预算项目支出绩效目标公开力度，100家部门公开了727个项目绩效目标，比上年增加599个。

七、加强督促指导，绩效管理改革合力持续凝聚

强化全面实施预算绩效管理的组织协调，推动各方统一认识、协同发

力。一是统筹安排绩效管理改革工作。2021年12月，财政部拟订了夯实制度基础、完善管理链条等9个方面38项具体任务，同步抄送各中央预算单位和省级财政部门。二是发挥中央部门主体作用。在批复2022年部门预算时一并明确绩效管理任务和要求，包括全面填报部门整体支出绩效目标、开展单位整体支出绩效评价试点、推进重点领域核心绩效指标和标准体系建设等，充分调动部门力量，集中攻坚改革重点难点。三是引导和规范第三方机构参与绩效管理。加强执业质量监督，通过约谈批评、问题警示等方式督促相关第三方机构整改存在的问题。2021年8月，上线预算绩效评价第三方机构信用管理平台，为加强执业规范提供信息化支撑，截至目前注册并进行信用展示的机构达5000余家。四是加大新闻宣传力度。通过多种渠道和方式，积极展示绩效管理改革成效和工作思路，包括参加"亚洲评价周"、在国新办新闻发布会上介绍预算绩效管理改革情况、在人民日报发表《深化预算绩效管理改革》等。

第三节　近期预算绩效管理工作重点及思路

财政部将深入贯彻落实党中央、国务院关于全面实施预算绩效管理的决策部署，坚持目标导向和问题导向相结合，以"抓紧、抓实、抓出成效"为核心，继续围绕推进预算绩效管理提质增效，持续深化绩效管理改革，不断提高预算管理水平和政策实施效果。

一、进一步健全绩效管理制度体系

针对薄弱环节夯实制度基础，研究出台《关于加强转移支付绩效管理的指导意见》《政府投资基金绩效管理办法》等制度办法，完善绩效运行监控、绩效评价等方面管理规定，实现各资金领域和管理环节的制度办法有机衔接，形成系统完备、科学规范、运行有效的绩效管理制度体系。同时，督促行业主管部门抓紧构建分行业、分领域、分层次的核心绩效指标和标准体系。

二、加快推动绩效管理扩围升级

有序铺开部门和单位整体支出绩效管理，深入总结试点经验，推动形成统一管理规范。尽快组织对社会保险基金预算实施绩效管理，确保"四本预算"绩效管理全覆盖。积极探索加强政府收入绩效管理，增强财政可持续性。

三、着力完善全过程管理链条

结合预算管理一体化建设，用信息化手段支撑绩效管理深度融入预算编制、执行、监督全过程，把事前绩效评估、绩效目标管理、绩效运行监控、绩效评价、绩效结果应用、绩效考核等各个环节工作要求和管理规则全面植入系统，优化管理流程，硬化绩效约束，构建事前事中事后绩效管理闭环系统。

四、扎实做好事前绩效评估

对新出台或到期延续的重大政策、项目开展事前绩效评估，重点论证立项必要性、投入经济性、绩效目标合理性、实施方案可行性等。研究制定事前绩效评估管理相关制度办法，对事前绩效评估的流程、要求进行系统规范，打好制度基础。结合预算管理一体化建设，用信息化手段支撑事前绩效评估融入预算编制和审核全过程。

五、继续推进绩效评价量质齐升

加大绩效自评和部门评价抽查复核力度，推动提升评价质量。进一步扩大财政重点评价范围，聚焦重点领域，全面覆盖各类支出。稳步推进转移支付和重大支出政策后评价，建立目标引领、标准规范、评价客观的长效工作机制。强化评价结果应用，将评价结果作为完善政策、安排预算、改进管理的重要依据。

六、压实中央部门和地方主体责任

进一步强化绩效考核结果与预算安排挂钩机制，推动将考核结果纳入政府绩效和干部政绩考核体系，层层传导压实部门和地方绩效责任，确保预算绩效管理改革各项要求全面落实。积极提升绩效信息透明度，继续扩大绩效信息公开范围，强化部门和单位主体责任，不断提高绩效管理质量和水平。

第九章 财政预算监管

财政预算监管是以预算编制、预算执行、决算管理为基础,依据国家有关法律法规和财政预算管理制度规定,实施财政预算监督管理的一系列管理活动。

第一节 财政部各地监管局的工作职责

根据中央编办印发的《关于财政部派出机构设置有关事项的通知》(中央编办发〔2019〕33号),财政部各地监管局的主要职责是:

1. 贯彻落实党中央关于财经工作的方针政策和决策部署,在履行职责过程中坚持和加强党对财政工作的集中统一领导,履行全面从严治党责任。

2. 调查研究属地经济发展形势和财政运行状况。根据财政部授权管理属地中央各项财政收支,承担财税法规和政策在属地的执行情况、预算管理有关监督工作,向财政部提出相关政策建议。

3. 对属地中央预算单位预决算编制情况进行评估并向财政部提出审核意见。根据财政部授权对属地中央预算单位预算执行情况进行监控及分析预测。组织对中央重大财税政策和专项转移支付在属地的执行情况进行绩效评价,提出相关改进措施建议并跟踪落实。

4. 根据财政部授权对地方政府债务实施监控,严控法定限额内债务风险,防控隐性债务风险,发现风险隐患及时提出改进和处理意见并向财政部、地方人民政府反映报告。

5. 按规定权限审核审批属地中央行政事业单位国有资产配置、处置等事项。根据财政部授权监管属地中央金融企业执行财务制度等情况。

6. 根据财政部统一部署,承担有关会计信息质量、注册会计师行业执业质量、资产评估行业执业质量监督检查工作,参与跨境会计监管合作。

7. 完成财政部交办的其他任务。

财政部为确保各地监管局严格依照"三定"规定履职尽责,更好地服务财政改革发展大局,按照于法有据、体现转变、立足固化的原则,对"三定"方案中监管局工作职能细化为25项具体工作。其中关于中央部门预算编制的主要是:

1. 审核评估属地中央预算单位预算编制情况,向财政部提出审核意见。

2. 监控、分析及预测属地中央预算单位预算执行情况,审核财政直接支付资金,监控财政授权支付资金,依法依规处理发现的问题,并按有关规定向财政部报告;管理属地中央预算单位银行账户。

3. 审核属地中央预算单位决算编制情况,向财政部提出审核意见并按要求督促落实。

4. 审核属地中央行政事业单位新增资产配置事项,按权限审核审批资产处置事项,向财政部提出审核审批意见。

5. 监督属地中央行政事业单位国有资产管理使用情况,发现违规问题及时指出并督促整改。

第二节 监管局职责转变要求、职责边界及制度建设

一、财政部各地监管局职责转变要求

《中央编办关于财政部派出机构设置有关事项的通知》中明确提出财政部各地监管局的职能转变:

第一,进一步转变管理方式,实现由原来的以监督检查业务为主向日

常管理和服务为主转变、以事后检查为主向事前事中管理为主转变，寓监督于管理中，推动中央重大财税政策的贯彻落实。

第二，深入推进简政放权，进一步减少微观管理事务和具体审批事项。对于确需保留的事项，充分发挥各地监管局贴近地方、便于熟悉情况的优势，就近就地办理相关审批审核事项，提升效率效能。

第三，充分发挥各地监管局的职能作用，建立健全相关制度，明确和强化责任落实，更加注重其工作成果的运用，作为完善财税政策、预算管理的重要支撑。

财政部各地监管局的职能转变，既充分突显了财政部门的业务特征，又切实强化了派出机构的属地特征，明确将财政部各地监管局职能全面融入财政主体业务工作，深入推进简政放权，充分发挥属地优势，为完善财税政策、加强预算管理提供重要支撑。

二、财政部各地监管局职责边界

（一）严格执行与审计的业务分工

按照党和国家机构改革方案，财政部的中央预算执行情况和其他财政收支情况监督检查职责划归审计署。今后，除党中央、国务院交办的特殊事项外，各监管局不得另行开展属于审计部门职责范畴的监督检查工作，更不得变相开展相关检查工作。

（二）准确把握同中央部门驻所在地监管部门的工作关系

各地银保监局、证监局等监管部门，都是中央部门驻在当地的监管机构，都在各自职责范围内行使监管职责。对属于中央驻所在地其他监管部门职责范围内的监管事项，各监管局将积极配合相关监管部门开展工作，加强沟通协调，彼此信息共享，形成工作合力，不越俎代庖，坚决杜绝超越职权甚至替代其他监管部门行使职能。

（三）切实厘清同地方财政部门的职责定位

按照《预算法》和现行财政体制，地方财政部门对地方财政收支和管理情况负责,并承担相应的主体责任;各监管局作为财政部的派出机构,对地方财政收支和管理情况进行监督,承担相应的监督责任。各监管局从监督视角出发履行好相应的工作职责,不干预地方财政部门正常业务,尤其不越权直接处理应由地方财政部门处理的业务。以后财政部将结合工作情况研究制定监管局工作职责负面清单,划定履职"红线",进一步约束和规范监管局的履职行为。

三、监管局制度建设

"三定"规定赋予财政部各地监管局的职责具有法定的严肃性。财政部各地监管局的工作职责,主要依据《预算法》和财政部"三定"规定赋予财政部的法定职责,紧密结合派出机构的驻地优势和工作特征,按照协同优化高效原则统筹确定的。为推动监管局新职能落地见效,保障支持监管局在实施财政监管工作的法理性和制度性,财政部出台了一系列制度文件。

(一)进一步完善监管局管理机制问题

一是加强顶层制度设计。印发了《财政部关于进一步强化统筹协调指导更好发挥监管局职能作用的意见》(财预〔2020〕99号),确定当前和今后一个时期监管局深化发展的指导思想、基本原则、目标任务,进一步明确部内司局职责分工、管理体制、工作机制等,并对人事、内控、资产财务、信息化建设等工作提出原则性要求,作为深入推进监管局工作的方向性、系统性、纲领性指导文件。二是建立联席会议机制。印发了《财政部关于印发统筹协调指导监管局工作联席会议机制的通知》(财办〔2020〕33号),调整完善监管局现行管理模式,将监管局各项管理工作,尤其是涉及监管局顶层设计、体制机制以及考核激励等重大事项,纳入联席会议机制研究解决,形成推进监管局统筹发展的"一盘棋"。三是整合工作考核办法。配合人事教育司印发了《财政部各地监管局综合考核管理办法(试行)》(财人〔2020〕65号),将部内司局现有对监管局的各项考核进行整合,强化考核结果应用和激励约束,更好发挥考核的"指挥棒"

作用。

(二) 制定分领域预算监管办法

研究制定《财政部各地监管局实施中央重大财税政策监督暂行办法》（财预〔2020〕167号）、《财政部各地监管局实施地方财政运行分析评估工作暂行办法》（财预〔2021〕42号）等监管办法，明确工作内容、职责划分、工作方式、工作程序、工作要求、成果体现、成果应用，作为监管局开展工作的规程。

第三节 财政预算监管工作主要进展情况

2021年各地监管局在财政部党组坚强领导和部内司局关心指导下，坚持以习近平新时代中国特色社会主义思想为指导，全面贯彻党中央关于财经工作的方针政策和决策部署，主动融入财政主体业务，就地开展各项监管工作，在推动中央重大财税政策落实、防控地方债务金融风险、提升财政资金使用绩效、维护财经纪律、加强调查研究等方面做了大量工作，较好地发挥了"哨兵""探头""参谋"作用。

(一) 强化责任担当，坚定不移推动党中央重大决策部署落地见效

一是扎实做好直达资金监控。通过加强部门协同、严控资金支付使用、推进项目实施以及在纠偏纠错等重点环节上积极作为，确保资金直接惠企利民，提高财政资金使用的有效性和精准性。二是聚焦防疫政策落实和资金保障。扎实开展疫情防控重点保障企业贷款贴息的多轮清算、新冠病毒疫苗生产运输企业优惠贷款贴息审核以及医保基金负担新冠病毒疫苗及接种费用财政补助审核等，坚持即报即审、高效便捷的原则，夯实打赢疫情防控战的物质基础。三是持续跟踪减税降费政策实施效应。围绕增值税留抵退税政策开展深度调研，紧盯中小微企业减税降费实施成效，通过深入分析并提出可行性建议来推动减税降费政策红利深度释放。四是积极开展国家重大区域战略实施情况调研。各相关监管局聚焦本地区重大区域

战略，积极调研反映相关区域政策执行中存在的问题，并提出完善建议，推动主管部门修订细化相关政策。

（二）持续强化债务监管，牢守不发生系统性风险底线

一是高质量完成隐性债务变动核查。各地监管局对2020年末隐性债务情况进行逐笔逐条核查，基本摸清各地隐性债务的底数和发展变化趋势，做到已核查结果可统计、可查询、可应用、可追溯。二是加强专项债券"借、用、管、还"全过程监管。各地监管局通过对以前年度核查发现的问题，提出分类整改建议，对专项债券实行穿透式全流程监管，跟踪资金使用情况，督促各地加快支出进度，对专项债券还本付息预算执行加强动态监控，及时预警提醒，确保到期债券偿付不出现任何风险。三是督促地方纠正巡视和审计移交线索。相关监管局对各渠道举报移交的违法违规举债融资线索进行现场核查，发现查实一起，问责通报一起。对2020年开展的地方违法违规举债融资情况核查报告进行复核，提出问责建议，向相关省市纪委监委、组织部门和中央金融监管机构发函通报，要求对有关责任人员予以严肃问责。

（三）服务地方经济发展，加强属地经济发展形势和财政运行状况研究

一是扎实开展地方财政运行分析评估。《财政部各地监管局实施地方财政运行分析评估工作暂行办法》出台后，各地监管局充分发挥"探头""哨兵"作用，全面摸排并重点关注收支矛盾突出、债务风险高、暂付款规模大、库款保障水平持续偏低的市县区，紧盯苗头性问题，及时指导督促地方化解风险隐患，积极防范化解"三保"和财政运行风险。二是加强属地经济热点问题调查。各地监管局从财政保障国家重大战略任务、服务民生等职能作用出发，立足属地特色，开展前瞻调研。

（四）严格落实"过紧日子"要求，做深做实部门预算监管

一是强化预算执行情况动态监控。在预算执行监控中严格贯彻过"紧日子"要求，紧盯违规开支和不规范管理，及时纠错纠偏。二是扩宽决算审核范围。按照"财政部指定+监管局自选"的原则，对水利部、国家邮政局、生态环境部和国家能源局所属预算单位 2020 年度决算数据进行集中审核,对其他 40 个二级及以下中央预算单位开展自主审核,发现部分重点单位预算编报、国有资产填报、财务管理、会计核算等方面存在问题,推动有关单位在决算编报、决算审核、决算系统、绩效管理和结果运用等方面的提升。三是推动建立预算编制与决算审核挂钩机制。编制下年预算时将监管局决算审核发现问题作为因素,按照一定规则调减相关部门预算。

(五)强化中央对地方转移支付监管,逐步提升中央财政资金使用效益

一是积极做好预算申报审核。各地监管局聚焦保基本民生,不断增强对教育、养老、医疗、住房等民生类资金监管质量,做好资金预算申报、过程监控。二是全面开展转移支付执行监控。通过"全面+重点"的方式关注转移支付分配、下达、使用、绩效全链条情况,监管中央转移支付资金,对下达不及时、使用不规范等问题,及时反馈地方督促整改。三是扎实开展重点项目绩效评价。通过绩效评价"把脉问诊",对失分指标和管理漏洞,督促地方立评立改,着重建立长效机制,指导地方落实好"有保有压、节用裕民"的要求,把每一分钱用到刀刃上。

第十章　行政事业性国有资产管理

第一节　行政事业性国有资产管理综述

行政事业性国有资产，是指行政单位、事业单位使用财政资金形成的资产；接受调拨或者划转、置换形成的资产；接受捐赠并确认为国有的资产；其他国有资产，其表现形式为流动资产、固定资产、无形资产和对外投资等。行政事业性国有资产是国有资产的重要组成部分，是行政事业单位履行职能、提供公共服务的物质基础。加强行政事业性国有资产管理，是完善公共财政体制、健全财政职能、拓宽政府理财领域的重要手段；是提高财政资金使用有效性，提高政府为民理财能力的必要途径。

第二节　近年来行政事业性国有资产管理工作开展情况

一、完善管理体制

2006年财政部公布了《行政单位国有资产管理暂行办法》《事业单位国有资产管理暂行办法》（财政部第35、36号令，以下简称"两个部令"），明确规定了我国行政事业性国有资产的管理体制，2019年印发《财政部关于修改〈事业单位国有资产管理暂行办法〉的决定》（财政部令第 100 号），进一步完善了事业单位国有资产的管理体制。截至 2019 年底，全国 36 个省（直辖市、自治区、计划单列市）已经全部明确了由财政部门负责行政事业单位资产管理工作，均成立了专门的行政事业单位资产管理机构。绝大部分中央部门也成立了资产管理机构，或明确了负责资产管理的工作人员。"国家统一所有，政府分级监管，单位占有、使用"的管理体制，以及与此相适应的"财政部门—主管部门—行政事业单位"的国有资产管理模式，在全国范围内初步建立。2021 年，国务院印发《行政事业性国有资产管理条例》（国务院令第 738 号），进一步明确了行政事业性国有资产属于国家所有，实行政府分级监管、各部门及其所属单位直接支配的管理体制。在行政事业性国有资产管理制度建设方面，财政部先后出台了《公共租赁住房资产管理暂行办法》（财资〔2018〕106 号）《公路资产管理暂行办法》（财资〔2021〕83 号）《国有文物资源资产管理暂行办法》（财资〔2021〕84 号）等管理制度。

二、健全管理制度

制度是规范和加强管理的依据，2006 年以来，财政部逐步强化行政事业性国有资产管理的建章立制工作。"两个部令"明确了行政事业单位国有资产的管理体制和各部门、各单位的管理职责，全面规范了资产配置、使用、处置等各个环节的管理，构建了行政事业单位国有资产从形成、使用到处置全过程的有效监管体系。根据"两个部令"的有关原则，财政部进一步健全行政事业单位国有资产管理制度体系，先后出台了涵盖行政事业单位国有资产配置、使用、处置管理以及清查核实、年度报告等各环节的资产管理办法。同时，全国 36 个省、自治区、直辖市和计划单列市也陆续出台了本地区的行政事业单位国有资产管理办法，制定了一系列具体管理办法，行政事业单位国有资产管理的制度框架基本确立。

三、构建全程监管体系

抓住资产配置、使用、处置、收入等重点环节，基本实现了对行政事业资产的全程监管。一是规范资产配置管理,从 2009 年开始,要求中央各部门在编报年度预算时,要按规定编制新增资产配置预算,印发通用资产配置标准,积极推进中央部门建立专用资产配置标准,逐步完善资产配置标准体系,把住了资产的"入口"。二是强化资产使用管理,尤其是规范了资产出租出借管理,既有效地防止了腐败现象的滋生,又提高了资产使用效率。三是完善资产处置管理,把住了资产的"出口",防止了国有资产流失。四是加强资产收入管理,认真贯彻落实"收支两条线"管理规定,对资产处置收入和出租出借收入统一纳入部门预算管理。

四、推进信息化建设

2009 年,按照"金财工程"统一要求,组织开发并在全国范围内实施了行政事业单位资产管理信息系统,借助现代信息技术手段,不断提高资产管理的信息化水平。2011 年,结合《固定资产分类与代码》(GB/T14885-2010),对现有信息实施情况进行了全面系统总结,启动了系统升级改造工作,将原单机版系统升级为网络版系统,并扩展了管理事项网上申报、审核功能。2013 年,完成了系统(二期)升级改造工作,发布了《行政事业单位国有资产管理信息系统管理规程》(财办〔2013〕51号),规范了资产管理信息系统的使用管理和各方责任。2018 年,完成了全国资产管理信息系统(三期)优化升级工作,进一步完善和提升资产管理信息系统的功能、应用水平。2019 年,强化行政事业单位资产数据治理工作,从源头上提升资产数据质量,为实现资产管理与预算管理的有效结合提供数据支撑。2021 年,印发《财政部关于修订预算管理一体化规范和技术标准有关资产管理内容的通知》(财办〔2021〕23 号),进一步建立健全资产卡片标准化管理。研究起草固定资产等资产基础分类与代码国家标准,扩展资产品目,聚焦资产本身属性,实现固定资产、无形资产与政府采购品目"三码合一",为推进预算管理一体化和提升资产管理水平提供标准支撑。推进预算管理一体化建设,以系统化思维和信息化手段推进预算管理工作。实施预算管理一体化,以系统化思维整合预算管理全流程,建立各级财政统一的预算管理一体化规范,将资产管理融入预算一体化建设，构建现代信息技术条件下"制度＋技术"的管理机制，全面提高各级预算管理规范化、标准化和自动化水平。

第三节　加强行政事业性国有资产管理的工作思路

资产管理是财务管理的重要组成部分，是预算管理的重要基础性环节。必须认清新形势，切实加强和改进资产管理，更好地保障行政单位有效运转和促进各项事业发展，提高资产使用效率。

一、总体思路

行政事业性国有资产管理工作的总体思路是：以更好地服务财政改革发展和财政管理工作需要，更好地保证行政事业单位有效运转和高效履职为目标，围绕新形势下行政事业性国有资产管理的定位，着力构建预算管理、国库管理和资产管理"三位一体"，既有机衔接又相互制衡的财政管理新构架；着力构建更加符合行政事业性国有资产运行特点和管理规律，从"入口"到"出口"包括资产配置、使用和处置等环节全生命周期的资产管理新体系；着力构建各管理主体分工明确、权责匹配、运转高效、监督制衡的资产管理新机制，进一步强化行政事业性国有资产管理在财政管理中的基础性作用，丰富财政管理手段，提升财政资产治理能力和治理水平。

二、总体目标

加强行政事业资产管理工作的总体目标是：保障需求，盘活存量，安全完整，提高效益。按照"像管理资金一样管理资产"的要求，在保障行政事业单位履行职能需要的基础上，加强对资产存量和增量的综合管理，注重提高财政资金的使用效率，逐步形成产权清晰、配置科学、使用合理、处置规范、监督公正的行政事业资产管理模式，从根本上缓解资产闲置浪费、苦乐不均、分配不公、损失流失等问题。

三、工作重点

围绕主要目标，今后一段时期，将着重开展以下几方面的工作：

1. 进一步完善管理体制，为进一步强化资产监管提供组织保障。按照党的十九大"加快建立现代财政制度"，"完善各类国有资产管理体制"的要求，下一步将进一步理顺管理体制，明确各管理主体职责分工，构建分工明确、权责清晰的管理体系，为行政事业性国有资产管理提供组织保障，逐步健全各级地方财政部门和中央部门行政事业性国有资产管理机构，巩固《行政事业性国有资产管理条例》确立的管理体制。

2. 加强制度建设，提高行政事业性国有资产管理的法制化水平。加强立法研究，进一步提升行政事业性国有资产管理法律层次。进一步健全完善中央行政事业单位资产管理制度体系，同时加强政策指导。

3. 推进资产管理与预算管理紧密结合。一是积极探索资产管理与预算管理相结合的工作思路，按照"总体部署、分步实施"的原则，加强资产管理与预算管理相结合的顶层设计，并结合实际，有计划有步骤地开展相关工作。二是贯彻落实《预算法实施条例》关于各部门、单位根据其依法履行职能和事业发展需要及存量资产情况编制预算草案的要求，进一步明确新增资产配置预算管理流程和管理机制。三是加快推进资产配置标准体系建设，研究分类出台中央级行政事业单位国有资产配置标准，指导地方根据自身特点制定资产配置标准。

4. 完善行政事业单位资产报告制度。夯实向全国人大常委会报告国有资产管理情况的管理基础，按照有关要求，结合行政事业性国有资产年度报告工作，切实规范行政事业单位资产配置、使用和处置等工作，从管理源头上提高资产报告数据质量。为加强对行政事业性国有资产的日常监管，及时发现并有针对性地解决问题，从2019年1月起在全国范围内开展行政事业性国有资产月报工作。

5. 探索建立共享共用和资产调剂机制。落实过紧日子要求，推进行政事业单位闲置办公用房调剂使用，进一步盘活资产存量。推动重大科研基础设施和大型科研仪器开放共享,提高资产使用效率,节约财政资金。

6. 推动资产管理融入预算管理一体化建设。将资产管理与预算编制、预算执行、会计核算、决算和报告等环节深度融合,所有的资本性支出应当形成资产并予以全程登记,从资产配置、资产使用到资产处置实现资产的全生命周期管理,为强化资产预算约束、提高资产管理效能提供基础支撑。

第四节 进一步推进资产管理与预算管理的有机结合

为了规范和加强资产预算管理工作,节约行政开支,中央制定了关于党政机关公务用车配备使用的管理办法,财政部印发了《中央行政事业单位国有资产配置管理办法》(财资〔2018〕98号)、《中央行政单位通用办公设备家具配置标准》(财资〔2016〕27号)等文件。现结合以上办法,对中央部门资产管理与预算管理结合有关事项说明如下:

一、完善资产预算管理机制

各部门应当严格落实《中央行政事业单位资产配置管理办法》,资产配置应对租用、购置、建设等配置方式进行综合分析和可行性论证,选择最优方式进行配置,节约资金,避免浪费;对于公务用车、通用办公设备家具等,严格执行资产配置编制和标准,严禁超标准配置;不断完善资产管理和预算管理相关制度和工作机制,通过资产管理部门和预算管理部门的密切配合,切实加强本部门行政事业单位资产配置管理。

二、规范资产预算编制工作

各部门应认真做好年度新增资产配置预算编报工作,提高新增资产配置预算编制的规范性和完整性,切实做到将所有使用财政性资金和其他资金购置车辆、租用土地、办公用房、业务用房以及购置单价100万元以上的设备,纳入新增资产配置预算编报范围。对通用办公设备家具、办公通用软件购置,应严格按照规定的数量标准、价格上限标准和使用年限标准编入部门预算。部门基本支出预算表、项目支出预算表、新增资产配置预算表、"三公"经费预算表和政府采购预算表中相关数据应相互一致。各部门要对内部各单位申报的资产配置项目按有关规定严格审核后报财政部审批,对属于财政部审批范围而未获批准的资产配置事项,一律不得列入部门预算,也不得列入单位经费支出。单位应当根据存量资产情况申报新增资产,对于单位房屋存在闲置或对外出租的,原则上不同意其租用房屋的申请。

三、加强预算执行、采购等工作

各部门应当切实规范新增资产配置预算执行管理,强化新增资产配置与政府采购等环节的衔接。中央部门预算批复后,严格按照财政部批复预算和政府采购的有关要求,进行资产配置更新。因不可预见因素确需在年度预算执行中使用财政性资金及其他资金购置新增资产配置预算编报范围内资产,行政事业单位应报主管部门审核后,由主管部门报财政部核批。对属于财政部审批范围而未获批准的资产配置事项,一律不得安排政府采购。

第五节 公务用车管理

为贯彻落实中央关于公务用车配备使用管理的有关规定,规范和加强党政机关公务用车管理,提高资金使用效益,降低行政成本,促进党风廉政建设,财政部于2011年印发了《党政机关公务用车预算决算管理办法》(财行〔2011〕9号),要求各有关部门编制年度公务用车配备更新计划,明确了负责编制公务用车配备更新计划的部门,对公务用车购置费用和运行费用预算、决算作出了规定。为了进一步规范党政机关公务用车管理,有效保障公务活动,促进党风廉政建设和节约型机关建设,中共中央办公厅、国务院办公厅 2017 年印发了《党政机关公务用车管理办法》。

一、配备更新

各部门应根据公务用车的配备更新标准和所属单位公务用车编制数和实有数，按照规定的程序和范围编制年度新增资产配置相关预算。

二、配置标准

机要通信用车配备价格 12 万元以内、排气量 1.6 升（含）以下的轿车或者其他小型客车。

应急保障用车和其他按照规定配备的公务用车配备价格 18 万元以内、排气量 1.8 升（含）以下的轿车或者其他小型客车。确因情况特殊，可以适当配备价格 25 万元以内、排气量 3.0 升（含）以下的其他小型客车、中型客车或者价格 45 万元以内的大型客车。

执法执勤用车配备价格 12 万元以内、排气量 1.6 升（含）以下的轿车或者其他小型客车，因工作需要可以配备价格 18 万元以内、排气量 1.8 升（含）以下的轿车或者其他小型客车。确因情况特殊，可以适当配备价格 25 万元以内、排气量 3.0 升（含）以下的其他小型客车、中型客车或者价格 45 万元以内的大型客车。

特种专业技术用车配备标准由有关部门会同财政部门按照保障工作需要、厉行节约的原则确定。

公务用车配备新能源轿车的，价格不得超过 18 万元。

上述配备标准应当根据公务保障需要、汽车行业技术发展、市场价格变化等因素适时调整。

三、预算编制

根据现行体制和《党政机关用车预算决算管理办法》（财行〔2011〕9 号）的规定，中央和国家机关本级机要通信和应急保障用车、部级领导干部用车资产配置预算，按照归口关系分别由中共中央直属机关事务管理局、国家机关事务管理局、全国人大常委会办公厅机关事务管理局、政协全国委员会办公厅机关事务管理局（以下简称四个管理局）负责编制，按照预算管理程序报财政部；中央和国家机关执法执勤用车、特种专业技术用车和其他用车，以及除归口四个管理局以外的机要通信和应急保障用车资产配置预算，由各部门负责编制；中央垂直管理部门所属单位的机要通信和应急保障用车、执法执勤用车、特种专业技术用车和其他用车资产配置预算，由各主管部门负责编制。各基层单位按照预算管理程序逐级上报，各部门对所属单位填报的内容进行审核汇总后报财政部。没有纳入执法执勤用车范围的单位不得填报执法执勤用车和特种专业技术用车。单位原则上不得填报其他用车，确有特殊需要，应附详细文字说明。

第六节　中央行政单位国有资产处置收入和出租出借收入管理

《中央行政单位国有资产处置收入和出租出借收入管理暂行办法》（财行〔2009〕400号）及相应的补充通知，以及《财政部关于将预算外资产管理的收入纳入预算管理的通知》（财预〔2010〕88号）等文件，对中央行政单位国有资产处置收入和出租出借收入及相关支出纳入部门预算进行了明确规定。

一、资金的收缴

财预〔2010〕88号文件规定，自2011年1月1日起，将原按预算外资金管理的收入全部纳入预算管理。中央行政单位国有资产出租出借收入不再上缴中央财政专户，改为和国有资产处置收入一样上缴中央国库，纳入预算管理（财行〔2009〕400号文件除关于中央财政专户管理部分内容失效外，其他部分继续有效）。

二、税费的扣除方式

考虑到中央行政单位在处置和出租出借国有资产时可能产生的税费问题，明确应缴纳的税款和所发生的直接费用（资产评估费、技术鉴定费、交易手续费等）可以在收入中抵扣，其他间接费用（资产维护和改扩建、管理人员工资等）不得抵扣。

三、收入的使用安排

国有资产收入及相关支出，应纳入部门预算统筹安排。国有资产收入原来用于发放津贴补贴的部分，上缴中央财政后，由财政部统筹安排，作为规范后中央行政单位统一发放津贴补贴的资金来源。除此之外，国有资产收入不得再用于人员经费支出。其余国有资产收入原则上由财政部统筹安排用于中央行政单位固定资产更新改造和新增资产配置，可优先用于收入上缴单位。国有资产收入纳入预算管理后，财政部门要及时核拨预算资金，保障中央部门的正常运转经费和相关事业开支。

四、单位的管理责任

中央行政单位应按规定做好国有资产收入收缴工作，并监督检查下属单位国有资产收入缴纳情况。同时，财政部财行〔2009〕400号文件还明确规定，财政部、中央行政单位和个人违反办法规定的，应依据《财政违法行为处罚处分条例》等国家有关规定追究其法律责任。

第十一章 地方部门预算改革

党的十四届三中全会以来,随着社会主义市场经济体制改革的推进,我国财政管理体制由传统的生产建设型财政向市场经济体制下的公共财政转变。通过财政体制改革和制度创新解决财政经济运行中的突出矛盾和问题,加强财政支出管理,充分发挥市场经济条件下政府职能作用,保障人民群众充分享受改革与发展成果,严肃财经纪律,从源头上防止腐败成为摆在财政部门面前的一个重大命题。

1998年河北省推行了部门预算改革,在全国引起强烈反响。从2000年开始,财政部积极推行了以部门预算为核心的中央预算编制改革。随后,全国各地也都开展了以深化支出管理改革为切入点,全面推进部门预算、国库集中支付、政府采购制度改革为核心的财政预算改革。

党的十五届六中全会把部门预算、国库集中支付等财政改革作为从管理机制上加强廉政建设的治本之策,写进了《中共中央关于加强和改进党的作风建设的决定》。实践证明,实行部门预算改革的方向是正确的,地方部门预算改革取得了显著效果,但是由于体制、机制等多方面的原因,改革还不到位,尚有许多有待完善之处。

按照党的十八届三中全会《中共中央关于全面深化改革若干重大问题的决定》、国务院《关于深化预算管理制度改革的决定》(国发〔2014〕45号)及党的十九大报告关于"建立全面规范透明、标准科学、约束有力的预算制度,全面实施绩效管理"要求,需要进一步深化预算管理制度改革,加快建立适应高质量发展的现代预算管理体系。

第一节　地方部门预算改革的简要历程

改革开放以来，我国财政管理制度进行了一系列重大改革。特别是 1994 年，按照党中央、国务院的统一部署，从建立社会主义市场经济体制的目标出发，初步构建了分税制财政管理体制框架，进一步规范了政府间财政关系。同时，通过税制改革，规范了政府与企业、居民的分配关系。这一时期，改革重点主要集中在收入管理方面，支出管理尤其是支出预算编制的改革相对滞后。虽然地方财政部门在综合财政预算、零基预算等方面进行了一些改革与探索，但一直没有进行深层次和根本性的改革。

为进一步深化财政体制改革，更好地服务于社会主义市场经济，地方财政部门在当地党委、政府的高度重视以及财政部的大力支持下，一直在不断研究并积极探索预算编制改革。从 20 世纪 90 年代开始，各地在预算编制改革方面已经取得了一些明显成效，丰富了预算编制的内容，为全面推进预算编制改革奠定了良好的基础。一些地区结合本地区实际情况，借鉴国际经验，在细化预算编制、加强预算管理方面进行了多种形式的探索。例如，天津市实行了标准周期预算制度，安徽省实行了综合财政预算，陕西省探索了国库集中支付制度，各地广泛推行了政府采购制度等。1998 年，河北省在全国范围内率先启动部门预算改革，改变原来按财政资金性质和部门交叉管理的方式，以部门为依托，将各类不同性质的财政性资金，包括单位自有收入、预算内拨款、预算外拨款等，统一编制到具体部门；取消中间环节，财政直接将预算批复到省直 116 个一级预算单位，初步构建出一个新的部门预算编制模式。同时，财政部门通过调整内部机构设置，将预算编制、执行、监督相对分离，建立起适应部门预算新要求的组织机构。

2000 年 4 月，为总结交流各地预算编制改革经验，提高对预算编制改革重要性和紧迫性的认识，进一步明确预算编制改革的基本方针、内容和方法，财政部组织在河北省召开了全国预算编制改革座谈会。这次会议之后，地方财政预算编制改革的步伐明显加快，呈现出全面启动、稳步推进、不断深化的良好局面。

2004年10月，为了推动部门预算编制改革，提高预算编制水平，财政部在山东召开了地方预算编制与管理座谈会，组织各地财政部门结合当前的形势和任务，认真交流经验，互相取长补短，达成共识，有力地推动了地方部门预算编制改革均衡进展。

2005年12月，为了进一步推动地方部门预算改革工作，财政部组织各地财政部门对近年来部门预算编制改革情况进行了认真总结，并将制度、措施汇编成书，展现各地部门预算改革的实践及成果，促进地方财政部门之间相互启发、相互借鉴。

2006年7月，为深入贯彻落实党中央、国务院关于建立公共财政体制、深化部门预算改革的要求，进一步加强对地方部门预算改革工作的指导，解决改革中存在的模式不统一、操作不够规范、进展不够均衡等问题，财政部在安徽召开了全国地方预算管理工作座谈会。会后，在总结近年来地方部门预算改革经验基础上，财政部于8月印发了《关于完善和推进地方部门预算改革的意见》（财预〔2006〕406号），规范了地方部门预算编制的主要内容、方法，提出了深化部门预算改革的方向和重点，并明确要求"十一五"时期全国县级以上都要实行比较规范的部门预算。这个文件的印发，有力地推动了地方部门预算改革，是地方部门预算改革的里程碑式文件。此后，地方部门预算改革逐步规范，改革的范围和力度越来越大，至2014年，全国县级以上已实现了部门预算改革全覆盖，建立起了较为完整的部门预算管理体系。

第二节　地方部门预算改革的原则和特点

在实施部门预算改革前，地方财政预算编制存在着一些迫切需要解决的问题：预算分配权分散，预算编制交错重叠，多头批复且批复时限过长，不利于单位统筹安排和财务管理，也容易造成浪费；预算编制较粗，预算指标未细化到部门和单位，在一定程度上影响了人大代表审查监督作用的发挥；人大批准的政府预算与部门实际执行的预算脱节，存在"两张皮"现象；预算编制人为决策因素过多，随意性较大，缺少必要的预算支出标准；人员和公共资源底数不清，预算分配过程和使用情况透明度不高；预算执行过程中追加、追减、挪用的情况时有发生，预算约束力较低。

此外，地方财政运行中还存在其他一些影响预算编制的突出问题：一是按照公共财政的要求，财政资金要更多地投向公共服务领域，投向关系国计民生的领域，加大对重点支出项目的保障力度，向农村倾斜，向社会事业发展的薄弱环节倾斜，向困难群体倾斜，虽然财政收入连年增长，但地方在处理改革、发展与稳定之间关系的过程中，必保的项目逐年增多，支出需求不断加大，造成一些地区收支矛盾仍然较为突出。二是随着各项改革的不断深化，部门、单位之间的收支结构已发生很大变化，"苦乐不均"的现象越来越严重。如果继续沿用"基数加增长"的编制方法，势必固化部门之间原有的、不尽公平合理的利益分配格局，影响经济结构优化和社会事业发展。三是由于预算编制过于粗放，预算执行过程中缺乏部门内部责任落实和外部的有效监督，每年审计都会发现不少违反《预算法》和财经纪律的问题。

为解决这些问题，地方各级财政部门积极进取，大胆探索，遵循合法性、真实性、稳妥性、重点性、完整性的原则，积极实施部门预算改革。合法性原则，指部门预算的编制要符合《预算法》和国家其他法律的要求。收入要合法合规。各项支出要符合宏观调控的目标，遵守现行的各项财务规章制度。真实性原则，指收支预测要与国家经济社会发展实际相匹配，基础数据资料要如实填报，不得随意虚增和虚列支出。稳妥性原则，指预算编制要量入为出、稳妥可靠。项目预算的编制，总体上要以收定支，有多少钱办多少事。重点性原则，指本着"一要吃饭、二要建设"的要求，优先保证基本支出，合理安排项目支出。项目支出根据财力情况，按轻重缓急的顺序，优先安排符合国民经济和社会发展计划，符合国家财政宏观调控和部门履职尽责、保障公共服务的项目。完整性原则，指部门预算要体现综合预算的原则，各类资金要严格执行收支两条线管理，所有收入和支出全部纳入预算管理。

在推进部门预算改革的进程中，地方各级财政部门既遵循部门预算改革的一般规律和基本原则，又结合本地实际情况大胆探索，改革呈现出以下特点：一是统一性与灵活性相结合，遵循统一规范的部门预算管理基本模式，因地制宜，探索适合本地情况的部门预算管理方式和方法；二是把握全局与突出重点相结合，既注重部门预算各项改革间的相互协调，整体推进，又抓住改革关键环节，突出重点，将改革向纵深拓展；三是积极推进与稳妥实施相结合，既坚持改革方向，加快改革步伐，加大改革力度，又结合实际，把握好改革的节奏和力度，确保改革积极稳步实施、富有成效。

第三节 地方部门预算改革的主要内容

近年来，特别是党的十九大以来，按照"建立全面规范透明、标准科学、约束有力的预算制度，全面实施绩效管理"的要求，各地结合实际情况，积极创新探索，以综合预算、零基预算、透明预算、细化预算为重点推进预算全面规范透明，以项目库、支出标准、基础数据库、预算流程等为重点推进预算标准科学，以硬化预算约束、增强支出刚性为重点推进预算约束有力，以绩效目标、绩效监控、绩效运用为重点推进部门预算绩效管理，形成了一些各具特色的做法和经验。

一、探索运用零基预算理念，打破支出固化格局

各地积极探索运用零基预算理念，根据实际需要科学核定预算，打破"基数+增长"的预算编制方式。一是完善基本支出编制。完善基本支出预算标准化体系，严格实行定员定额方式编制。云南省财政厅联合云南财经大学开展省级公用经费保障标准测算调整工作，梳理分析现行标准的合理性、科学性，提出进一步改进管理的意见，保障部门履职合理需要。江西印发《江西省财政厅关于进一步推进省本级支出标准体系建设工作的通知》，修订完善18项基本支出定额标准、5项专用类支出定额标准等。二是完善项目库管理。加强项目库入库项目审核，根据项目必要性、重要

性、成熟度等进行排序，严格按顺序安排支出。云南将项目作为部门和单位预算管理的基本单元，预算支出全部以项目形式纳入预算项目库，未入库项目一律不予安排预算，专门建立"财政支出政策库"，搭建"政策—项目"的预算管理结构，对中央和省委省政府确定的财政支出政策，按照支出依据、执行起始时间、财政补助政策及标准、支持方式等要素实行信息化、清单化管理，建立起财政支出政策"百科全书"，着力提升预算编制的精准度。黑龙江建立健全项目定期评估和退出机制，取消设立依据失效或者废止、已达到既定目标或不再具备执行条件的项目，调整使用方向发生变化或者实际绩效与目标差距较大、管理不够完善的项目，整合投向趋同、交叉、碎片化的项目，改变项目支出只增不减的固化格局。三是完善项目支出标准。结合各类项目支出特点，对于能够明确支出标准的，建立明确的支出标准体系。广东将全部省级项目支出预算编制分为定额定量标准、编制规范、测算方法三大类进行管理，积极发动和指导部门开展支出标准建设，将成熟的部门内部标准提升为专用标准，推动"有支出必有标准"。制定省级预算项目支出定额标准体系，将部门职能活动分为9大类、44小类，推动项目分类、开支范围、项目申报及金额测算标准化。同时，全面梳理民生保障标准、经费安排标准等，汇编形成12大类共111项标准，实现"编制有规范、审核有标准、检查有依据"。吉林将项目支出标准和资金测算模板嵌入项目库管理，使项目定额标准融入预算管理全过程。

二、改革预算编制模式，建立科学管理机制

各地积极创新部门预算编制。一是实行全口径预算管理。从2011年起，取消预算外收入规定，政府所有收支全部纳入预算管理。山东制定出台《省级非财政拨款资金管理暂行办法》，将各部门、单位取得的各类非财政拨款收入全部纳入预算，加强与财政拨款的统筹衔接，对非财政拨款资金实行指标源头控制，2022年省级部门预算中非财政拨款资金达943亿元，占到收入总额的56%。黑龙江将依托行政权力、国有资源资产取得的收入按规定全面纳入预算，督促各部门做到应编尽编、应收尽收，杜绝应

编不编、应编少编、坐收坐支等行为。广西将部门所有收入和支出全部纳入预算，规范事业收入、事业单位经营收入等各项收入管理。二是规范部门预算编制流程。各地部门预算编制主要遵循"二上二下"的基本程序，一般经过部门上报预算建议计划、财政审核后下达预算控制限额、部门在限额内细化编报预算、财政批复部门预算四个阶段。宁夏明确时间表、流程图，完善项目库申报、审核、储备机制，确保职责清晰、程序规范、目标明确；加强培训，提升能力。积极克服疫情影响，2021年分4批次，对区本级和市县财政部门661名人员进行集中培训，实现所有部门预算单位、所有市县财政操作人员全覆盖，确保新的政策制度及时培训普及到位。三是加大四本预算统筹。加大四本预算间统筹力度，合理利用政府性基金预算、国有资本经营预算资金，提高资金使用效率。山东进一步明确"四本预算"支出范围和重点，提高省属企业利润收入上缴比例，加大国有资本经营预算对一般公共财政预算补充力度，省级调入比例达到30%。贵州将国有资本经营预算等各项收支全部列入部门预算统一编制，纳入部门预算管理的国有资本经营预算规模63.57亿元，占部门预算资金的3.97%。安徽实行"四本预算"统编、统批、统用，将部门和单位各项收入完整编入预算。山西加大国有资本经营预算调入一般公共预算力度，合理确定国有资本收益上缴比例，2022年将30%调入一般公共预算统筹使用。四是提高年初预算到位率。基本支出全部细化到单位，项目支出预算细化到具体单位或具体项目，明确具体支出用途，减少预算代编和预留项目，资金到位率逐年提高。黑龙江专项资金分配意见经省政府审批后，属于省本级支出的，细化编入本级部门预算，属于省对下转移支付的，提前下达市县并编入市县财政预算，对于在规定期限内确难以明确具体项目而无法下达的，组织指导部门明确工作清单，加快履行项目论证、审批等程序，确保省本级预算在省人大批准后及时下达。天津对非财政拨款结余规模较大、事业收入和经营收入等较多的单位相应减少预算安排。重庆年初未细化到具体项目和对象的部门预算，纳入财政代编管理，凡在6月底前未分配的，一律收回总预算。

三、优化财政支出结构，严格控一般保重点

各地落实党中央、国务院重大决策部署，调整优化财政支出结构，严控一般性支出，加大对重大改革、重要政策和重点项目支出的支持力度，更好服务经济社会发展。一是严控一般性支出。湖南大力压减一般性支出。在全面拉网清理的基础上对省级非刚性、非重点支出、预算执行进度慢的支出、管理绩效不高的专项压减，直接扣回省级部门支出近40亿元，其中压减98个省直部门会议差旅、咨询培训、论坛活动等行政事业费支出12.6亿元，压减41个专项27.4亿元。二是从严控制"三公"经费。江西省委办公厅、省政府办公厅印发18条措施，进一步落细落实"过紧日子"要求，全省"三公"经费连续8年下降。吉林2021年省本级一般公共预算"三公"经费财政拨款预算比上年压减8.6%，其中公务接待费比上年压减20%。三是保障重点项目支出。各地将压减的一般性支出优先用于保障基本民生，支持扶贫、教育、生态环保等重点领域及党委政府确定的转型综改、人才战略、科技创新、脱贫攻坚、国企改革等重点项目和重大战略支出。青海根据财政支出政策、部门履职需要和上年预算执行能力，并结合当年财力情况，区分项目轻重缓急，合理安排支出预算。

四、增强部门预算约束，强化预算执行刚性

各地硬化部门预算刚性约束。一是从严控制预算追加。各地原则上预算执行中除救灾等应急支出外，一般不出台增加当年支出的政策，必须出台的政策纳入以后年度预算安排。江西严格执行省人大批复预算，非必要不得调整、调剂部门预算；修订《省级一次性经费管理办法》，严控、严审、严管财政支出行为，实行"申报一个口子""审核一个标准""签批一支笔""监管一体化"，2021年省级部门预算执行率比上年提高了8.7个百分点，部门支出预决算差异率缩小了2.9个百分点，省财政追加部门经费笔数减少36.6%。辽宁严格执行人大批准的预算，严控执行中追加，确需追加的支出事项要编制预算调整方案，依法提请本级人大常委会审查

批准，批准前不得提前下达资金。二是加快支出预算执行。各地密切跟踪部门预算执行进度，建立健全按月通报制度，根据支出进度、盘活存量等指标考核排名，对排名靠后的部门进行通报，督促部门强化预算执行主体责任，加快预算执行进度。安徽实行限时拨付、限时办结，分类对省级年初采购项目、省级涉企资金、转移支付资金限定下达时间，拧紧预算执行的时间发条；定期通报省直部门和市县支出进度，对通报排名倒数且低于序时进度的省直部门和市县，要求5个工作日内提交工作改进方案，督促部门、市县强化重点项目实施跟踪督导，确保整改到位。辽宁年初预算已安排、未下达，及上年结转项目中，除据实结算等特殊项目外，均要在6月30日前下达，逾期未下的全部收回总预算统筹使用。三是严格结转结余管理。在落实中央各项盘活存量资金管理规定的基础上，部分地区出台更加严格的结转结余管理措施。湖南将部门基本支出、"三公"经费、结转1年以上的资金全部收回，做到应清必清、不重不漏；运用信息化手段简化清收流程，结余资金自动识别、自动锁定、自动扣回；其余资金于每年1月初自动下达，为春节期间集中兑付农民工工资、工程项目款项提供有力保障。安徽每年分3次集中清理存量，7月重点清理未分配下达的涉企资金，10月重点清理未按时下达的转移支付以及未发布公告的政府采购项目资金，12月底除部门申报并提供依据的资金外原则上全部清理收回。四川2021年7月至12月底共清理收回资金232.1亿元，按级次划分，省级13.2亿元、市（州）本级70亿元、县（市、区）148.9亿元；按资金类型划分，闲置沉淀资金74.9亿元、低效无效预算资金34.1亿元、预算结余资金123.1亿元。四是建立预算执行与预算安排挂钩机制。广东省级预算建立了预算安排与项目入库、执行进度、绩效评价结果和审计意见"四挂钩"机制，2020—2022年分别扣减预算安排19.57亿元、3.57亿元和2.9亿元。湖南对年初细化程度低、管理绩效不高的省级专项资金按一定比例压减资金规模，对执行进度慢的部门按一定比例压减业务经费，截至9月30日未下达的省级专项资金一律收回，倒逼部门提高预算执行效率。

五、深化绩效预算理念，探索建立绩效评价体系

各地强化部门预算绩效管理，推进绩效管理在预算管理各个环节的全覆盖。一是在预算编制时，做好绩效目标申报及审核工作。云南严格绩效目标审核，未按要求设定绩效目标或评分低于 75 分的项目，不得进入预算项目库。浙江对现有集中财力办大事政策全面实施绩效评估，重构确定重大任务框架，研究新一轮集中财力办大事财政政策体系，对新增集中财力办大事财政政策开展事前绩效评估论证。二是在预算执行中，加强绩效运行重点监控，实时掌握和监控财政支出项目预算绩效目标完成情况，及时发现、纠正项目运行中存在的问题，促进预算绩效目标如期保质保量实现。山东 2021 年部署全省 16 个市同步开展成本预算绩效管理试点，选择城市管理维护、公共交通、农业农村、生态环保、政府购买服务、幼儿园运营 6 大领域 50 个项目，已实现省、市两级全覆盖，县级试点全面推开。厦门全面编制《绩效指标和标准体系》，实现从做"填空题"向做"选择题"转变，提升绩效目标编制效率，其中，共性指标包括 6 类通用指标、162 条绩效指标，分行业、分领域的部门核心绩效指标涵盖 19 个行业领域、64 个行业类别、190 个资金用途、2696 条指标。三是在预算完成后，做好绩效评价工作，要求省直各部门各单位以绩效目标为依据对资金的经济性、效率性和效益性进行绩效自评，并提出改进意见和建议。财政部门和预算主管部门，对重大政策、重大投资、重大民生项目资金、部门和单位整体支出开展绩效评价。广东组织开展十件民生实事、到期项目等开展重点绩效评价，选取部分政府债务项目、部门整体支出项目开展重点评价。推动绩效结果硬约束，将重点绩效评价报告按规定程序反馈有关部门。北京充分发挥部门对项目全过程预算绩效管理的主体责任，绩效管理工作重心逐步从项目评价转向对重大政策的评价，重点对市委市政府关注的产业资金、社保基金、转移支付等重点领域和重大政策进行绩效评价，及时优化完善相关政策。四是在结果运用时，注重绩效评价结果的反馈及应用，将绩效评价结果及时反馈给主管部门和预算单位，在做好绩效问题整改的同时，将评价结果作为预算资金安排、政策调整、专项资金竞争性

分配的重要依据。云南将绩效评价结果与完善政策、调整预算安排有机衔接，对低效无效资金一律削减或取消，对出台涉及增加财政支出的重大政策或实施重大政府投资项目，按要求进行事前绩效评估，未通过评估的不得安排预算。湖南2021年根据财政重点绩效评价结果，取消专项项目预算1个，扣减专项资金预算3个，调整专项资金预算规模1个；将绩效评价发现的问题分类汇总，以省财政厅函的形式发出绩效评价整改通知书50多份，要求相关省直部门对存在的问题进行整改，提高了部门单位的预算绩效管理水平。

六、主动接受各界监督，推进部门预算公开

主动接收人大审计监督，逐步细化报送人大审议的部门预算内容。在此基础上，强化部门主体责任，提高部门预算公开的主动性和积极性。一是完善公开工作制度。黑龙江坚持"公开是常态，不公开是例外"原则，积极组织推动预算信息公开工作，印发预算公开通知文件，明确公开时间、公开内容、公开范围和公开形式等。贵州提前印发通知，对预算公开的主体、内容、时限、方式、程序等作出规范，并组织省级所有一级预算部门及700余家所属单位在省政府网站集中统一公开省级预算。二是充实公开内容。湖南率先落实单位预算全公开的要求，2021年3月24日，组织省级877家单位在单位门户网站和省级预决算公开平台上统一公开了2021年预算，首次将预算公开主体由部门延伸到单位。北京主动公开市对区专项转移支付项目的绩效目标，便于公众理解和监督市对区专项转移支付项目的资金安排和项目预期绩效目标落实情况。三是统一信息公开模板。山东2022年制定全省统一的预算公开参考文本，明确预算公开口径和公开要点，实现公开文本系统自动生成，避免出现基础性、技术性错误，提高公开效率，确保公开质量。宁夏2022年自治区本级171个一级预算部门、328个二级预算单位，全部按"统一时间、统一平台、统一格式"的预算公开要求公开了2021年部门预算，公开率达到了100%。四是搭建公开平台。湖南在财政厅门户网站上搭建了省级预算公开平台，与各部门门户网站实行联动公开，信息集中发布，在《湖南日报》上，单独开

设有专栏公开专项资金信息，并充分利用湖南财政等官方微信公众号公开，便于社会公众从多种渠道获取公开信息。

七、综合采取多种手段，推进区县部门预算改革

为提高县级财政提供公共服务的水平，规范基层预算管理，各地区统一要求、统一规划，积极推进县级部门预算改革，强化县级政府依法理财、科学理财的观念。海南针对市县预算管理中存在的预算编制与执行不规范、资金使用绩效不高等问题，印发《海南省财政厅关于印发提升市县预算管理水平若干措施的通知》，围绕建立对口联系指导、加强政策信息发布、及时帮助解决困难、加大培训力度、加强与审计部门联动、完善财政管理考核等方面提出 8 条具体措施，进一步提升市县预算管理水平。甘肃建立厅领导包抓市州、处室包抓县区的工作机制，畅通省与市县经常性工作联系渠道，统筹指导市县一体化实施应用。通过实地督导调研、建立工作台账、定期统计报告、及时提醒约谈等常态化措施，推动形成上下联动、多点发力的工作局面，有力推动了各项任务落实。大连指导区县级财政推进部门预算改革，部分区县将绩效评价范围扩展至全区预算部门，评价内容涵盖预算部门整体财政工作；优化财政审核工作流程，项目储备工作中，整合项目登记审核和归口审核权限，预算调剂工作中，整合待分项目和支出调剂审核权限；加强业务培训，部分区县将工作流程、一体化系统使用方法等录制成视频课程发送给预算单位，通过安排专人线上、线下答疑，周末集中办公等方式提供培训。

第四节　地方部门预算改革的主要经验和成效

在财政部的大力指导下，各级党委、人大、政府高度重视部门预算改革工作，各部门也给予了积极支持和配合。经过共同努力，部门预算改革由浅入深，不断推进，取得了重大进展，确立了部门预算管理基本框架，规范了部门预算编制制度，初步建立了预算编制、执行和监督相分离的运

行机制，增强了预算管理的公开性、公正性和透明性。

一、地方部门预算改革的主要经验

（一）部门分工协作是搞好部门预算改革的前提

编制部门预算的主旨是一个部门一本预算，部门预算编制和执行的主体是部门，充分发挥部门在预算编制过程中的作用至关重要。如果没有部门的积极配合，仅靠财政部门单兵作战，部门预算改革只能是纸上谈兵。只有财政部门和预算部门齐心协力、形成合力，才能理顺关系，共谋改革大计，共享改革成果。

（二）增强政府部门工作计划性是搞好部门预算编制的保障

政府不同于市场主体的随意和自由。政府是在一定制度规范下有计划有目的地开展工作，既不能盲目扩大政府行为范围，也不能行政不作为，因此预算对政府部门具有财力约束的作用，在不超预算支出的同时要加快支出进度。部门预算编制客观上要求政府及其部门履行行政职能、实施公共管理必须具有前瞻性和计划性，坚持科学决策、民主决策、依法决算，唯此，才能细化项目预算编制，增强预算刚性，提升预算执行约束力，有效解决"一年预算、预算一年"的问题，确保改革不断向纵深推进。

（三）确保支出科学合理是搞好部门预算改革的关键

就部门预算而言，实现公平公正应该把握好两点：一是摒弃原有基数，实行零基预算。零基预算是对传统预算基数与现实要求不吻合、不合理的"重新洗牌"，可以解决苦乐不均和两极分化问题，使部门站在同一起跑线上，以事权决定财力配置。二是建立标准化的定员定额体系。定员标准以国家和省的政策规定为依据，定额标准以均等化和客观因素为遵循。定额科学合理，就能促进部门预算的顺利实施，反之则制约部门预算的开展。同时，制定定额标准应坚持量力而行、尽力而为，有多少钱办多少事的原则，使有限的财政资金发挥最大的效益，实现最好的效果。

二、地方部门预算改革取得的主要成效

（一）进一步强化部门预算管理的法治性

近年来，地方部门预算改革不断向前推进，预算编制更加全面规范，预算管理更加公开透明，管理措施更加丰富完善，预算绩效更加全面覆盖，部门预算观念已经深入人心，特别是 2014 年 8 月新修订的《预算法》，对部门预算的组成和编制做出了明确规定，确定了部门预算在我国政府预算体系中的正式地位，进一步强化了部门预算的法治性。同时，实行"一个部门一本预算"，进一步强化部门单位是部门预算编制执行的主体责任，部门在编制预算时对本部门履职进行全面梳理，对预算安排进行统筹考虑，对预算编制与部门履职进行有效衔接，进一步提升了部门履职保障能力。此外，部门预算改革与收支两条线、国库集中支付、政府采购制度等相关改革协调推进，突破了传统计划经济体制下的政府收支预算管理模式，在推进现代预算管理制度方面迈出了坚实的步伐。

（二）进一步提高部门预算管理的科学性

实行部门预算改革以来，推进了标准化预算周期管理，预算编制时间逐步延长，为部门全面规范科学、编实编准编细部门预算提供了充足的时间保障；推进项目库建设和预算评审论证制度，所有项目支出均要纳入项目库，所有入库项目必须纳入预算评审论证，立足项目库实行滚动管理，并建立项目支出政策动态评估论证机制，项目支出预算立项、安排更加科学规范；推进了基本支出定额标准和项目支出定额标准体系建设，建立健全定额标准动态调整机制，部门预算测算更加科学有据。同时，预算编制程序立足基层单位，逐级汇总，预算批复到基层单位和项目预算，预算编制更加科学细化。

（三）进一步提高部门预算管理的约束性

部门预算改革后，改变了过去层层留机动的做法，预算全部批复到基

层单位和具体项目，避免了传统的功能预算年初预算未细化到具体项目，预算执行调整变动过多的现象，为各级各部门严格按照执行预算创造了有利条件；改善了过去预算追加过于频繁的情况，强化部门预算约束执行硬约束，一般不出台增加当年支出的政策，必须出台的政策纳入以后年度预算安排，非特殊情况原则上不追加；改变了过去预算分散分割的弊端，将部门单位原来自行管理政府性基金、非税收入等资金纳入综合预算，统一纳入部门预算管理，预算执行随意性得到有效控制。同时，各地加强对部门预算执行考核通报，硬化了部门预算执行的约束。

（四）进一步强化部门预算管理的透明性

部门预算改革后，在预算编制论证环节，引入专家评审机制，重点将新增安排、专业性较强、社会关注度高的项目纳入公开评审，主动听取人大代表意见建议，进一步提高预算编制的公众参与度和透明度；在预算安排审议环节，地方逐步扩大报送人大审查的部门预算范围，各地省级基本涵盖所有非涉密部门，报送的重点项目数量逐步增加；在预算对外公开环节，在推进部门及"三公"经费预决算公开的基础上，进一步细化预算公开内容，拓展公开范围至政府采购、财政政策和重点项目绩效，推进"统一时间、统一方式、统一平台、统一模板"预算公开方式，部门预算管理更加公开透明。

（五）进一步强化部门预算管理的规范性

实施部门预算改革后，各级财政部门按照新的预算管理模式，建立了预算编制、执行、监督相分离的预算管理机制，调整了内部机构设置，强化了预算部门的编制职责，成立了专门的执行机构，明确了各个机构的职责分工，初步建立起预算编制、执行、监督相对分离又相互制约的预算管理新机制。同时，大力推进与预算编制改革紧密相关的国库集中收付、政府采购和收支两条线管理等各项改革，提高了部门预算执行的科学性和规范性。各省、区、市本级全面实施了国库集中支付改革，并逐步向县市推进；基本建立了以《政府采购法》为核心的政府采购法规体系，政府采购范围、规模不断扩大；推进收支两条线管理，逐步扩大了政府性基金和行政性收费纳入预算管理范围，进一步规范部门预算管理。

（六）进一步强化部门预算管理的绩效性

实行部门预算改革以来，地方财政部门改变了过去一些部门重分配轻管理，花钱不问效，闲置浪费等问题。一方面，围绕全面实施绩效管理，加快建立目标、监控、评价、应用、问责的全过程绩效管理体系，规范绩效目标的编制审核，继续拓展评价领域，强化评价结果运用。特别是近年来，推进项目绩效目标与部门预算同步申报、同步审核、同步批复制度，并逐步扩大项目预算绩效评价范围，健全绩效评价结果与预算安排挂钩机制，着力提高财政资金使用效益。另一方面，围绕提高存量资金效益，推进地方财政管理绩效考核，将地方预算执行进度作为重要指标考核，地方财政部门建立健全预算执行考核、通报、约谈等制度，完善规范结转结余资金管理，切实提高部门预算资金使用绩效。

第五节　深化地方部门预算改革的思路和措施

地方部门预算改革取得丰硕的成果，为深化财税体制改革、加快建立现代财政制度奠定了坚实的基础。但一些部门预算主体责任意识还需进一步强化，部门预算编制与预算执行衔接不够，重分配轻管理、花钱不问效仍然存在。下一步，我们将按照"建立全面规范透明、标准科学、约束有力的预算制度，全面实施绩效管理"的总体要求，深化部门预算管理制度改革，为建立现代财政制度、推进国家治理体系和治理能力现代化奠定坚实的基础。

一、进一步推进部门预算管理全面规范透明

一是继续推进全口径预算管理制度改革。一方面强调将部门的全部收支活动纳入预算管理，规范部门事业收入等其他收入管理，全部纳入部门预算并与财政拨款统筹安排，规范部门预算管理行为；另一方面加强四本

预算管理，尤其是除一般公共预算以外的其他三本预算。对于政府性基金预算，重点是控制规模并全面纳入预算管理，对于国有资本经营预算，重点是做好与一般公共预算和社会保险基金预算的统筹衔接，对于社会保险基金，重点是加强管理，确保资金的可持续运行。二是完善部门预算管理制度。指导地方结合部门预算管理的新要求，围绕部门三年滚动预算、项目库建设、预算评审论证、支出标准建设、预算安排挂钩、部门预算绩效等重点领域，进一步完善管理制度，构建现代部门预算管理制度体系。三是深化部门预算公开改革。要求部门能够进一步拓宽和细化预算公开的范围和内容，同时在公开方式上加强及时性、便利性、易懂性等，并细化部门预算公开内容，扩大公开范围，从而形成广泛参与的预算形式，强化社会监督。四是完善部门预算信息库建设。以提高部门预算管理信息化水平为支撑，加快构建部门预算支出政策库、基础信息库、预算项目库、预算评审专家库等基础数据信息库，加强部门预算编制、执行、决算、资产等业务信息的互联互通，并建立基础信息动态采集和共享机制。

二、进一步推进部门预算管理标准科学

一是强化预算安排的科学性。部门预算安排要体现财政发展规律，并且要契合经济发展形势和国家宏观调控的需要。一方面，要严控一般性支出。坚持精打细算、勤俭节约，从严控制非急需、非刚性支出，从严控制"三公"经费，从严控制会议、差旅和培训费，继续严控新建政府性楼堂馆所和财政供养人员。另一方面调整优化部门支出结构，把有限的资金用于党委政府重大决策部署的重点领域，用到部门履行职责的重点工作领域，增强部门预算安排的科学精确。二是加强项目库管理。以项目库管理为载体，推动地方财政部门健全项目全周期管理，将项目库与预算绩效、预算执行、资产管理等信息系统对接，实现项目的全过程绩效管理，预算安排和预算执行的完整闭环管理；推动部门加强预算项目评审论证，将支出预算的政策依据、标准、支出方向和绩效目标等信息充实到部门预算项目库。三是推动支出标准体系建设。逐步完善基本支出和项目支出标准体系，加快推进通用和专用项目定额标准制定，推动部门内部标准制定，实

施项目标准管理,发挥支出标准对预算编制的基础性作用。四是深化预算评审论证。进一步推动开门办预算,深入推进预算评审论证,完善评审专家库建设,扩大预算评审范围,预算安排时逐步拓宽决策参与者范围,听取人大、部门和社会各界的意见,进一步强化评审结果运用。同时,结合分类推进事业单位改革,研究探索不同事业单位的财政预算保障机制。

三、进一步推动部门预算管理约束有力

一是着力加强预算编制约束机制。进一步推进部门三年滚动预算管理,既要强调财政政策的稳定性、连续性和统筹性,又要注重预算安排随社会经济发展的动态调整,通过制定部门三年滚动预算,进一步加大对部门年度预算的约束力,新增支出原则上在支出规划内通过调整支出结构解决,并按照轻重缓急安排项目预算。二是切实强化预算执行约束。严格按照人大批准预算执行,从严控制部门预算追加和预算调剂,确需安排的新增支出主要通过调整结构解决。三是健全预算激励约束机制。建立预算编报"精准度"和契合度与预算安排挂钩机制,建立绩效管理与预算安排挂钩机制,建立预算支出进度与预算安排挂钩机制,建立项目结转结余资金与预算安排挂钩机制,建立落实中央有关要求与项目支出安排挂钩机制。

四、进一步推动部门预算全面绩效管理

一是推进绩效管理在各级部门预算资金的全覆盖。一方面要实现预算绩效管理在中央、省、市、县、乡五级政府的部门预算资金全覆盖;另一方面纳入绩效管理的财政资金要从一般公共预算扩展到其他三本预算,实现预算绩效管理在四本预算上的全覆盖,原则上只要是财政拨款的资金,都应纳入绩效管理的范围。二是推进绩效管理在各个环节的全覆盖,建立预算安排与绩效目标、资金使用效果相挂钩的激励机制。全过程的预算绩效管理包涵事前、事中、事后阶段的长期性、连续性过程,并对部门预算编制、执行、决算、评价、结果应用等各个阶段起到监督和指导作用。其中事前阶段主要指绩效目标管理,要求各预算部门能根据自身的职能定位

合理设置绩效目标，并以此安排预算支出；事中阶段主要指绩效跟踪管理，要求各部门在预算执行阶段对绩效目标运行情况进行跟踪，发现问题并及时纠正；事后阶段主要指绩效评价管理，要求相关部门对项目运行或预算执行情况进行绩效评价，并对结果进行应用，将资金使用效果与下一年度的预算安排进行挂钩。

五、进一步推进部门预算基础管理

一是压实部门预算管理主体责任。《预算法》明确规定部门是预算管理的责任主体，进一步压实部门在部门预算编制、执行、绩效、公开等方面的责任，督促部门强化项目库管理、支出标准建设等，强化内控管理，提高部门的预算管理水平。二是完善预算管理流程。按照《预算法实施条例》有关规定，指导地方完善预算调剂管理制度，简化部门预算调剂程序；从严控制代编预算规模，能细化落实到部门的预算全面细化落实到部门。三是强化部门预算约束。继续指导地方将部门全部收支纳入预算管理，推进部门将经营收入、实有账户资金等其他收入统筹纳入预算管理；严格控制预算追加，新增的临时性支出原则上通过内部调剂解决；加强对部门结转结余的清理，有效盘活存量资金，提高资金使用效益。四是加强预算执行监控。指导地方建立部门预算执行分析，分科目、分项目强化对部门预算的执行监控，加大对重点部门、重点项目的预算执行督查力度，完善国库集中支付动态监控，确保资金使用安全。

六、进一步推进基层部门预算管理

随着我国经济社会的发展，以及中央财政转移支付力度不断加大，近年来县级财政状况明显改善，基本消除拖欠工资现象，公用经费及其他社会公共服务保障水平和满足程度有所提高，部门支出得到了有力保障，部门预算改革已经向纵深发展。指导地方按照深化预算管理制度改革的总体部署，认真贯彻落实《预算法》，结合完善财政管理体制、转移支付制度改革以及县级基本财力保障等工作，进一步加强部门预算改革配套制度建设，切实提高预算编制的准确性和到位程度，从范围上进一步拓展部门预算的覆盖面，实现横向扩展到所有部门及下属单位，纵向扩展到所有县和乡镇；从管理上要规范程序和分工，合理界定支出范围和标准，实现预算支出的全面规范；从效益上要提质增效，切实增强财政资金使用效益和预算管理效率；从透明度上要完善制度，形成主动公开、自我监督的良好机制。通过推进和深化基层部门预算改革，使我国部门预算管理制度和体系整体实现全面规范和公开透明。

第六节　预算管理一体化建设对地方开展预算编制的意义

为落实《关于进一步深化预算管理制度改革的指导意见》，按照部党组决策部署，中央和地方各级财政部门稳妥积极地推进预算管理一体化建设，构建业务管理规范、数据标准统一、省级统建统管的预算管理一体化系统，以信息化推动预算管理现代化，为进一步深化预算管理制度改革、加快建立现代财政制度提供支撑。

一、预算管理一体化建设背景

为贯彻落实新《预算法》和党中央、国务院的改革部署，财政部出台了一系列深化预算制度改革的具体制度措施，各级财政部门积极推进落实各项改革任务，向建立现代预算制度迈出实质性步伐，基本确立了现代预算制度框架。

但对照深化预算制度改革的目标要求，各级财政预算管理工作还存在一些问题，主要表现在以下几方面。一是预算管理综合性统筹性不够。财政部门对部门和单位财政拨款之外的收支预算管理不严格，监督指导不到位，资金执行具体情况不清楚。二是预算管理不够规范。上下级预算存在脱节，政府预算、部门预算、单位预算之间缺乏有效衔接控制。三是预算管理透明度不高。动态反映预算编制和调整的机制尚未建立，预算执行数据不能按项目及时反馈，财政部门对本地区各级次、各领域的预算管理情况缺乏全面、准确、及时的了解。四是支出标准体系建设总体滞后，标准对预算管理的支撑功能亟需增强。五是预算对支出执行约束不够有力，部门预算调剂没有规范的程序，年度预算结转结余资金也不能实现自动计算和回收，部门和单位预算执行的约束机制有待完善。六是各级财政预算管理的业务规则和信息系统"各自搭台、分头唱戏"，纵向各级财政间、横向各管理环节间难以实现业务协同和数据共享，财政管理效能发挥受到制约。

二、预算管理一体化建设进展情况

从 2021 年开始，财政部建立通报机制，通过对地方报送预算数据进行统计分析和量化检查，及时掌握各地一体化建设情况，并针对存在的弱项和短板进行督促指导。从统计情况看，全国 37 个地区按照财政部部署要求，采取有效措施，全力以赴、攻坚克难，克服疫情影响，扎实推进预算管理一体化建设，实现一体化系统全面运行。全国共有 3763 个财政部门、59.68 万个预算单位使用一体化系统在线开展 2022 年预算编制业务，并向财政部报送数据，业务管理愈加规范，系统应用更为充分，数据质量明显提升，各项工作取得显著成效。随着一体化建设工作的深入，各地预算管理的规范化、科学化、自动化水平显著提升。中央财政通过一体化系统，已实现将 37 个地区的数据按照"T+1"模式自动汇总到全国预算数据管理汇总系统中，做到预算编制、预算执行、会计核算等数据的及时汇总、动态反映和追踪监控。

三、预算管理一体化建设对地方开展预算编制的意义

（一）预算编制工作更加规范高效

以往，各级财政预算编制的业务规则和信息系统"各自搭台、分头唱戏"，没有进行一体化设计、一体化推进，不能实现一体化管理，难以发

挥合力。预算管理一体化是按照系统集成、协同高效的思路，通过制定并遵循全国统一的预算管理一体化业务规范和技术标准，以预算管理一体化系统为主要载体，将统一的管理规则嵌入一体化系统，抹平不同层级、不同区域之间的财政信息化差距，对于快速提升欠发达地区财政管理水平、实现跨越式发展具有重要意义。同时，提高项目储备、预算编制、预算调整和调剂的标准化、自动化水平，保证各级财政部门、预算单位的预算编制工作规范高效。

（二）预算编制工作更加合理公正

一是海南、北京等省市构建政府采购品目、资产分类、政府购买服务目录相互关联、联动控制的机制，有效实现了政府采购预算、资产配置预算、政府购买服务预算间联动生成和相互约束。二是全国37个地区均按照财政部统一的要求，设立了单位预算、部门预算、政府预算对应关系，实现了部门预算草案和政府预算草案自动汇总生成，政府预算与部门预算的衔接控制关系更加紧密。三是宁夏等省份交换共享组织、人社、编办等部门的数据，拆除财政与外部部门间的"信息栅栏"，并结合一体化系统内生管理的预算单位基础数据、资产存量数据和支出标准等，有力支撑了人员类项目预算和运转类公用经费项目预算的自动化生成。

（三）预算编制工作更加约束有力

预算编制工作以基础信息为基石，以项目储备入库为起点，以预算管理业务流程为主线，通过统一的、固化的会计复式记账核算规则，系统自动对预算编制收入预算与支出预算、预算指标管理业务或事项进行会计核算，记录预算指标的批复、分解、下达、调整、调剂、执行和结转结余等全生命周期过程。上级部门可通过系统实时监控转移支付项目预算的分配进展情况，实现横向到边、纵向到底全流程、全生命周期的有效追踪。

（四）预算编制工作更加注重绩效

海南、广西等省份通过完善共性绩效指标库与部门绩效指标库，建立绩效指标与预算项目测算模板对应关联关系。在预算编制过程中，通过项目测算模板自动带出绩效指标信息，智能辅助用户填报绩效信息，自动生成自评报告，规范绩效指标值的应用。管理上，实现事前绩效评估、事中绩效跟踪监控、绩效自评、重点评价、结果运用等绩效管理全流程覆盖；应用上，实现了全类预算项目绩效考核的全覆盖，形成了绩效"双覆盖"的管理模式。

（五）预算编制工作更加精准精细

预算管理一体化以预算项目为基本管理单位，实现项目全生命周期管理，提升预算编制的精准性。一是突出闭环管理，改变以往以预算指标为龙头的管理模式，坚持"先有项目后有预算"，以项目为基本单元，将前期谋划、项目储备、预算编制、项目实施、项目结束和终止等各个环节有序串联起来，实现预算管理"纲举目张"，形成完整、清晰、可追踪、可回溯额预算管理链条，实现项目全生命周期管理；二是突出零基预算，按照轻重缓急和成熟度对项目排序，择优安排预算，更加突出对国家、省、市、县各级政府重大改革和重要政策的保障实施；三是突出可持续性，所有项目一次入库多年滚动管理，多年执行项目需明确分年度实施计划，与中期财政规划相衔接，合理安排项目实施节奏和力度。

第十二章　预算支出标准汇编

一、中央和国家机关会议费标准有关规定

文件依据：《财政部、国家机关事务管理局、中共中央直属机关事务管理局关于印发〈中央和国家机关会议费管理办法〉的通知》（财行〔2016〕214号）。

（一）会议分类

一类会议。是以党中央和国务院名义召开的，要求省、自治区、直辖市、计划单列市或中央部门负责同志参加的会议。

二类会议。是党中央和国务院各部委、各直属机构，最高人民法院，最高人民检察院，各人民团体召开的，要求省、自治区、直辖市、计划单列市有关厅（局）或本系统、直属机构负责同志参加的会议。

三类会议。是党中央和国务院各部委、各直属机构，最高人民法院，最高人民检察院，各人民团体及其所属内设机构召开的，要求省、自治区、直辖市、计划单列市有关厅（局）或本系统机构有关人员参加的会议。

四类会议。是指除上述一、二、三类会议以外的其他业务性会议，包括小型研讨会、座谈会、评审会等。

（二）审批程序

一类会议。应当由主办单位报经党中央和国务院批准。会议总务、经费预算及费用结算等工作分别由中共中央直属机关事务管理局（以下简称

中直管理局）和国家机关事务管理局（以下简称国管局）负责。

二类会议。党中央和国务院各部委、各直属机构，各人民团体应当于每年 12 月底前，将下一年度会议计划（包括会议名称、召开的理由、主要内容、时间地点、代表人数、工作人员数、所需经费及列支渠道等）送财政部审核会签，按程序经中央办公厅、国务院办公厅审核后报批。各单位召开二类会议原则上每年不超过 1 次。

三类会议。各单位应当建立会议计划编报和审批制度，年度会议计划（包括会议数量、会议名称、召开的理由、主要内容、时间地点、代表人数、工作人员数、所需经费及列支渠道等）经单位领导办公会或党组（党委）会审批后执行。

四类会议。由单位分管领导审核后列入单位年度会议计划。

（三）会议天数

一类会议会期按照批准文件，根据工作需要从严控制；二、三、四类会议会期均不得超过 2 天；传达、布置类会议会期不得超过 1 天。会议报到和离开时间，一、二、三类会议合计不得超过 2 天，四类会议合计不得超过 1 天。

（四）会议人数

一类会议参会人员按照批准文件，根据会议性质和主要内容确定，严格限定会议代表和工作人员数量。

二类会议参会人员不得超过 300 人，其中，工作人员控制在会议代表人数的 15% 以内；不请省、自治区、直辖市和中央部门主要负责同志、分管负责同志出席。

三类会议参会人员不得超过 150 人，其中，工作人员控制在会议代表人数的 10% 以内。

四类会议参会人员视内容而定，一般不得超过 50 人。

（五）会议地点

各单位召开会议应当改进会议形式，充分运用电视电话、网络视频等现代信息技术手段，降低会议成本，提高会议效率。传达、布置类会议优先采取电视电话、网络视频会议方式召开。电视电话、网络视频会议的主会场和分会场应当控制规模，节约费用支出。不能够采用电视电话、网络视频召开的会议实行定点管理。各单位会议应当到定点会议场所召开，按照协议价格结算费用。未纳入定点范围，价格低于会议综合定额标准的单位内部会议室、礼堂、宾馆、招待所、培训中心，可优先作为本单位或本系统会议场所。

无外地代表且会议规模能够在单位内部会议室安排的会议，原则上在单位内部会议室召开，不安排住宿。参会人员以在京单位为主的会议不得到京外召开。各单位不得到党中央、国务院明令禁止的风景名胜区召开会议。

（六）会议费开支范围

会议费开支范围包括会议住宿费、伙食费、会议场地租金、交通费、文件印刷费、医药费等。交通费是指用于会议代表接送站，以及会议统一组织的代表考察、调研等发生的交通支出。会议代表参加会议发生的城市间交通费，按照差旅费管理办法的规定回单位报销。

（七）会议费开支渠道

一类会议费在部门预算专项经费中列支，二、三、四类会议费原则上在部门预算公用经费中列支。会议费由会议召开单位承担，不得向参会人员收取，不得以任何方式向下属机构、企事业单位、地方转嫁或摊派。

（八）会议费开支标准

会议费开支实行综合定额控制，各项费用之间可以调剂使用。综合定额标准是会议费开支的上限。各单位应在综合定额标准以内结算报销（如表12-1所示）。

表12-1　　　　　　　会议费综合定额标准　　　　　　单位：元/人·天

会议类别	住宿费	伙食费	其他费用	合计
一类会议	500	150	110	760
二类会议	400	150	100	650
三、四类会议	340	130	80	550

(九) 会议费报销规定

各单位在会议结束后应当及时办理报销手续。会议费报销时应当提供会议审批文件、会议通知及实际参会人员签到表、定点会议场所等会议服务单位提供的费用原始明细单据、电子结算单等凭证。财务部门要严格按规定审核会议费开支，对未列入年度会议计划，以及超范围、超标准开支的经费不予报销。

各单位会议费支付，应当严格按照国库集中支付制度和公务卡管理制度的有关规定执行，以银行转账或公务卡方式结算，禁止以现金方式结算。具备条件的，会议费应当由单位财务部门直接结算。

(十) 严禁各单位借会议名义组织会餐或安排宴请；严禁套取会议费设立"小金库"；严禁在会议费中列支公务接待费

各单位应严格执行会议用房标准，不得安排高档套房；会议用餐严格控制菜品种类、数量和份量，安排自助餐，严禁提供高档菜肴，不安排宴请，不上烟酒；会议会场一律不摆花草，不制作背景板，不提供水果。不得使用会议费购置电脑、复印机、打印机、传真机等固定资产以及开支与本次会议无关的其他费用；不得组织会议代表旅游和与会议无关的参观；严禁组织高消费娱乐、健身活动；严禁以任何名义发放纪念品；不得额外配发洗漱用品。

二、中央和国家机关差旅费标准有关规定

文件依据：《财政部关于印发〈中央和国家机关差旅费管理办法〉的通知》（财行〔2013〕531号）、《中央和国家机关差旅费管理办法有关问题的解答》（财办行〔2014〕90号）、《关于调整中央和国家机关差旅住宿费标准等有关问题的通知》（财行〔2015〕497号）、《财政部关于印发〈中央和国家机关工作人员赴地方差旅住宿费标准明细表〉的通知》（财行〔2016〕71号）。

（一）城市间交通费

城市间交通费按乘坐交通工具的等级凭据报销，订票费、经批准发生的签转或退票费、交通意外保险费凭据报销。

1. 出差人员应当按规定等级乘坐交通工具，乘坐交通工具的等级见表 12-2。

表 12-2　　　　　　　出差人员乘坐交通工具等级表

交通工具 级别	火车（含高铁、动车、全列软席列车）	轮船 （不包括旅游船）	飞机	其他交通工具 （不包括出租小汽车）
部级及相当职务的人员	火车软席（软座、软卧）高铁/动车商务座，全列软席列车一等软座	一等舱	头等舱	凭据报销
司局级及相当职务人员	火车软席（软座、软卧），高铁/动车一等座，全列软席列车一等软座	二等舱	经济舱	凭据报销
其余人员	火车硬席（硬座、硬卧），高铁/动车二等座、全列软席列车二等软座	三等舱	经济舱	凭据报销

2. 部级及相当职务人员出差，因工作需要，随行一人可乘坐同等级交通工具。未按规定等级乘坐交通工具的，超支部分由个人自理。

3. 到出差目的地有多种交通工具可选择时，出差人员在不影响公务、确保安全的前提下，应当选乘经济便捷的交通工具。

4. 乘坐飞机的，民航发展基金、燃油附加费可以凭据报销。

5. 乘坐飞机、火车、轮船等交通工具的，每人次可以购买交通意外保险一份。所在单位统一购买交通意外保险的，不再重复购买。

（二）住宿费

在标准限额之内凭发票据实报销。

1. 财政部分地区制定住宿费限额标准（见表 12-3）。

表 12-3 中央和国家机关工作人员赴地方差旅住宿费标准明细表   单位：元

序号	地区	（城市）	住宿费标准			旺季地区	旺季浮动标准			
								旺季上浮价		
			部级	司局级	其他人员		旺季期间	部级	司局级	其他人员
1	北京	全市	1100	650	500					
2	天津	6个中心城区、滨海新区、东丽区、西青区、津南区、北辰区、武清区、宝坻区、静海区、蓟县	800	480	380					
		宁河区	600	350	320					
3	河北	石家庄市、张家口市、秦皇岛市、廊坊市、承德市、保定市	800	450	350	张家口市	7—9月、11—(次年)3月	1200	675	525
						秦皇岛市	7—8月	1200	680	500
						承德市	7—9月	1000	580	580
		其他地区	800	450	310					
4	山西	太原市、大同市、晋城市	800	480	350					
		临汾市	800	480	330					
		阳泉市、长治市、晋中市	800	480	310					
		其他地区	800	400	240					
5	内蒙古	呼和浩特市	800	460	350					
		其他地区	800	460	320	海拉尔区、满洲里市、阿尔山市	7—9月	1200	690	480
						二连浩特市	7—9月	1000	580	400
						额济纳旗	9—10月	1200	690	480
6	辽宁	沈阳市	800	480	350					
		其他地区	800	480	330					
7	大连	全市	800	490	350	全市	7—9月	960	590	420
8	吉林	长春市、吉林市、延边州、长白山管理区	800	450	350	吉林市、延边州、长白山管理区	7—9月	960	540	420
		其他地区	750	400	300					

续表

序号	地区	地区（城市）	住宿费标准			旺季地区	旺季浮动标准			
			部级	司局级	其他人员		旺季期间	旺季上浮价		
								部级	司局级	其他人员
9	黑龙江	哈尔滨市	800	450	350	哈尔滨市	7—9月	960	540	420
		其他地区	750	450	300	牡丹江市、伊春市、大兴安岭地区、黑河市、佳木斯市	6—8月	900	540	360
10	上海	全市	1100	600	500					
11	江苏	南京市、苏州市、无锡市、常州市、镇江市	900	490	380					
		其他地区	900	490	360					
12	浙江	杭州市	900	500	400					
		其他地区	800	490	340					
13	宁波	全市	800	450	350					
14	安徽	全省	800	460	350					
15	福建	福州市、泉州市、平潭综合实验区	900	480	380					
		其他地区	900	480	350					
16	厦门	全市	900	500	400					
17	江西	全省	800	470	350					
18	山东	济南市、淄博市、枣庄市、东营市、烟台市、潍坊市、济宁市、泰安市、威海市、日照市	800	480	380	烟台市、威海市、日照市	7—9月	960	570	450
		其他地区	800	460	360					
19	青岛	全市	800	490	380	全市	7—9月	960	590	450
20	河南	郑州市	900	480	380					
		其他地区	800	480	330	洛阳市	4—5月上旬	1200	720	500
21	湖北	武汉市	800	480	350					
		其他地区	800	480	320					

续表

序号	地区	地区（城市）	住宿费标准			旺季地区	旺季浮动标准			
								旺季上浮价		
			部级	司局级	其他人员		旺季期间	部级	司局级	其他人员
22	湖南	长沙市	800	450	350					
		其他地区	800	450	330					
23	广东	广州市、珠海市、佛山市、东莞市、中山市、江门市	900	550	450					
		其他地区	850	530	420					
24	深圳	全市	900	550	450					
25	广西	南宁市	800	470	350					
		其他地区	800	470	330	桂林市、北海市	1—2月、7—9月	1040	610	430
26	海南	海口市、三沙市、儋州市、五指山市、文昌市、琼海市、万宁市、东方市、定安县、屯昌县、澄迈县、临高县、白沙县、昌江县、乐东县、陵水县、保亭县、琼中县、洋浦开发区	800	500	350	海口市、文昌市、澄迈县	11—（次年）2月	1040	650	450
						琼海市、万宁市、陵水县、保亭县	11—（次年）3月	1040	650	450
		三亚市	1000	600	400	三亚市	10—（次年）4月	1200	720	480
27	重庆	9个中心城区、北部新区	800	480	370					
		其他地区	770	450	300					
28	四川	成都市	900	470	370					
		阿坝州、甘孜州	800	430	330					
		绵阳市、乐山市、雅安市	800	430	320					
		宜宾市	800	430	300					
		凉山州	750	430	330					
		德阳市、遂宁市、巴中市	750	430	310					
		其他地区	750	430	300					

续表

序号	地区（城市）		住宿费标准			旺季地区	旺季浮动标准			
			部级	司局级	其他人员		旺季期间	旺季上浮价		
								部级	司局级	其他人员
29	贵州	贵阳市	800	470	370					
		其他地区	750	450	300					
30	云南	昆明市、大理州、丽江市、迪庆州、西双版纳州	900	480	380					
		其他地区	900	480	330					
31	西藏	拉萨市	800	500	350	拉萨市	6—9月	1200	750	530
		其他地区	500	400	300	其他地区	6—9月	800	500	350
32	陕西	西安市	800	460	350					
		榆林市、延安市	680	350	300					
		杨凌区	680	320	260					
		咸阳市、宝鸡市	600	320	260					
		渭南市、韩城市	600	300	260					
		其他地区	600	300	230					
33	甘肃	兰州市	800	470	350					
		其他地区	700	450	310					
34	青海	西宁市	800	500	350	西宁市	6—9月	1200	750	530
		玉树州、果洛州	600	350	300	玉树州	5—9月	900	525	450
		海北州、黄南州	600	350	250	海北州、黄南州	5—9月	900	525	375
		海东市、海南州	600	300	250	海东市、海南州	5—9月	900	450	375
		海西州	600	300	200	海西州	5—9月	900	450	300
35	宁夏	银川市	800	470	350					
		其他地区	800	430	330					

续表

序号	地区（城市）		住宿费标准			旺季地区	旺季浮动标准			
								旺季上浮价		
			部级	司局级	其他人员		旺季期间	部级	司局级	其他人员
36	新疆	乌鲁木齐市	800	480	350					
		石河子市、克拉玛依市、昌吉州、伊犁州、阿勒泰地区、博州、吐鲁番市、哈密地区、巴州、和田地区	800	480	340					
		克州	800	480	320					
		喀什地区	780	480	300					
		阿克苏地区	700	450	300					
		塔城地区	700	400	300					

2. 部级及相当职务人员住普通套间，司局级及以下人员住单间或标准间。

3. 出差人员应当在职务级别对应的住宿费标准限额内，选择安全、经济、便捷的宾馆住宿。不要求出差人员必须入住定点饭店，从2015年起，财政部也不再组织招标采购出差的定点饭店。

4. 出差人员实际发生住宿而无住宿费发票的，如果是住在自己家里，或到边远地区出差，无法取得住宿费发票的，由出差人员说明情况并经所在部门领导批准，可以报销城市间交通费、伙食补助费和市内交通费，其他情况一般不予报销差旅费。

（三）伙食补助费

伙食补助费按出差目的地的标准报销，在途期间的伙食补助费按当天最后到达目的地的标准报销。

1. 伙食补助费按出差自然（日历）天数计算，按规定标准包干使用。

2. 财政部分地区制定伙食补助费标准（见表12-4）。

3. 出差人员应当自行用餐。凡由接待单位统一安排用餐的，应当向接待单位缴纳伙食费。

表 12-4　　　中央和国家机关差旅伙食补助费标准表　　　单位：元

省份	伙食补助费标准	省份	伙食补助费标准
北京	100	青岛	100
天津	100	河南	100
河北	100	湖北	100
山西	100	湖南	100
内蒙古	100	广东	100
辽宁	100	深圳	100
大连	100	广西	100
吉林	100	海南	100
黑龙江	100	重庆	100
上海	100	四川	100
江苏	100	贵州	100
浙江	100	云南	100
宁波	100	西藏	120
安徽	100	陕西	100
福建	100	甘肃	100
厦门	100	青海	120
江西	100	宁夏	100
山东	100	新疆	120

（四）市内交通费

市内交通费按规定标准报销。

1. 市内交通费按出差自然（日历）天数计算，每人每天 80 元包干使用。往返驻地和机场的交通费在按规定发放的市内交通费内统筹解决，不再另外报销。

2. 出差人员由接待单位或其他单位提供交通工具的，应向接待单位或其他单位交纳相关费用。

（五）参加会议、培训等的差旅费

工作人员外出参加会议、培训，举办单位统一安排食宿的，会议、培训期间的食宿费和市内交通费由会议、培训举办单位按规定统一开支；往返会议、培训地点的差旅费由所在单位按照规定报销。其中，伙食补助费和市内交通费按往返各 1 天计发，当天往返的按 1 天计发。

三、中央和国家机关培训费标准有关规定

文件依据：《财政部、中共中央组织部、国家公务员局关于印发〈中央和国家机关培训费管理办法〉的通知》（财行〔2016〕540 号）。

（一）开支范围

培训费是指各单位开展培训直接发生的各项费用支出，包括师资费、住宿费、伙食费、培训场地费、培训资料费、交通费以及其他费用。其他费用是指现场教学费、设备租赁费、文体活动费、医药费等与培训有关的其他支出。

（二）开支标准

1. 除师资费外，培训费实行分类综合定额标准，分项核定、总额控制，各项费用之间可以调剂使用。综合定额标准如表 12-5 所示。

表 12-5　　　　　培训费综合定额标准表　　　　单位：元/人·天

培训类别	住宿费	伙食费	场地、资料、交通费	其他费用	合计
一类培训	500	150	80	30	760
二类培训	400	150	70	30	650
三类培训	340	130	50	30	550

一类培训是指参训人员主要为省部级及相应人员的培训项目，二类培训是指参训人员主要为司局级人员的培训项目，三类培训是指参训人员主要为处级及以下人员的培训项目。以其他人员为主的培训项目参照上述标准分类执行。

综合定额标准是相关费用开支的上限。各单位应在综合定额标准以内

结算报销。30 天以内的培训按照综合定额标准控制；超过 30 天的培训，超过天数按照综合定额标准的 70% 控制。上述天数含报到撤离时间，报到和撤离时间分别不得超过 1 天。

2. 师资费在综合定额标准外单独核算。

一是讲课费（税后）执行以下标准：副高级技术职称专业人员每学时最高不超过 500 元，正高级技术职称专业人员每学时最高不超过 1000 元，院士、全国知名专家每学时一般不超过 1500 元。讲课费按实际发生的学时计算，每半天最多按 4 学时计算。其他人员讲课费参照上述标准执行。同时为多班次一并授课的，不重复计算讲课费。

二是授课老师的城市间交通费按照中央和国家机关差旅费有关规定和标准执行，住宿费、伙食费按照本办法标准执行，原则上由培训举办单位承担。

三是培训工作确有需要从异地（含境外）邀请授课老师，路途时间较长的，经单位主要负责同志书面批准，讲课费可以适当增加。

（三）其他要求

培训实行中央和地方分级管理，各单位举办培训，原则上不得下延至市、县及以下。各单位开展培训应当在开支范围和标准内优先选择党校、行政学院、干部学院以及组织人事部门认可的其他培训机构承办。组织培训的工作人员控制在参训人员数量的 10% 以内，最多不超过 10 人。

（四）禁止事项

严禁借培训名义安排公款旅游；严禁借培训名义组织会餐或安排宴请；严禁组织高消费娱乐健身活动；严禁使用培训费购置电脑、复印机、打印机、传真机等固定资产以及开支与培训无关的其他费用；严禁在培训费中列支公务接待费、会议费；严禁套取培训费设立"小金库"。培训住宿不得安排高档套房，不得额外配发洗漱用品；培训用餐不得上高档菜肴，不得提供烟酒；除必要的现场教学外，7 日以内的培训不得组织调研、考察、参观。

四、出国培训费用开支标准有关规定

文件依据:《财政部、国家外国专家局关于印发〈因公短期出国培训费用管理办法〉的通知》(财行〔2014〕4号)、《国家外国专家局、财政部关于调整中长期出国(境)培训人员费用开支标准的通知》(外专发〔2012〕126号)。

(一)因公短期(90天以内,不含90天)出国培训费用

1. 因公短期出国培训费用开支范围包括培训费、国际旅费、国外城市间交通费、住宿费、伙食费、公杂费和其他费用。其中,培训费是指出国培训团组用于授课、翻译、场租、资料、课程设计、对口业务考察或业务实践活动等在国外培训所必须发生的费用。

2. 国际旅费、国外城市间交通费、住宿费、伙食费、公杂费、其他费用的管理要求和开支标准参照《因公临时出国经费管理办法》(财行〔2013〕516号)执行。

3. 培训费开支按分国家和地区标准执行,并在规定的标准之内据实报销(如表12-6所示)。

4. 出国培训团组需在国内开展预培训和培训总结所发生的费用,参照国内培训费相关规定执行。

5. 由外方资助出国培训经费的,各单位不得重复支付。外方对费用开支有明确规定的,按其规定执行;没有规定的,参照本办法规定的标准和要求执行。外方资助经费不足以弥补规定培训费用开支的,可以按照本办法的开支标准,由各单位补足其费用差额部分。

表12-6　　　　因公短期出国地区培训费开支标准表

序号	国家(地区)	币种	培训费(每人每天)
	亚洲		
1	韩　国	美元	80
2	日　本	日元	8400

续表

序号	国家（地区）	币种	培训费（每人每天）
3	印度	美元	51
4	以色列	美元	65
5	泰国	美元	41
6	新加坡	美元	80
7	中国香港	港币	500
	欧洲		
8	德国	欧元	66
9	英国	英镑	56
10	荷兰	欧元	57
11	瑞典	瑞典克朗	90
12	丹麦	丹麦克朗	79
13	挪威	挪威克朗	90
14	意大利	欧元	48
15	比利时	欧元	67
16	奥地利	欧元	48
17	瑞士	瑞士法郎	95
18	法国	欧元	60
19	西班牙	欧元	48
20	芬兰	欧元	66
21	爱尔兰	欧元	59
22	匈牙利	美元	63
23	俄罗斯	美元	67
	美洲		
24	美国	美元	87
25	加拿大	加元	80
26	巴西	美元	65
	大洋洲		
27	澳大利亚	澳元	86
28	新西兰	新西兰元	81
	非洲		
29	南非	美元	65

(二) 公费派出的中长期出（境）国培训人员费用

1. 中长期出国（境）培训是指90天以上（含90天）的出国（境）培训。费用开支项目包括伙食费、住宿费、交通费、通信费、书籍资料费、医疗保险费和零用费等。

2. 中长期出国（境）培训人员费用开支标准分为"高级职称"人员开支标准和"普通职称"人员开支标准两类（如表12-7所示）。"高级职称"指高级工程师（或相当高级工程师的其他职称）及以上职称、正县（处）级及以上行政职务。"普通职称"指工程师（或相当工程师的其他职称）及以下职称、副县（处）级及以下行政职务。

表12-7　　中长期出国（境）培训人员费用开支标准表

序号	国家（地区）	币种	标准（每人每月）	
			高级职称	普通职称
一、美洲、大洋洲					
1	美　国（一类地区）	美元	2000	1800
	美　国（二类地区）	美元	2000	1700
	美　国（三类地区）	美元	2000	1400
2	加拿大	加元	2600	1700
3	澳大利亚	澳元	2100	1800
4	新西兰	新西兰元	2200	2000
5	其他国家（地区）	美元	1100	600
二、欧洲					
6	俄罗斯	美元	1400	1100
7	白俄罗斯	美元	1150	800
8	乌克兰	美元	1150	800
9	其他独联体国家	美元	1100	700
10	德　国	欧元	1800	1300
11	法　国	欧元	1800	1300
12	芬　兰	欧元	1800	1300
13	荷　兰	欧元	1800	1300
14	爱尔兰	欧元	1800	1300

续表

序号	国家（地区）	币种	标准（每人每月）	
			高级职称	普通职称
15	奥地利	欧元	1800	1300
16	比利时	欧元	1800	1300
17	卢森堡	欧元	1800	1300
18	葡萄牙	欧元	1800	1100
19	西班牙	欧元	1800	1100
20	希腊	欧元	1800	1100
21	意大利	欧元	1800	1100
22	冰岛	欧元	1800	1100
23	塞浦路斯	欧元	1800	1100
24	马耳他	欧元	1800	1100
25	斯洛文尼亚	美元	1100	800
26	保加利亚	美元	1100	800
27	匈牙利	美元	1100	800
28	波兰	美元	1400	950
29	英国（伦敦地区）	英镑	1400	1150
	英国（其他地区）	英镑	1400	1000
30	丹麦	丹麦克朗	12000	9500
31	挪威	挪威克朗	13000	11000
32	瑞典	瑞典克朗	15000	13000
33	瑞士	瑞士法郎	2500	2000
34	其他国家（地区）	美元	1100	700

三、亚洲、非洲

序号	国家（地区）	币种	高级职称	普通职称
35	日本	日元	200000	160000
36	韩国	美元	2000	1400
37	新加坡	新元	2200	2100
38	印度	美元	1100	600
39	以色列	美元	1200	1000
40	南非	美元	1100	760
41	其他国家（地区）	美元	1100	600
42	中国香港	港币	14000	12000

五、公务机票购买管理有关规定

文件依据:《财政部、中国民用航空局关于加强公务机票购买管理有关事项的通知》(财库〔2014〕4 号)。

1. 各级国家机关、事业单位和团体组织工作人员,以及使用财政性资金购买公务机票的其他人员(以下简称购票人),国内出差、因公临时出国购买机票,应当按照厉行节约和支持本国航空公司发展的原则,优先购买通过政府采购方式确定的我国航空公司航班优惠机票。

2. 国内航空公司按政府采购合同约定给予公务机票优惠。对于市场折扣机票,各航空公司按国内、国际机票各航班舱位的折扣票价给予 9.5 折优惠;对于市场全价机票,则分别给予全价票价的 8.8 折、8.5 折优惠。政府采购机票优惠率的变动情况,将在政府采购机票管理网站(www.gpticket.org)上发布。

3. 因公临时出国时,购票人应当选择直达目的地国家(地区)的国内航空公司航班出入境,没有直达航班的,应当选择国内航空公司航班到达的最邻近目的地国家(地区)进行中转。因中转 1 次以上(不含 1 次)等特殊原因确需选择非国内航空公司航班,以及因最临近目的地国家(地区)中转需办理过境签证而选择其他邻近中转地的,应当事先报经单位外事部门和财务部门审批同意。

4. 购票人应当做好公务出行计划安排,尽可能选择低价机票,原则上不得购买全价机票。对于各航空公司提供的低于政府采购优惠票价的团队价格或促销价格机票,购票人可选择购买,但不再享受政府采购优惠。购票人需要退改签机票的,按照各航空公司的退改签规定办理。

六、公务员奖励开支标准有关规定

《公务员奖励规定(2020 年)》规定:

1. 对公务员、公务员集体的奖励分为:嘉奖、记三等功、记二等功、记一等功、授予荣誉称号。对表现突出的,给予嘉奖;对做出较大贡献的，记三等奖；对做出重大贡献的，记二等功；对做出杰出贡献的，记一等功；对功绩卓著的，授予"人民满意的公务员""人民满意的公务员集体"或者"模范公务员""模范公务员集体"等荣誉称号。

2. 对获得奖励的公务员，按照规定标准（如表12-8所示）给予一次性奖金。其中对获得荣誉称号的公务员，按照有关规定享受省部级以上劳动模范和先进工作者待遇。对受奖励的公务员集体酌情给予一次性奖金，作为工作经费由集体使用，原则上不得向公务员个人发放。

表12-8　　　　　　　公务员奖金标准

奖励种类	奖金数额（元）
嘉奖	1500
记三等功	3000
记二等功	6000
记一等功	12000
授予荣誉称号	20000

七、中央和国家机关基层党组织党建活动标准有关规定

文件依据：《关于印发〈中央和国家机关基层党组织党建活动经费管理办法〉的通知》（财行〔2017〕324号）。

（一）开支范围

党建活动经费支出项目包括：租车费、城市间交通费、伙食费、住宿费、场地费、讲课费、资料费和其他费用。

（二）支出标准

1. 城市间交通费、住宿费，参照中央和国家机关差旅费有关规定，按标准执行；个人不得领取交通补助。

2. 伙食费，参照中央和国家机关差旅费有关规定，在差旅费伙食补助费标准内据实报销；一天仅一次就餐的，人均伙食费不超过40元；个人

不得领取伙食补助。

3. 讲课费，参照中央和国家机关培训费有关标准执行。

4. 租车费，大巴士（25 座以上）每辆每天不超过 1500 元，中巴士（25 座及以下）每辆每天不超过 1000 元；租车到常驻地以外的，租车费可以适当增加。

5. 场地费，每半天人均不得超过 50 元。

6. 资料费和其他有关费用经批准后据实报销。

（三）活动组织

开展党建活动，要因地制宜，充分利用本地条件；每个基层党组织到党驻地以外开展党建活动原则上每两年不超过一次；要严格控制租用场地举办活动，确需租用的，要选择安全、经济、便捷的场地。开展党建活动，要根据实际情况集体出行，集体出行确需租用车辆的，应当视人数多少租用大巴车或中巴车，不得租用轿车（5 座及以下）。到常驻地以外开展党建活动，一般不得乘坐飞机。

开展党建活动，要严格遵守中央八项规定精神，严格执行廉洁自律各项规定。严禁借党建活动名义安排公款旅游；严禁到党中央、国务院明令禁止的风景名胜区开展党建活动；严禁借党建活动名义组织会餐或安排宴请；严禁组织高消费娱乐健身活动；严禁购置电脑、复印机、打印机、传真机等固定资产以及开支与党建活动无关的其他费用；严禁套取资金设立"小金库"；严禁发放任何形式的个人补助；严禁转嫁党建活动费用。

附 录

附录一

中央部门预算改革大事记（2000—2022年）

2000年

1. 延长预算编制时间，部门预算编制由此前的从11月开始提前到9月进行，预算编制时间由4个月延长为6个月。

2. 改变预算编制程序。从以前自上而下的代编方式转变为自下而上的汇总方式，从基层预算单位开始编制预算，解决了预算分配不能细化到具体项目的问题。

3. 试行"一个部门一本预算"。将一个部门所有的收入和支出都按照统一的编报内容和形式在一本预算中反映，明确了中央部门在部门预算编制中的主体地位。

4. 开始向全国人大报送部门预算。教育部、农业部等4家部门作为首批部门预算试点单位，开始向全国人大提供部门预算。

2001年

1. 首次提出按照基本支出和项目支出编报部门预算，并开始在一些部门中进行试点，对部门预算中的基本支出实行定员定额管理，对项目支出实行项目审核管理，初步改变了按照"基数法"编制预算的方法。

2. 财政部将原来按预算收支功能设置的机构，调整为按部门预算管理的要求设置，基本理顺了财政部内各司局与中央各部门之间的关系。中央部门普遍调整了内设机构，由财务部门统一管理本部门的预算工作。

3. 试编部门"政府采购预算"。部门"二上"时对符合条件要求的支出项目编制部门采购计划，预算执行过程中根据采购计划开展采购工作。

4. 全面推行"一个部门一本预算"。中央159个部门全部按照要求编报了部门预算，初步实现了职责范围明确、各项收支清晰、项目预算到位、"一个部门一本预算"的目标。

5. 扩大向全国人大提供部门预算的范围。2001年向全国人大报送的部门预算增加了公安部、水利部等部门，由2000年的4个增加到26个。

2002 年

1. 印发《中央部门基本支出预算管理试行办法》和《中央部门项目支出预算管理试行办法》，规范基本支出和项目支出预算编制。开展基本支出定额试点工作。

2. 按照国务院《关于深化收支两条线，进一步加强财政管理的意见》（国办发〔2001〕93号）的要求，将公安部等5个部门的行政性收费全部纳入预算管理；将国家质检总局等28个部门的预算外收入全部纳入专户管理；改变国税系统和海关系统按照收入比例提取经费的办法，实行"预算制"，按照部门预算的统一要求核定经费支出。

3. 全面编制政府采购预算。所有编制部门预算的单位，都要正式编制政府采购预算，财政部在批复部门预算时一并批复。

2003 年

1. 修订和完善《中央本级基本支出管理办法（试行）》，进一步明确界定基本支出范围，完善基本支出定额管理方式。进一步扩大基本支出定额试点范围，增加118个试点事业单位。

2. 制定《中央本级项目库管理规定（试行）》，进一步明确项目预算分类。对中央部门2003年度已安排项目进行清理，分别按照党中央、国务院已定项目、经常性专项业务费项目、已经部门协商需要延续项目和其他类项目四大类重新划分项目类别。建立中央部门项目库和财政部项目库。

3. 印发《财政部 中国人民银行关于将部分行政事业性收费纳入预算管理的通知》，将118项行政事业性收费纳入财政预算管理。

2004 年

1. 积极探索研究中央部门实物费用定额管理。选择审计署等5个部门进行实物费用定额试点工作，采取"虚实结合"的方式运行。

2. 规范项目支出预算管理。设置项目预算申报限额，要求中央部门申报预算的项目总额应控制在本部门上年度财政已安排项目支出预算总额的 120% 以内。

3. 取消了预算外资金管理的一些过渡性政策，增加了司法部、信息产业部等 7 个部门进行预算外资金"收支脱钩"改革试点，试点部门达到 40 个，基本实现了对预算外资金的规范管理。

4. 进一步延长预算编制时间，从 5 月份就着手进行预算编制前的项目清理工作，预算编制时间延长到 10 个月。

5. 尝试对支出项目进行绩效评价。对 2003 年预算已安排的跨年度项目，选择一些项目附报已安排资金的绩效评价材料，作为 2004 年项目预算安排的重要依据。

2005 年

1. 完善实物费用定额试点方案，增加财政部等 13 个实物费用定额试点部门，研究建立费用定额与资产占用相结合的定额标准体系。

2. 印发《中央部门预算支出绩效考评管理办法（试行）》，建立项目预算安排与项目执行效果评价有机联系的绩效评价体系。

3. 制定印发《中央部门财政拨款结余资金管理（暂行）规定》，中央部门在编制预算时，应根据结余资金清理情况统筹安排预算。

4. 将广电总局集中的广告收入等预算外收入逐步纳入预算。对实行收支脱钩管理的部门原先用预算外资金安排的支出，中央财政根据其履行职能的基本需要通过财政拨款予以保障。

2006 年

1. 完善定员定额管理体系，适当调整公安边防九总站等单位公用经费定额标准；将中国地震局下属部分单位纳入定员定额试点范围。

2. 将广电总局集中的中央电视台广告收入全部纳入预算管理，支出由财政部根据广电事业发展的需要在部门预算中统筹考虑。截至 2006 年底，国务院批准的收费项目 90% 以上已纳入预算管理，政府性基金则全部纳入预算管理。

3. 对"农业科技跨越计划"等 4 个支出项目进行绩效评价试点，并为这些项目规定了绩效评价经费的计提比例，稳步推进绩效评价试点工作。

2007 年

1. 加强资产管理，促进资产管理与预算管理有机结合。行政事业单位购置有规定配备标准的资产，必须报同级财政部门批准后列入单位年度部门预算。未经批准，不得列入部门预算，也不得安排经费。

2. 着手建立中央部门人员和资产数据库，实现资产、实物费用定额与支出定额之间的有效衔接。

3. 研究建立加强结余资金管理的激励机制。对结余资金规模大、管理不力、解决措施不到位的中央单位给予适当"负激励"。

4. 加大绩效评价力度。2007 年选择"农业生态环境保护"等 6 个项目进行绩效评价试点。

2008 年

1. 实行出国经费零增长政策，有效抑制出国经费膨胀。贯彻落实国务院第 9 次常务会议的要求，对中央国家机关公用经费统一压缩 5%。

2. 大力推进预算编制细化管理。要求各部门将 2008 年部门预算细化到基层预算单位，不得代编下级单位预算。

3. 将 40 家参公单位纳入定员定额试点范围，实行定员定额试点的范围已涵盖 97 家行政单位、34 家事业单位、40 家参公单位、开支"离退休人员管理机构"科目的行政单位离退休机构及武警部队 6 警种。将实物费用定额试点部门扩大到 25 家，试点方式也从"虚转"转成部分"实转"。

4. 建立项目清理的激励机制，鼓励中央部门加大对前三类项目的清理力度，实现项目滚动管理。

5. 向全国人大报送部门预算的数量由 2007 年的 40 个增加到 2008 年的 50 个。将教育、科学技术、社会保障和就业等 15 类关系民生的重点科目明细到 46 个款级科目。选择财政部、审计署等 11 个中央部门推行部门预算内部公开试点。

2009 年

1. 编制 2009 年预算时，对公务购车用车经费、会议费、公务接待费、出国费等支出，全部实行零增长。根据《中办国办关于党政机关厉行节约若干问题的通知》（中办发〔2009〕11 号）文件精神，预算执行中进一步压缩中央部门 2009 年"三公"经费。

2. 修订印发《中央部门预算管理工作规程》，建立了涵盖中央部门预算编制、中央本级支出预算指标管理、财政拨款结余资金管理等在内的中央部门预算管理工作规程。

3. 将 37 家参公单位和 31 家公益性事业单位纳入定员定额试点，2009 年基本支出定员定额试点范围扩大到 97 家行政单位、103 家事业单位、77 家参公单位和武警部队 6 警种，以及大部分行政单位离退休人员和离退休管理机构人员。研究开发中央部门人员信息数据库，组织部门进行了初步填报。

4. 印发《中央本级项目支出标准体系建设总体方案》和《中央本级项目支出定额标准管理暂行办法》，启动党政机关办公用房大中修定额标准等 12 项通用定额标准的制修订工作。根据项目属性将项目支出细分为大型会议和培训类等 13 类，并按新的分类方式进行了项目清理。

5. 在 2009 年部门预算表中新增"中央行政事业单位资产存量情况表""中央行政事业单位新增资产配置预算表"，对新增资产配置情况进行专项审核，初步建立了财政部内部资产配置事项审批的流程，形成了资产管理部门与预算管理部门协调配合的行政事业单位国有资产管理机制。

6. 主动扩大报送全国人大的部门预算范围，由 2008 年的 50 个部门增加到 95 个部门。

2010 年

1. 将 28 家参公单位、9 家公益性事业单位新增纳入定员定额试点范围，着手建立人员基础信息数据库，探索建立人员定额与实物定额相结合的定额标准体系。

2. 印发《中央本级项目支出定额标准管理部内规程》，明确了开展标准体系建设工作的部内分工和工作流程；启动了非棉纤维公证检验经费等12项专用定额标准以及城乡住户调查等58项部门内部标准的建设任务。

3. 印发《财政部关于将按预算外资金管理的收入纳入预算管理的通知》，明确规定自2011年1月1日起，除教育收费纳入财政专户管理外，将中央和地方预算外管理的非税收入全部纳入预算管理。

4. 印发《财政部关于进一步推进中央部门预算项目支出绩效评价试点工作的通知》，明确了绩效评价各方职责，规范了绩效评价工作程序，构建了包括项目绩效目标和项目绩效问题框架两部分的绩效评价内容体系。

5. 修订印发《中央部门财政拨款结转和结余资金管理办法》，强化结余资金管理，中央部门在预算执行中，原则上不得动用项目支出结余资金，全部统筹用于下年预算。

6. 报送全国人大审议的部门预算数量增加到98家。出台《财政部关于进一步做好预算信息公开工作的指导意见》，明确了由各中央部门负责本部门的预算、决算公开工作，原则上应将报送全国人大审议通过的部门预算中的收支预算总表和财政拨款支出预算表作为部门预算公开的最基本格式和内容先行公开。2010年报全国人大审议的98个中央部门中，有75个中央部门向社会公开了部门预算。

2011年

1. 预算执行中，按照国务院第148次常务会议精神，按2%的比例进一步压缩了相关部门公务用车购置及运行费。

2. 初步建立体现不同类型事业单位特点的分类分档定额标准体系；新增14家参公管理事业单位和34家公益性事业单位作为定员定额试点单位；颁布了中央行政单位通用办公设备配置标准和经费标准，部门内部标准体系建设加快推进。

3. 按照2011年全面取消预算外收入的总体部署，积极推进收支两条线改革，全面清理行政事业性收费等非税收入，预算外收入或纳入一般预算管理或纳入政府性基金管理。

4. 印发《财政支出绩效评价管理暂行办法》，首次批复了绩效评价试点项目的绩效目标。

5. 报送全国人大审议的中央财政预算中，教育、科学技术和农林水事务支出等重点支出进一步细化并公开到项级科目。中央部门公开本部门 2010 年"三公"经费决算数和 2011 年预算情况。

2012 年

1. 从 2012 年起，严格控制执行中"三公"经费预算调整，原则上执行中不再增加"三公"经费预算，对于部门确因特殊情况需要增加"三公"经费，一律报国务院批准后再行调整。

2. 从编制 2012 年部门预算起，中央行政单位基本支出全面实行人员定额和实物定额相结合的预算方式，并将在京行政机关本级在职人员津贴补贴支出也纳入其中。新制定在华举办国际会议费用开支标准 1 项通用定额标准和国家体育总局运动员保障经费标准等多项专用定额标准。

3. 2012 年，共确定 165 个中央一级单位的 378 个绩效评价试点项目，涉及资金 13796 亿元，比上年增加 136 个项目，增加 68 亿元，实现了"横向到边"和"两个提高"的要求。

4. 首次向社会公开 2010 年度部门决算，首次向社会公开中央本级"三公"经费和行政经费总额、各部门"三公"经费预决算情况，同时将中央部门预算公开报表由 2 张增加到 5 张。

2013 年

1. 推进定员定额与实物费用定额相结合的公用经费测算模式，并结合燃油价格、供暖价格提高等因素和部门实际支出情况，调整完善实物费用定额标准。

2. 推进项目支出定额标准体系建设，启动了会议费、外宾接待费等费用开支标准的制定工作。大力推进部门内部标准建设。

3. 稳步推进部门预算公开工作，部门预算公开的同时，同步公开了 2013 年"三公"经费预算、政府性基金收入预算，同时进一步将科学技术、文化体育与传媒 2 个类级科目细化到项级科目。

2014 年

1. 中央政治局审议通过《深化财税体制改革总体方案》，明确了包括预算管理制度改革在内的财税体制改革的时间表和路线图。

2. 全国人大常委会审查批准了修订后的《预算法》，从 2015 年 1 月 1 日起实施，为预算管理制度改革提供了法律保障。

3. 国务院印发了《关于深化预算管理制度改革的决定》，明确了预算管理制度改革的重点任务和工作要求。

4. 严格落实"约法三章"，一律不安排政府性楼堂馆所建设资金，规范和加强中央部门机构编制管理，严格实行"三公"经费零增长。加强内控制度建设和公务支出制度建设，完善相关支出标准，推进公务用车改革。

5. 研究制定中央本级支出三年滚动规划改革方案，提出了规划编制的基本原则、方式方法、工作安排和管理程序。

6. 加快推进项目支出定额标准体系建设，新制修订差旅费、会议费、培训费等 12 项通用定额标准。

7. 印发《财政部关于政府购买服务有关预算管理问题的通知》，明确了政府购买服务的资金来源、预算管理办法、执行监控、信息公开、绩效评价等具体要求。

8. 95 家中央部门预算报送全国人大审议，其中，4 家部门首次公开了部门预算，5 家部门首次公开了"三公"经费预算。除涉密内容外，中央部门预算全部公开到最底层的"项"级科目，所有财政拨款安排的"三公"经费都要详细公开。

2015 年

1. 印发《财政部关于推进中央部门中期财政规划管理的意见》，从编制 2016 年预算开始，对纳入中央部门预算的一般公共预算和政府性基金预算拨款收支实行中期财政规划管理。启动编制中央部门三年滚动规划（2016—2018 年支出规划），合理确定部门支出限额。

2. 印发《财政部关于加强和改进中央部门项目支出预算管理的通知》，中央部门预算项目实行分级管理，分为一级项目和二级项目两个层次，加强项目库建设和管理，积极推进预算评审和绩效管理。从 2016 年预算起，开始编制中央部门项目支出经济分类预算，具体到款级科目。

3. 印发《财政部关于盘活中央部门存量资金的通知》,对一般公共预算以及从 2015 年起由政府性基金预算转列一般公共预算的结转结余资金进行认真清理,统一收回清理确认的结余资金。

4. 印发《财政部关于加强中央部门预算评审工作的通知》,逐步建立健全预算评审机制,将预算评审工作实质性嵌入部门预算管理流程。

5. 印发《中央部门预算绩效目标管理办法》,进一步加强预算绩效管理,提高中央部门预算绩效目标管理的科学性、规范性和有效性。

6. 98 家中央部门预算报送全国人大审议,100 家中央部门公开了部门预算,公开的表格由上年的 6 张增加到 8 张,同时增加了机关运行经费、政府采购、国有资产占有使用、预算绩效等情况的说明;在上年已全部公开到支出功能分类项级科目的基础上,一般公共预算基本支出进一步公开到经济分类款级科目。

2016 年

1. 修订印发《中央部门结转和结余资金管理办法》,加强和规范中央部门一般公共预算和政府性基金预算结转结余资金管理,结转结余资金数以决算批复为准,结余资金按规定上缴国库,同时有效控制结转资金规模,强化考核并建立激励约束机制。

2. 强化基本支出预算管理,规范编制内增人。从 2016 年起,事业单位增加编制内人员需增加财政拨款基本支出的,要先向财政部申请预算,预算下达后方可增加人员。事业单位新增离退休人员的,要在报送年度部门预算时如实反映,财政部审核后增加离退休人员基本支出,相应减少在职人员基本支出。

3. 制定印发《财政部关于进一步做实中央部门预算项目库的意见》,推进项目库全面做实,细化规范项目内容,将项目划分为标准化管理项目和非标准化管理项目;扩大预算评审范围,2016 年各部门开展预算评审的项目支出数额占项目库中应评审项目支出总额的比例要达到 30% 以上,2017 年达到 50% 以上,2018 年达到 80%,2019 年实现 100% 覆盖;强化中央部门主体责任,建立项目管理考核机制。

4. 100 家中央部门预算报送全国人大审议,102 家中央部门公开了部门预算，报送人大数量和公开部门预算数量较上年均增加2家。

2017 年

1. 加强"三公"经费分类管理，对教学科研人员开展学术交流活动区别对待，合理保障工作需要。

2. 对会议费、培训费、宣传费、咨询费、软课题经费和涉企补助等支出进行了压减，并按不低于5%的幅度压减非刚性、非重点项目支出。

3. 加强机构编制管理与预算管理的相互衔接，建立事业单位编制内增人和新增机构编制评审制度。

4. 规范代编预算使用程序，执行中需要动用代编预算的，须报国务院批准后下达。

5. 2017年，组织部门对照2016年年初设定的项目绩效目标全面开展绩效自评，选取99家部门111个一级项目自评结果在部门决算草案中反映，推进落实部门绩效管理主体责任。

6. 公开部门预算的部门增加到105个。

2018 年

1. 构建项目动态评估清理机制，每年选择部分中长期支出政策或重大项目进行滚动评估，评估结果作为安排预算和调整支出政策的重要依据。

2. 2018年公开部门预算的部门为89个，部门公开表格达到8张，公开项目文本和绩效目标的重点项目由10个增加到36个，涉及的部门数量也由10个增加到36个。

3. 对43家划入公益一类的原经费自理事业单位，开展纳入财政保障范围的人员预算支出评审，明确涉及各单位公益性职能及所需人数，避免中央财政对非公益性活动被动买单。

4. 确立绩效目标与预算同步申报、同步审核、同步批复机制。2018年，绩效目标管理已覆盖所有中央部门的本级项目、中央对地方专项转移支付，以及大部分中央政府性基金和国有资本经营预算项目。

5. 2017年，组织所有中央部门对2016年本级项目预算执行情况和绩效目标实现情况开展绩效自评，2018年绩效自评范围将扩大到中央对地方专项转移支付。

2019 年

1. 不折不扣落实过紧日子有关要求，除刚性和重点项目外，中央部门其他项目支出平均压减幅度达到 10%，持续强化"三公"经费管理。

2. 2019 年公开部门预算的部门为 102 个，公开部门数比 2018 年增加了 13 家，集中公开时间比 2018 年提前了 11 天。同时，有 47 个部门公开了 50 个重点项目的文本和绩效情况，有 88 个部门在公开预算时专门说明了非重点、非刚性支出压减情况。

3. 进一步扩大定员定额管理范围，将 48 家行政单位、107 家公益一类事业单位新增纳入定额管理，适当提高公益一类事业单位财政保障水平。

4. 研究制定了《关于进一步做好中央本级支出标准体系建设工作的通知》，明确了总体思路、基本原则、重点工作和有关要求。

5. 扩大绩效目标管理范围，2019 年批复预算时将绩效目标管理范围扩展至全部中央预算单位，强化资金使用单位的绩效责任。选择 31 个重点民生政策和重大项目开展绩效评价、4 家中央部门开展部门整体支出绩效评价试点。将 265 个项目绩效自评结果和 20 份重点绩效评价报告提交全国人大常委会，稳步推动绩效信息向社会公开。

2020 年

1. 全力保障党中央、国务院决策部署落实落地，切实保障部门疫情防控经费，推动清理拖欠民营企业中小企业账款工作。

2. 中央部门带头真正过紧日子，坚决压减一般性支出，2020 年中央本级支出安排负增长，大幅压减"三公"经费预算。制定印发《关于贯彻落实政府过紧日子要求 进一步严格财政支出管理的通知》，并按季对中央部门落实过紧日子要求的情况进行评估。

3. 进一步强化定员定额管理，将海关系统等 583 家行政单位、47 家参公单位和 35 家公益一类事业单位新增纳入定额管理。

4. 督促部门严格清理并交回存量资金，统筹用于疫情防控、保障重点支出。

5. 积极推进预算和绩效管理相融合，加快分行业、分领域核心绩效指标和标准体系建设，制定印发《中央部门预算绩效运行监控管理暂行办法》，对预算执行情况和绩效目标实现程度进行"双监控"。

6. 项目公开力度进一步加大，公开项目文本 83 个，比上年增加 33 个；公开绩效目标 109 个，是上年的 2 倍多。

2021 年

1. 积极配合人大开展预决算审查。不断完善部门预决算草案，落实预算法实施条例有关要求，2021 年首次将国有资本经营预算纳入部门预算草案，并将 100 个项目纳入预算草案。

2. 切实做好部门预算公开，2021 年 102 家部门公开了预算，对落实过紧日子要求压减支出等情况进行重点说明。公开项目文本 104 个，比上年增加 21 个。公开项目绩效目标 128 个，比上面增加 19 个。10 家部门首次公开了国有资本经营预算。

3. 为落实《预算法》及其实施条例有关规定，规范管理、提高效率、挖掘潜力、释放活力，国务院出台《国务院关于进一步深化预算管理制度改革的意见》。

2022 年

1. 中央本级部门支出连续 4 年作了较大幅度压减，2022 年结合审计、绩效等情况继续严格压减支出，还压减了部分重点项目和政策性补贴。

2. 在试点的基础上，全面推广实施中央预算一体化。所有中央部门将全面应用中央预算管理一体化系统开展 2023 年预算编制工作，部门预算执行业务将从 2022 年年中开始分批推进上线实施。

3. 持续推进部门预算公开。2022 年 102 个中央部门（单位）公开部门预算，公开预算的部门数与上年持平。102 个部门全部说明了贯彻落实过紧日子要求压减支出等情况，有 82 个部门公开了 131 个项目的项目文本，比上年增加 27 个项目；有 100 个部门公开了 727 个项目的绩效目标，比上年增加 599 个项目。

4. 完善绩效考核内容。2022 年财政部出台了中央部门预算管理绩效考核办法，将重大政策落实、预算编制、预算执行、绩效管理、资产管理、预算透明度、预算管理一体化建设等全面纳入考核范围，更加侧重预算管理实绩和资金使用总体效果。

附录二

财政部关于编制中央部门 2023—2025 年支出规划和 2023 年部门预算的通知

（2022 年 6 月 15 日　财预〔2022〕93 号）

党中央有关部门，国务院各部委、各直属机构，中央军委后勤保障部，全国人大常委会办公厅，全国政协办公厅，最高人民法院，最高人民检察院，各民主党派中央，有关人民团体，各中央管理企业，其他中央预算单位：

按照《中华人民共和国预算法》及其实施条例、《中共中央 国务院关于全面实施预算绩效管理的意见》《国务院关于进一步深化预算管理制度改革的意见》（国发〔2021〕5 号）和《国务院关于实行中期财政规划管理的意见》（国发〔2015〕3 号）等有关规定，现就编制中央部门 2023—2025 年支出规划和 2023 年部门预算通知如下：

一、总体要求

以习近平新时代中国特色社会主义思想为指导，深入贯彻党的十九大和十九届历次全会及中央经济工作会议精神，坚决落实党中央、国务院重大决策部署，统筹财政资源，优化支出结构，做好重点支出分类保障，继续坚持政府过紧日子，勤俭节约办一切事业，严控一般性支出；以信息化推进预算管理现代化，全面应用预算管理一体化系统，依托信息化手段，深化预算绩效管理，加强项目全生命周期管理，加快支出标准体系建设，强化财会监督，加强预算监管，促使部门预算管理标准科学、规范透明、约束有力。

二、预算管理和改革重点任务

（一）强化落实党和国家重大政策的保障能力。将落实党中央、国务院重大决策部署作为预算安排的首要任务，积极支持部门实施国家重大战略任务、国家发展规划和执行中央交办任务。除保障国防武警、国债发行付息、储备等支出外，优先保障工资、社保等刚性支出和科技、教育等重点领域，合理保障部门正常履职运转的必需支出。优化国有资本经营预算支出结构，资本金注入继续向重要行业、关键领域和新兴产业集中，合理安排费用性补助支出。

（二）继续坚持政府过紧日子。中央部门带头严格支出管理，按季度评估部门落实过紧日子情况，将评估结果应用于预算安排。建立节约型财政保障机制，细化分析公务运行成本，严控一般性支出。加强预算安排与资产配置衔接，扩大资产共享共用范围，减少资产闲置浪费，严控楼堂馆所建设。全面规范"三公"经费管理，严格控制财政拨款"三公"经费预算，非财政拨款"三公"经费由各部门按规定从严控制并报送财政部。

（三）进一步加强部门预算资源统筹。部门预算草案从主要反映当年财政拨款转向反映部门全口径收支（含结转资金），更好体现部门统筹各类资金保障重点支出的情况。部门取得收入全部列入预算，规范编报按规定取得的非本级财政补助收入，将定向国外无偿援助资金纳入部门预算，并明确到具体支出项目。统筹协调财政拨款和非财政拨款，整合优化项目支出资金渠道。强化结转结余资金与当年预算安排挂钩机制，优先消化结转结余资金，并相应减少当年财政资金安排。部门内部可通过上级单位在事业单位之间调剂非财政拨款资金，并列入预算。

（四）加强项目全生命周期管理。预算支出全部纳入预算项目库，分为人员类项目、运转类项目和特定目标类项目。以实施一体化为抓手，将立项入库、申报预算、实施执行、滚动管理、结束终止等各个环节串联起来。部门要提前谋划项目，按规定完成可行性论证、制定实施计划、预算评审等前期工作，确定项目实施周期、支出标准、支出总额和绩效目标等，逐级申报纳入预算项目库并进行排序，未入库不得申报预算。完善项目分年度预算安排机制，根据实施计划确定分年支出计划。

（五）推进支出标准体系建设。健全基本支出标准体系，行政、参照公务员法管理事业单位和公益一类事业单位全部纳入定员定额管理范围，完善公益一类事业单位财政补助标准，推进实施公益二类事业单位政府购买服务改革。加快项目支出标准建设，推进项目标准化管理，在2022年年底前完成支出标准覆盖本部门专项业务费项目超过40%的基础上，2023年年底前专项业务费项目和重大延续性项目原则上全部制定支出标准或管理办法。依托一体化系统建立支出标准库，部门支出标准应在相关文件印发后10日内报财政部备案并维护进入支出标准库，标准修订或废止的，参照新标准办理。加强支出标准应用，将支出标准作为预算编制的基本依据。

（六）深化预算绩效管理。认真落实绩效管理主体责任，将绩效理念和方法深度融入预算编制、执行、监督全过程，构建事前事中事后绩效管理闭环系统，推动预算和绩效管理一体化。按要求对新出台重大政策、项目开展事前绩效评估，重点论证立项必要性、投入经济性、绩效目标合理性、实施方案可行性等，评估结果作为申请预算的必备要件。加快分行业、分领域、分层次核心绩效指标和标准体系建设，建立健全绩效指标库，加强绩效指标入库审核，统一规范绩效指标设置。严格绩效目标管理，按照"高度关联、重点突出、量化易评"的原则，合理设置绩效指标，突出项目核心产出和效果，科学设定绩效指标值，未按要求设定绩效目标或审核未通过的，不得安排预算。加强部门评价和单位自评，客观反映绩效目标实现结果，提高评价质量。加强绩效结果应用，将绩效结果与改进管理、完善政策、调整预算安排有机衔接，对实施效果不明显、发现问题较为突出的项目和单位，不安排或少安排预算，削减或取消低效无效资金。持续推进绩效信息公开，扩大绩效目标、绩效评价结果公开范围。

（七）严肃财经纪律、硬化预算约束。落实部门和单位预算管理主体责任，部门和单位对预算完整性、规范性、真实性以及执行结果负责。严格执行财经法律法规和管理规定，坚持先有预算、后有支出，严禁无预算、超预算安排支出，严禁突击花钱，及时纠正预算管理中的违法违规行为。认真落实人大预算审查监督要求，切实整改巡视、审计、预算执行监控、预算监管等发现的问题，强化发现问题与预算安排挂钩机制，对于屡审屡犯和存在问题突出的，进一步加大惩戒力度。加强预算评审和监管结果运用，对财政预算评审整体审减率较高的部门，适当压减下年预算。严格按经济分类、政府采购品目和具体采购项目编制政府采购预算，落实面向中小企业预留采购份额等政策要求。

三、全面应用中央预算管理一体化系统

实施预算管理一体化是全面深化预算管理制度改革的核心内容，有利于各部门加强预算管理，全面掌握所属单位预算编制、预算执行和会计核算等信息，更好统筹部门预算资源，有效监控部门预算执行，提高预算管理的规范化、科学化、标准化水平。按照《国务院关于进一步深化预算管理制度改革的意见》（国发〔2021〕5号），加快推进中央预算管理一体化系统（以下简称一体化系统）建设，2023年中央部门预算编制和执行等业务全面应用一体化系统开展。

各部门应认真学习预算管理一体化管理和改革要求，研究完善部门内部预算管理流程，按规定联网登录一体化系统办理业务，组织做好一体化系统操作培训。各部门应在一体化系统中准确填报单位名称、单位类型、机构编制等单位信息和在职、离休、退休等人员信息，动态更新维护支出标准库和绩效指标库，完整反映行政事业单位存量资产情况。各部门应做好内部网络和硬件运维保障，优化用户及权限设置，严格执行保密规定，确保一体化系统安全稳定和预算编制有序开展。

四、编制流程

中央部门按照"二上二下"程序，编制一般公共预算、政府性基金预算、国有资本经营预算拨款及其他收支的2023年预算，并编制一般公共预算和政府性基金预算拨款2023—2025年支出规划。具体要求见附件。

五、时间安排

（一）2022年8月1日前，中央部门通过一体化系统申报新增项目和调整现有项目，并函告财政部。

（二）2022年9月15日前，中央部门将支出规划和年初预算建议等材料报财政部。

（三）2022年12月26日前，中央部门根据财政部下达的控制数和管理要求，编制2023—2025年支出规划和2023年部门预算草案，报财政部。

附件：1. 中央部门2023—2025年支出规划和2023年预算编制流程
　　　2. 中央部门2023—2025年支出规划表（略）
　　　3. 中央部门2023年预算表（略）
　　　4. 中央部门2023年预算附表（略）
　　　5. 中央部门2023—2025年支出规划建议编写格式（略）

附件1：

中央部门2023—2025年支出规划和2023年预算编制流程

一、编制范围和流程

（一）编制范围。机关事业单位将一般公共预算拨款、政府性基金预算拨款、国有资本经营预算拨款、财政专户管理资金以及事业收入、事业单位经营收入等单位资金的收支情况列入2023年部门预算，中央企业将财政拨款收支列入部门预算。各单位同时编制2023—2025年一般公共预算拨款、政府性基金预算拨款三年支出规划。

（二）编制流程。部门预算按照"二上二下"程序编制。主要任务包括：开展项目储备、编制"一上"支出规划和年度预算建议、编制"二上"支出规划和年度预算草案。

二、项目储备入库

（一）提前谋划项目。中央部门组织所属单位根据履行职能和事业发展需要，提前谋划项目，开展可行性论证、制定实施计划等前期工作。对新出台重大政策、项目开展事前绩效评估。新增项目应当有充分依据，体现中央本级支出责任，不得安排对地方的补助支出。涉及资产运行维护、信息化运行维护的运转类项目，应当有对应大型公用设施、大型专用设备、专业信息系统等资产作为立项依据。

（二）完善二级项目编报。

1. 根据支出性质和用途，明确项目使用的支出功能分类项级科目，严格控制使用款级、项级科目中的其他支出科目；合理确定所属一级项目，使用定向国外无偿援助资金安排的项目统一编列至"定向国外援款"通用一级项目下。

2. 测算支出总额，全口径反映项目支出需求，其中，人员类项目和公用经费项目根据人员、编制、资产等基础信息和对应支出标准测算；其他运转类项目根据大型公用设施等资产情况和对应支出标准测算；特定目标类项目根据工作内容、任务量等和对应支出标准测算，集中反映不同资金来源情况，同一事项不分割为多个项目。

3. 确定实施周期，人员类项目、运转类项目与机构存续期及资产使用期限一致，暂按1年编报；特定目标类项目的实施周期由各单位根据项目实际情况合理确定，并据此提出分年支出计划。

4. 设定项目实施期总体绩效目标，描述最终期望达到的效果，突出项目核心产出和效果，合理设定绩效指标值。绩效指标应细化量化、规范合理，充分体现项目核心产出和效益。未按要求设定绩效目标的项目不得入库。

（三）开展部门评审。各部门应按规定开展项目评审，将评审结果作为项目入库、申报预算和改进管理的重要依据。人员类项目、公用经费项目、支出总额小于100万元的项目和按照法定标准测算的项目不需开展评审，其他项目入库前需要通过部门评审。评审要对立项依据、实施方案、支出总额、分年计划、绩效目标等提出具体意见，并根据评审意见完善项目编报。

（四）开展事前绩效评估。各部门和单位在申报入库项目时，对于新申请入库且财政资金需求超一定规模的项目需要开展事前绩效评估，评估结果作为申请预算的必备要件。事前绩效评估主要从立项必要性、投入经济性、绩效目标合理性、实施方案可行性、筹资合规性等方面对项目相关情况进行详细评估分析。

（五）项目审核入库。人员类项目、公用经费项目由单位审核后入库。对于其他运转类项目和特定目标类项目，不申报财政拨款资金的，由部门审核后入库；申报财政拨款资金（含横向项目）的，由部门报送财政部审核通过后入库。"一上"预算之后，确有特殊情况和政策依据需要申报项目入库的，最迟在 2022 年 10 月 31 日之前完成入库。

三、部门编制"一上"支出规划和年度预算建议

（一）报送基础信息。部门应当根据机构隶属关系、机构改革等情况调整预算单位设置，按程序来函申请新增、撤销或变更单位信息。做好基础信息维护，通过基础信息汇总提取各单位 2022 年 8 月底人员编制数、实有人数和资产情况，较上年有较大变化的，应说明原因并提供证明文件。

（二）细化项目信息。启动编制 2023 年预算时，首先需要对已储备入库且拟纳入当年预算的项目进行细化，明确资金来源、支出经济分类、资产配置、政府采购、政府购买服务等项目信息。对于延续性项目，应当准确预计上年结转资金，结转下年按原用途继续使用。机动经费项目暂按上年情况编报，统一列部门本级。

（三）提出三年支出规划建议。部门根据轻重缓急和项目排序情况，从项目库中选取拟申报财政拨款资金的非横向项目，汇总提出三年支出规划建议。2023 年项目支出规划建议原则上不超过上年支出规划，一级项目规划数较上年有变化的，以及跨支出功能类级科目调整的，应当作出说明。对于因党中央、国务院新批准重要改革、重大政策等确需增加支出规划的，应当单独提出申请并提供文件依据和详细说明。相关业务主管部门管理的项目支出（如发展改革委、国防科工局安排的基本建设项目等），由业务主管部门负责编制支出规划建议。

（四）编制支出预算建议。

1. 基本支出预算编制。从项目库中选取人员类项目、公用经费项目分别形成人员经费预算建议和公用经费预算建议。认真做好养老保险和医疗保险单位缴费补助支出测算。

科学编制住房改革支出预算，住房公积金、提租补贴和购房补贴预算应当分别编制，专款专用，原则上不得相互调剂。优先消化住房改革支出财政拨款结转资金，统筹考虑其他资金，减少申请财政拨款资金。应当优先将预计2022年末公房出售收入扣除应计提住宅专项维修资金后余额的20%用于发放购房补贴，不足的部分再申请动用其他资金和财政拨款资金。各部门要加强对单位公房出售收入发放购房补贴的审核，切实加大动用公房出售收入发放购房补贴的力度，达不到规定比例的部门应当说明情况。

2. 项目支出预算编制。从项目库中选取其他运转类项目和特定目标类项目形成项目支出预算建议。部门经营往来支出情况通过选取上缴上级支出项目、事业单位经营支出项目和对附属单位补助支出项目单独反映。

（五）编制收入预算建议。部门预算收入包括财政拨款收入、财政专户管理资金收入和单位资金收入，其中单位资金收入包括事业收入、上级补助收入、附属单位上缴收入、事业单位经营收入及其他收入。部门应根据经济形势、事业计划、经营状况等增收减收因素，合理预计当年收入和上年结转结余情况，除财政拨款结余资金按规定交回财政外，其他全部纳入预算，做到收支平衡。财政部及财政部代表国家接受的定向国外无偿援助资金纳入一般公共预算收入，通过财政拨款列入相关部门预算；其他部门接受的定向国外无偿援助资金列入部门的单位资金收入。

（六）其他编报事项。

1. 部门预算支出涉及新增资产配置的，应编制新增资产配置预算。使用"309资本性支出（基本建设）""310资本性支出""31101资本金注入""31201资本金注入"和"31203政府投资基金股权投资"等经济分类科目的，原则上应当形成资产。

2. 编制"三公"经费支出。部门要认真编报年度"三公"经费预算，严格按照有关规定和支出经济分类口径编列。财政拨款"三公"经费支出纳入财政限额管理，原则上只减不增；非财政拨款"三公"经费支出由各部门履行管理主体责任，做好内部审核，从严控制规模。

3. 部门要积极支持并督促属地中央预算单位配合财政部各地监管局开展部门预算监管工作。纳入监管局监管范围的中央二级及以下预算单位，应按要求和规定时限将2023年"一上"预算申报材料逐级汇总后报送当地监管局备查，并提供预算编制有关政策依据、证明文件等。

4. 部门要认真填报部门职能、机构设置、资产配置、人员编制等情况及说明，按照规定格式编写支出规划建议，说明项目排序、绩效评价结果运用、项目支出标准建设、非财政拨款收支等情况。按照保密规定标注文件和数据的密级。

四、核定三年支出规划和年度预算控制数

中央财政综合平衡后，核定下达部门2023—2025年支出规划控制数和2023年财政拨款"一下"控制数。基本支出控制数一般明确到支出功能分类项级科目或具体项目，项目支出控制数根据管理需要明确到一级项目或二级项目。

五、部门编制"二上"支出规划和年度预算草案

（一）细化分解控制数。部门将财政部下达的控制数细化分解到具体单位和具体项目。在一级项目控制数规模内，部门可调整二级项目支出计划或增减替换二级项目，增加的项目应当是已入库项目。部门如需调整一级项目、据实结算项目、机动经费项目及财政已明确的二级项目控制数，应当商财政部同意。

（二）编制"二上"支出规划。部门根据控制数分解情况，从项目库中选取非横向财政拨款资金项目，编制形成"二上"三年支出规划。

（三）编制年度预算草案。一是调整完善收入预算，财政拨款收入应当与财政部下达的预算控制数一致，财政专户管理资金、单位资金等各项收入结合最新情况进行必要调整，按规定全部纳入预算。二是根据财政部下达的预算控制数和预计收入情况，完善相关项目信息，明确项目结转金额、当年预算安排及资金来源，重新编制支出预算，做到收支平衡。根据预算安排等情况进一步调整完善绩效目标。

（四）编制政府采购预算。部门预算支出凡涉及政府采购的，严格按经济分类、政府采购品目和具体采购项目编制政府采购预算。政府采购预算直接控制政府采购计划和合同执行，需准确编制政府采购预算。政府采购预算编制应与新增资产配置预算保持衔接，列明拟采购设备的名称、数量和预算金额。部门应按照《政府采购促进中小企业发展管理办法》（财库〔2020〕46号）规定面向中小微企业预留一定份额政府采购预算。

六、国有资本经营预算编报工作

（一）国有资本经营预算安排重点。一是支持中央企业提高自主创新能力，加快实现科技自立自强。支持国有资本加大污染防治投入，推动如期实现碳达峰碳中和目标。二是推动中央企业落实"一带一路"倡议，深化对外经济合作。支持保产业链供应链稳定，推动畅通经济循环。服务保障国家粮食、能源安全。支持北京非首都功能疏解工作。三是推动加快国有经济布局优化和结构调整，向关系国家安全、国民经济命脉的重要行业集中，向提供公共服务、应急能力建设和公益性等关系国计民生的重要行业集中，向前瞻性战略性新兴产业集中。四是支持做好解决历史遗留问题工作，推动加快剥离国有企业办社会职能，支持"三供一业"分离移交、国有企业退休人员社会化管理等工作。五是支持文化等领域重大改革发展事项，推进文化领域供给侧结构性改革。深化高校所属企业体制改革，促进科研成果转化。六是加强与一般公共预算统筹衔接，安排资金调入一般公共预算，统筹用于保障和改善民生。

（二）相关编制要求。一是中央企业应根据上述支出重点，结合企业发展战略、改革进展、绩效管理等情况，编制国有资本经营预算支出计划，合理设置支出绩效目标，规范撰写编报说明，详细说明支出测算过程和政策依据。中央金融企业国有资本经营预算管理另有规定的，按有关规定执行。二是中央部门审核其监管（所属）中央企业报送的支出计划，考察论证支出计划合规性、可行性和绩效目标合理性、规范性，确保项目真实、数据准确、绩效目标科学合理；参考历史资金安排和绩效情况，加强绩效评价结果应用。

附录三

中华人民共和国预算法

(2018 年 12 月 29 日修正)

第一章 总则

第一条 为了规范政府收支行为，强化预算约束，加强对预算的管理和监督，建立健全全面规范、公开透明的预算制度，保障经济社会的健康发展，根据宪法，制定本法。

第二条 预算、决算的编制、审查、批准、监督，以及预算的执行和调整，依照本法规定执行。

第三条 国家实行一级政府一级预算，设立中央，省、自治区、直辖市，设区的市、自治州，县、自治县、不设区的市、市辖区，乡、民族乡、镇五级预算。

全国预算由中央预算和地方预算组成。地方预算由各省、自治区、直辖市总预算组成。

地方各级总预算由本级预算和汇总的下一级总预算组成；下一级只有本级预算的，下一级总预算即指下一级的本级预算。没有下一级预算的，总预算即指本级预算。

第四条 预算由预算收入和预算支出组成。

政府的全部收入和支出都应当纳入预算。

第五条 预算包括一般公共预算、政府性基金预算、国有资本经营预算、社会保险基金预算。

一般公共预算、政府性基金预算、国有资本经营预算、社会保险基金预算应当保持完整、独立。政府性基金预算、国有资本经营预算、社会保险基金预算应当与一般公共预算相衔接。

第六条 一般公共预算是对以税收为主体的财政收入，安排用于保障和改善民生、推动经济社会发展、维护国家安全、维持国家机构正常运转等方面的收支预算。

中央一般公共预算包括中央各部门（含直属单位，下同）的预算和中央对地方的税收返还、转移支付预算。

中央一般公共预算收入包括中央本级收入和地方向中央的上解收入。中央一般公共预算支出包括中央本级支出、中央对地方的税收返还和转移支付。

第七条 地方各级一般公共预算包括本级各部门（含直属单位，下同）的预算和税收返还、转移支付预算。

地方各级一般公共预算收入包括地方本级收入、上级政府对本级政府的税收返还和转移支付、下级政府的上解收入。地方各级一般公共预算支出包括地方本级支出、对上级政府的上解支出、对下级政府的税收返还和转移支付。

第八条 各部门预算由本部门及其所属各单位预算组成。

第九条 政府性基金预算是对依照法律、行政法规的规定在一定期限内向特定对象征收、收取或者以其他方式筹集的资金，专项用于特定公共事业发展的收支预算。

政府性基金预算应当根据基金项目收入情况和实际支出需要，按基金项目编制，做到以收定支。

第十条 国有资本经营预算是对国有资本收益作出支出安排的收支预算。

国有资本经营预算应当按照收支平衡的原则编制，不列赤字，并安排资金调入一般公共预算。

第十一条 社会保险基金预算是对社会保险缴款、一般公共预算安排和其他方式筹集的资金，专项用于社会保险的收支预算。

社会保险基金预算应当按照统筹层次和社会保险项目分别编制，做到收支平衡。

第十二条 各级预算应当遵循统筹兼顾、勤俭节约、量力而行、讲求绩效和收支平衡的原则。

各级政府应当建立跨年度预算平衡机制。

第十三条 经人民代表大会批准的预算，非经法定程序，不得调整。

各级政府、各部门、各单位的支出必须以经批准的预算为依据，未列入预算的不得支出。

第十四条　经本级人民代表大会或者本级人民代表大会常务委员会批准的预算、预算调整、决算、预算执行情况的报告及报表，应当在批准后二十日内由本级政府财政部门向社会公开，并对本级政府财政转移支付安排、执行的情况以及举借债务的情况等重要事项作出说明。

经本级政府财政部门批复的部门预算、决算及报表，应当在批复后二十日内由各部门向社会公开，并对部门预算、决算中机关运行经费的安排、使用情况等重要事项作出说明。

各级政府、各部门、各单位应当将政府采购的情况及时向社会公开。

本条前三款规定的公开事项，涉及国家秘密的除外。

第十五条　国家实行中央和地方分税制。

第十六条　国家实行财政转移支付制度。财政转移支付应当规范、公平、公开，以推进地区间基本公共服务均等化为主要目标。

财政转移支付包括中央对地方的转移支付和地方上级政府对下级政府的转移支付，以为均衡地区间基本财力、由下级政府统筹安排使用的一般性转移支付为主体。

按照法律、行政法规和国务院的规定可以设立专项转移支付，用于办理特定事项。建立健全专项转移支付定期评估和退出机制。市场竞争机制能够有效调节的事项不得设立专项转移支付。

上级政府在安排专项转移支付时，不得要求下级政府承担配套资金。但是，按照国务院的规定应当由上下级政府共同承担的事项除外。

第十七条　各级预算的编制、执行应当建立健全相互制约、相互协调的机制。

第十八条　预算年度自公历一月一日起，至十二月三十一日止。

第十九条　预算收入和预算支出以人民币元为计算单位。

第二章　预算管理职权

第二十条　全国人民代表大会审查中央和地方预算草案及中央和地方预算执行情况的报告；批准中央预算和中央预算执行情况的报告；改变或

者撤销全国人民代表大会常务委员会关于预算、决算的不适当的决议。

全国人民代表大会常务委员会监督中央和地方预算的执行；审查和批准中央预算的调整方案；审查和批准中央决算；撤销国务院制定的同宪法、法律相抵触的关于预算、决算的行政法规、决定和命令；撤销省、自治区、直辖市人民代表大会及其常务委员会制定的同宪法、法律和行政法规相抵触的关于预算、决算的地方性法规和决议。

第二十一条　县级以上地方各级人民代表大会审查本级总预算草案及本级总预算执行情况的报告；批准本级预算和本级预算执行情况的报告；改变或者撤销本级人民代表大会常务委员会关于预算、决算的不适当的决议；撤销本级政府关于预算、决算的不适当的决定和命令。

县级以上地方各级人民代表大会常务委员会监督本级总预算的执行；审查和批准本级预算的调整方案；审查和批准本级决算；撤销本级政府和下一级人民代表大会及其常务委员会关于预算、决算的不适当的决定、命令和决议。

乡、民族乡、镇的人民代表大会审查和批准本级预算和本级预算执行情况的报告；监督本级预算的执行；审查和批准本级预算的调整方案；审查和批准本级决算；撤销本级政府关于预算、决算的不适当的决定和命令。

第二十二条　全国人民代表大会财政经济委员会对中央预算草案初步方案及上一年预算执行情况、中央预算调整初步方案和中央决算草案进行初步审查，提出初步审查意见。

省、自治区、直辖市人民代表大会有关专门委员会对本级预算草案初步方案及上一年预算执行情况、本级预算调整初步方案和本级决算草案进行初步审查，提出初步审查意见。

设区的市、自治州人民代表大会有关专门委员会对本级预算草案初步方案及上一年预算执行情况、本级预算调整初步方案和本级决算草案进行初步审查，提出初步审查意见，未设立专门委员会的，由本级人民代表大会常务委员会有关工作机构研究提出意见。

县、自治县、不设区的市、市辖区人民代表大会常务委员会对本级预算草案初步方案及上一年预算执行情况进行初步审查，提出初步审查意见。县、自治县、不设区的市、市辖区人民代表大会常务委员会有关工作机构对本级预算调整初步方案和本级决算草案研究提出意见。

设区的市、自治州以上各级人民代表大会有关专门委员会进行初步审查、常务委员会有关工作机构研究提出意见时，应当邀请本级人民代表大会代表参加。

对依照本条第一款至第四款规定提出的意见，本级政府财政部门应当将处理情况及时反馈。

依照本条第一款至第四款规定提出的意见以及本级政府财政部门反馈的处理情况报告，应当印发本级人民代表大会代表。

全国人民代表大会常务委员会和省、自治区、直辖市、设区的市、自治州人民代表大会常务委员会有关工作机构，依照本级人民代表大会常务委员会的决定，协助本级人民代表大会财政经济委员会或者有关专门委员会承担审查预算草案、预算调整方案、决算草案和监督预算执行等方面的具体工作。

第二十三条 国务院编制中央预算、决算草案；向全国人民代表大会作关于中央和地方预算草案的报告；将省、自治区、直辖市政府报送备案的预算汇总后报全国人民代表大会常务委员会备案；组织中央和地方预算的执行；决定中央预算预备费的动用；编制中央预算调整方案；监督中央各部门和地方政府的预算执行；改变或者撤销中央各部门和地方政府关于预算、决算的不适当的决定、命令；向全国人民代表大会、全国人民代表大会常务委员会报告中央和地方预算的执行情况。

第二十四条 县级以上地方各级政府编制本级预算、决算草案；向本级人民代表大会作关于本级总预算草案的报告；将下一级政府报送备案的预算汇总后报本级人民代表大会常务委员会备案；组织本级总预算的执行；决定本级预算预备费的动用；编制本级预算的调整方案；监督本级各部门和下级政府的预算执行；改变或者撤销本级各部门和下级政府关于预算、决算的不适当的决定、命令；向本级人民代表大会、本级人民代表大会常务委员会报告本级总预算的执行情况。

乡、民族乡、镇政府编制本级预算、决算草案；向本级人民代表大会作关于本级预算草案的报告；组织本级预算的执行；决定本级预算预备费的动用；编制本级预算的调整方案；向本级人民代表大会报告本级预算的执行情况。

经省、自治区、直辖市政府批准，乡、民族乡、镇本级预算草案、预算调整方案、决算草案，可以由上一级政府代编，并依照本法第二十一条的规定报乡、民族乡、镇的人民代表大会审查和批准。

第二十五条　国务院财政部门具体编制中央预算、决算草案；具体组织中央和地方预算的执行；提出中央预算预备费动用方案；具体编制中央预算的调整方案；定期向国务院报告中央和地方预算的执行情况。

地方各级政府财政部门具体编制本级预算、决算草案；具体组织本级总预算的执行；提出本级预算预备费动用方案；具体编制本级预算的调整方案；定期向本级政府和上一级政府财政部门报告本级总预算的执行情况。

第二十六条　各部门编制本部门预算、决算草案；组织和监督本部门预算的执行；定期向本级政府财政部门报告预算的执行情况。

各单位编制本单位预算、决算草案；按照国家规定上缴预算收入，安排预算支出，并接受国家有关部门的监督。

第三章　预算收支范围

第二十七条　一般公共预算收入包括各项税收收入、行政事业性收费收入、国有资源（资产）有偿使用收入、转移性收入和其他收入。

一般公共预算支出按照其功能分类，包括一般公共服务支出，外交、公共安全、国防支出，农业、环境保护支出，教育、科技、文化、卫生、体育支出，社会保障及就业支出和其他支出。

一般公共预算支出按照其经济性质分类，包括工资福利支出、商品和服务支出、资本性支出和其他支出。

第二十八条　政府性基金预算、国有资本经营预算和社会保险基金预算的收支范围，按照法律、行政法规和国务院的规定执行。

第二十九条　中央预算与地方预算有关收入和支出项目的划分、地方向中央上解收入、中央对地方税收返还或者转移支付的具体办法，由国务院规定，报全国人民代表大会常务委员会备案。

第三十条　上级政府不得在预算之外调用下级政府预算的资金。下级政府不得挤占或者截留属于上级政府预算的资金。

第四章 预算编制

第三十一条 国务院应当及时下达关于编制下一年预算草案的通知。编制预算草案的具体事项由国务院财政部门部署。

各级政府、各部门、各单位应当按照国务院规定的时间编制预算草案。

第三十二条 各级预算应当根据年度经济社会发展目标、国家宏观调控总体要求和跨年度预算平衡的需要，参考上一年预算执行情况、有关支出绩效评价结果和本年度收支预测，按照规定程序征求各方面意见后，进行编制。

各级政府依据法定权限作出决定或者制定行政措施，凡涉及增加或者减少财政收入或者支出的，应当在预算批准前提出并在预算草案中作出相应安排。

各部门、各单位应当按照国务院财政部门制定的政府收支分类科目、预算支出标准和要求，以及绩效目标管理等预算编制规定，根据其依法履行职能和事业发展的需要以及存量资产情况，编制本部门、本单位预算草案。

前款所称政府收支分类科目，收入分为类、款、项、目；支出按其功能分类分为类、款、项，按其经济性质分类分为类、款。

第三十三条 省、自治区、直辖市政府应当按照国务院规定的时间，将本级总预算草案报国务院审核汇总。

第三十四条 中央一般公共预算中必需的部分资金，可以通过举借国内和国外债务等方式筹措，举借债务应当控制适当的规模，保持合理的结构。

对中央一般公共预算中举借的债务实行余额管理，余额的规模不得超过全国人民代表大会批准的限额。

国务院财政部门具体负责对中央政府债务的统一管理。

第三十五条 地方各级预算按照量入为出、收支平衡的原则编制，除本法另有规定外，不列赤字。

经国务院批准的省、自治区、直辖市的预算中必需的建设投资的部分资金，可以在国务院确定的限额内，通过发行地方政府债券举借债务的方式筹措。举借债务的规模，由国务院报全国人民代表大会或者全国人民代表大会常务委员会批准。省、自治区、直辖市依照国务院下达的限额举借的债务，列入本级预算调整方案，报本级人民代表大会常务委员会批准。举借的债务应当有偿还计划和稳定的偿还资金来源，只能用于公益性资本支出，不得用于经常性支出。

除前款规定外，地方政府及其所属部门不得以任何方式举借债务。

除法律另有规定外，地方政府及其所属部门不得为任何单位和个人的债务以任何方式提供担保。

国务院建立地方政府债务风险评估和预警机制、应急处置机制以及责任追究制度。国务院财政部门对地方政府债务实施监督。

第三十六条 各级预算收入的编制，应当与经济社会发展水平相适应，与财政政策相衔接。

各级政府、各部门、各单位应当依照本法规定，将所有政府收入全部列入预算，不得隐瞒、少列。

第三十七条 各级预算支出应当依照本法规定，按其功能和经济性质分类编制。

各级预算支出的编制，应当贯彻勤俭节约的原则，严格控制各部门、各单位的机关运行经费和楼堂馆所等基本建设支出。

各级一般公共预算支出的编制，应当统筹兼顾，在保证基本公共服务合理需要的前提下，优先安排国家确定的重点支出。

第三十八条 一般性转移支付应当按照国务院规定的基本标准和计算方法编制。专项转移支付应当分地区、分项目编制。

县级以上各级政府应当将对下级政府的转移支付预计数提前下达下级政府。

地方各级政府应当将上级政府提前下达的转移支付预计数编入本级预算。

第三十九条 中央预算和有关地方预算中应当安排必要的资金，用于扶助革命老区、民族地区、边疆地区、贫困地区发展经济社会建设事业。

第四十条 各级一般公共预算应当按照本级一般公共预算支出额的百分之一至百分之三设置预备费,用于当年预算执行中的自然灾害等突发事件处理增加的支出及其他难以预见的开支。

第四十一条 各级一般公共预算按照国务院的规定可以设置预算周转金,用于本级政府调剂预算年度内季节性收支差额。

各级一般公共预算按照国务院的规定可以设置预算稳定调节基金,用于弥补以后年度预算资金的不足。

第四十二条 各级政府上一年预算的结转资金,应当在下一年用于结转项目的支出;连续两年未用完的结转资金,应当作为结余资金管理。

各部门、各单位上一年预算的结转、结余资金按照国务院财政部门的规定办理。

第五章 预算审查和批准

第四十三条 中央预算由全国人民代表大会审查和批准。

地方各级预算由本级人民代表大会审查和批准。

第四十四条 国务院财政部门应当在每年全国人民代表大会会议举行的四十五日前,将中央预算草案的初步方案提交全国人民代表大会财政经济委员会进行初步审查。

省、自治区、直辖市政府财政部门应当在本级人民代表大会会议举行的三十日前,将本级预算草案的初步方案提交本级人民代表大会有关专门委员会进行初步审查。

设区的市、自治州政府财政部门应当在本级人民代表大会会议举行的三十日前,将本级预算草案的初步方案提交本级人民代表大会有关专门委员会进行初步审查,或者送交本级人民代表大会常务委员会有关工作机构征求意见。

县、自治县、不设区的市、市辖区政府应当在本级人民代表大会会议举行的三十日前,将本级预算草案的初步方案提交本级人民代表大会常务委员会进行初步审查。

第四十五条 县、自治县、不设区的市、市辖区、乡、民族乡、镇的人民代表大会举行会议审查预算草案前,应当采用多种形式,组织本级人民代表大会代表，听取选民和社会各界的意见。

第四十六条 报送各级人民代表大会审查和批准的预算草案应当细化。本级一般公共预算支出，按其功能分类应当编列到项；按其经济性质分类，基本支出应当编列到款。本级政府性基金预算、国有资本经营预算、社会保险基金预算支出，按其功能分类应当编列到项。

第四十七条 国务院在全国人民代表大会举行会议时，向大会作关于中央和地方预算草案以及中央和地方预算执行情况的报告。

地方各级政府在本级人民代表大会举行会议时，向大会作关于总预算草案和总预算执行情况的报告。

第四十八条 全国人民代表大会和地方各级人民代表大会对预算草案及其报告、预算执行情况的报告重点审查下列内容：

（一）上一年预算执行情况是否符合本级人民代表大会预算决议的要求；

（二）预算安排是否符合本法的规定；

（三）预算安排是否贯彻国民经济和社会发展的方针政策，收支政策是否切实可行；

（四）重点支出和重大投资项目的预算安排是否适当；

（五）预算的编制是否完整，是否符合本法第四十六条的规定；

（六）对下级政府的转移性支出预算是否规范、适当；

（七）预算安排举借的债务是否合法、合理，是否有偿还计划和稳定的偿还资金来源；

（八）与预算有关重要事项的说明是否清晰。

第四十九条 全国人民代表大会财政经济委员会向全国人民代表大会主席团提出关于中央和地方预算草案及中央和地方预算执行情况的审查结果报告。

省、自治区、直辖市、设区的市、自治州人民代表大会有关专门委员会，县、自治县、不设区的市、市辖区人民代表大会常务委员会，向本级人民代表大会主席团提出关于总预算草案及上一年总预算执行情况的审查结果报告。

审查结果报告应当包括下列内容：

（一）对上一年预算执行和落实本级人民代表大会预算决议的情况作出评价；

（二）对本年度预算草案是否符合本法的规定，是否可行作出评价；

（三）对本级人民代表大会批准预算草案和预算报告提出建议；

（四）对执行年度预算、改进预算管理、提高预算绩效、加强预算监督等提出意见和建议。

第五十条 乡、民族乡、镇政府应当及时将经本级人民代表大会批准的本级预算报上一级政府备案。县级以上地方各级政府应当及时将经本级人民代表大会批准的本级预算及下一级政府报送备案的预算汇总，报上一级政府备案。

县级以上地方各级政府将下一级政府依照前款规定报送备案的预算汇总后，报本级人民代表大会常务委员会备案。国务院将省、自治区、直辖市政府依照前款规定报送备案的预算汇总后，报全国人民代表大会常务委员会备案。

第五十一条 国务院和县级以上地方各级政府对下一级政府依照本法第五十条规定报送备案的预算，认为有同法律、行政法规相抵触或者有其他不适当之处，需要撤销批准预算的决议的，应当提请本级人民代表大会常务委员会审议决定。

第五十二条 各级预算经本级人民代表大会批准后，本级政府财政部门应当在二十日内向本级各部门批复预算。各部门应当在接到本级政府财政部门批复的本部门预算后十五日内向所属各单位批复预算。

中央对地方的一般性转移支付应当在全国人民代表大会批准预算后三十日内正式下达。中央对地方的专项转移支付应当在全国人民代表大会批准预算后九十日内正式下达。

省、自治区、直辖市政府接到中央一般性转移支付和专项转移支付后，应当在三十日内正式下达到本行政区域县级以上各级政府。

县级以上地方各级预算安排对下级政府的一般性转移支付和专项转移支付，应当分别在本级人民代表大会批准预算后的三十日和六十日内正式下达。

对自然灾害等突发事件处理的转移支付，应当及时下达预算；对据实结算等特殊项目的转移支付，可以分期下达预算，或者先预付后结算。

县级以上各级政府财政部门应当将批复本级各部门的预算和批复下级政府的转移支付预算，抄送本级人民代表大会财政经济委员会、有关专门委员会和常务委员会有关工作机构。

第六章 预算执行

第五十三条 各级预算由本级政府组织执行，具体工作由本级政府财政部门负责。

各部门、各单位是本部门、本单位的预算执行主体，负责本部门、本单位的预算执行，并对执行结果负责。

第五十四条 预算年度开始后，各级预算草案在本级人民代表大会批准前，可以安排下列支出：

（一）上一年度结转的支出；

（二）参照上一年同期的预算支出数额安排必须支付的本年度部门基本支出、项目支出，以及对下级政府的转移性支出；

（三）法律规定必须履行支付义务的支出，以及用于自然灾害等突发事件处理的支出。

根据前款规定安排支出的情况，应当在预算草案的报告中作出说明。

预算经本级人民代表大会批准后，按照批准的预算执行。

第五十五条 预算收入征收部门和单位，必须依照法律、行政法规的规定，及时、足额征收应征的预算收入。不得违反法律、行政法规规定，多征、提前征收或者减征、免征、缓征应征的预算收入，不得截留、占用或者挪用预算收入。

各级政府不得向预算收入征收部门和单位下达收入指标。

第五十六条 政府的全部收入应当上缴国家金库（以下简称国库），任何部门、单位和个人不得截留、占用、挪用或者拖欠。

对于法律有明确规定或者经国务院批准的特定专用资金，可以依照国务院的规定设立财政专户。

第五十七条 各级政府财政部门必须依照法律、行政法规和国务院财政部门的规定，及时、足额地拨付预算支出资金，加强对预算支出的管理和监督。

各级政府、各部门、各单位的支出必须按照预算执行，不得虚假列支。

各级政府、各部门、各单位应当对预算支出情况开展绩效评价。

第五十八条 各级预算的收入和支出实行收付实现制。

特定事项按照国务院的规定实行权责发生制的有关情况，应当向本级人民代表大会常务委员会报告。

第五十九条 县级以上各级预算必须设立国库；具备条件的乡、民族乡、镇也应当设立国库。

中央国库业务由中国人民银行经理，地方国库业务依照国务院的有关规定办理。

各级国库应当按照国家有关规定，及时准确地办理预算收入的收纳、划分、留解、退付和预算支出的拨付。

各级国库库款的支配权属于本级政府财政部门。除法律、行政法规另有规定外，未经本级政府财政部门同意，任何部门、单位和个人都无权冻结、动用国库库款或者以其他方式支配已入国库的库款。

各级政府应当加强对本级国库的管理和监督，按照国务院的规定完善国库现金管理，合理调节国库资金余额。

第六十条 已经缴入国库的资金，依照法律、行政法规的规定或者国务院的决定需要退付的，各级政府财政部门或者其授权的机构应当及时办理退付。按照规定应当由财政支出安排的事项，不得用退库处理。

第六十一条 国家实行国库集中收缴和集中支付制度，对政府全部收入和支出实行国库集中收付管理。

第六十二条 各级政府应当加强对预算执行的领导，支持政府财政、税务、海关等预算收入的征收部门依法组织预算收入，支持政府财政部门严格管理预算支出。

财政、税务、海关等部门在预算执行中，应当加强对预算执行的分析；发现问题时应当及时建议本级政府采取措施予以解决。

第六十三条 各部门、各单位应当加强对预算收入和支出的管理，不得截留或者动用应当上缴的预算收入，不得擅自改变预算支出的用途。

第六十四条 各级预算预备费的动用方案，由本级政府财政部门提出，报本级政府决定。

第六十五条 各级预算周转金由本级政府财政部门管理，不得挪作他用。

第六十六条 各级一般公共预算年度执行中有超收收入的，只能用于冲减赤字或者补充预算稳定调节基金。

各级一般公共预算的结余资金，应当补充预算稳定调节基金。

省、自治区、直辖市一般公共预算年度执行中出现短收，通过调入预算稳定调节基金、减少支出等方式仍不能实现收支平衡的，省、自治区、直辖市政府报本级人民代表大会或者其常务委员会批准，可以增列赤字，报国务院财政部门备案，并应当在下一年度预算中予以弥补。

第七章 预算调整

第六十七条 经全国人民代表大会批准的中央预算和经地方各级人民代表大会批准的地方各级预算，在执行中出现下列情况之一的，应当进行预算调整：

（一）需要增加或者减少预算总支出的；

（二）需要调入预算稳定调节基金的；

（三）需要调减预算安排的重点支出数额的；

（四）需要增加举借债务数额的。

第六十八条 在预算执行中，各级政府一般不制定新的增加财政收入或者支出的政策和措施，也不制定减少财政收入的政策和措施；必须作出并需要进行预算调整的，应当在预算调整方案中作出安排。

第六十九条 在预算执行中，各级政府对于必须进行的预算调整，应当编制预算调整方案。预算调整方案应当说明预算调整的理由、项目和数额。

在预算执行中，由于发生自然灾害等突发事件，必须及时增加预算支出的，应当先动支预备费；预备费不足支出的，各级政府可以先安排支出，属于预算调整的，列入预算调整方案。

国务院财政部门应当在全国人民代表大会常务委员会举行会议审查和批准预算调整方案的三十日前,将预算调整初步方案送交全国人民代表大会财政经济委员会进行初步审查。

省、自治区、直辖市政府财政部门应当在本级人民代表大会常务委员会举行会议审查和批准预算调整方案的三十日前,将预算调整初步方案送交本级人民代表大会有关专门委员会进行初步审查。

设区的市、自治州政府财政部门应当在本级人民代表大会常务委员会举行会议审查和批准预算调整方案的三十日前,将预算调整初步方案送交本级人民代表大会有关专门委员会进行初步审查,或者送交本级人民代表大会常务委员会有关工作机构征求意见。

县、自治县、不设区的市、市辖区政府财政部门应当在本级人民代表大会常务委员会举行会议审查和批准预算调整方案的三十日前,将预算调整初步方案送交本级人民代表大会常务委员会有关工作机构征求意见。

中央预算的调整方案应当提请全国人民代表大会常务委员会审查和批准。县级以上地方各级预算的调整方案应当提请本级人民代表大会常务委员会审查和批准;乡、民族乡、镇预算的调整方案应当提请本级人民代表大会审查和批准。未经批准,不得调整预算。

第七十条 经批准的预算调整方案,各级政府应当严格执行。未经本法第六十九条规定的程序,各级政府不得作出预算调整的决定。

对违反前款规定作出的决定,本级人民代表大会、本级人民代表大会常务委员会或者上级政府应当责令其改变或者撤销。

第七十一条 在预算执行中,地方各级政府因上级政府增加不需要本级政府提供配套资金的专项转移支付而引起的预算支出变化,不属于预算调整。

接受增加专项转移支付的县级以上地方各级政府应当向本级人民代表大会常务委员会报告有关情况;接受增加专项转移支付的乡、民族乡、镇政府应当向本级人民代表大会报告有关情况。

第七十二条 各部门、各单位的预算支出应当按照预算科目执行。严格控制不同预算科目、预算级次或者项目间的预算资金的调剂,确需调剂使用的,按照国务院财政部门的规定办理。

第七十三条　地方各级预算的调整方案经批准后，由本级政府报上一级政府备案。

第八章　决算

第七十四条　决算草案由各级政府、各部门、各单位，在每一预算年度终了后按照国务院规定的时间编制。

编制决算草案的具体事项，由国务院财政部门部署。

第七十五条　编制决算草案，必须符合法律、行政法规，做到收支真实、数额准确、内容完整、报送及时。

决算草案应当与预算相对应，按预算数、调整预算数、决算数分别列出。一般公共预算支出应当按其功能分类编列到项，按其经济性质分类编列到款。

第七十六条　各部门对所属各单位的决算草案，应当审核并汇总编制本部门的决算草案，在规定的期限内报本级政府财政部门审核。

各级政府财政部门对本级各部门决算草案审核后发现有不符合法律、行政法规规定的，有权予以纠正。

第七十七条　国务院财政部门编制中央决算草案，经国务院审计部门审计后，报国务院审定，由国务院提请全国人民代表大会常务委员会审查和批准。

县级以上地方各级政府财政部门编制本级决算草案，经本级政府审计部门审计后，报本级政府审定，由本级政府提请本级人民代表大会常务委员会审查和批准。

乡、民族乡、镇政府编制本级决算草案，提请本级人民代表大会审查和批准。

第七十八条　国务院财政部门应当在全国人民代表大会常务委员会举行会议审查和批准中央决算草案的三十日前，将上一年度中央决算草案提交全国人民代表大会财政经济委员会进行初步审查。

省、自治区、直辖市政府财政部门应当在本级人民代表大会常务委员会举行会议审查和批准本级决算草案的三十日前，将上一年度本级决算草案提交本级人民代表大会有关专门委员会进行初步审查。

设区的市、自治州政府财政部门应当在本级人民代表大会常务委员会举行会议审查和批准本级决算草案的三十日前,将上一年度本级决算草案提交本级人民代表大会有关专门委员会进行初步审查,或者送交本级人民代表大会常务委员会有关工作机构征求意见。

县、自治县、不设区的市、市辖区政府财政部门应当在本级人民代表大会常务委员会举行会议审查和批准本级决算草案的三十日前,将上一年度本级决算草案送交本级人民代表大会常务委员会有关工作机构征求意见。

全国人民代表大会财政经济委员会和省、自治区、直辖市、设区的市、自治州人民代表大会有关专门委员会,向本级人民代表大会常务委员会提出关于本级决算草案的审查结果报告。

第七十九条 县级以上各级人民代表大会常务委员会和乡、民族乡、镇人民代表大会对本级决算草案,重点审查下列内容:

(一)预算收入情况;

(二)支出政策实施情况和重点支出、重大投资项目资金的使用及绩效情况;

(三)结转资金的使用情况;

(四)资金结余情况;

(五)本级预算调整及执行情况;

(六)财政转移支付安排执行情况;

(七)经批准举借债务的规模、结构、使用、偿还等情况;

(八)本级预算周转金规模和使用情况;

(九)本级预备费使用情况;

(十)超收收入安排情况,预算稳定调节基金的规模和使用情况;

(十一)本级人民代表大会批准的预算决议落实情况;

(十二)其他与决算有关的重要情况。

县级以上各级人民代表大会常务委员会应当结合本级政府提出的上一年度预算执行和其他财政收支的审计工作报告,对本级决算草案进行审查。

第八十条 各级决算经批准后,财政部门应当在二十日内向本级各部门批复决算。各部门应当在接到本级政府财政部门批复的本部门决算后十五日内向所属单位批复决算。

第八十一条 地方各级政府应当将经批准的决算及下一级政府上报备案的决算汇总，报上一级政府备案。

县级以上各级政府应当将下一级政府报送备案的决算汇总后，报本级人民代表大会常务委员会备案。

第八十二条 国务院和县级以上地方各级政府对下一级政府依照本法第八十一条规定报送备案的决算，认为有同法律、行政法规相抵触或者有其他不适当之处，需要撤销批准该项决算的决议的，应当提请本级人民代表大会常务委员会审议决定；经审议决定撤销的，该下级人民代表大会常务委员会应当责成本级政府依照本法规定重新编制决算草案，提请本级人民代表大会常务委员会审查和批准。

第九章 监督

第八十三条 全国人民代表大会及其常务委员会对中央和地方预算、决算进行监督。

县级以上地方各级人民代表大会及其常务委员会对本级和下级预算、决算进行监督。

乡、民族乡、镇人民代表大会对本级预算、决算进行监督。

第八十四条 各级人民代表大会和县级以上各级人民代表大会常务委员会有权就预算、决算中的重大事项或者特定问题组织调查，有关的政府、部门、单位和个人应当如实反映情况和提供必要的材料。

第八十五条 各级人民代表大会和县级以上各级人民代表大会常务委员会举行会议时，人民代表大会代表或者常务委员会组成人员，依照法律规定程序就预算、决算中的有关问题提出询问或者质询，受询问或者受质询的有关的政府或者财政部门必须及时给予答复。

第八十六条 国务院和县级以上地方各级政府应当在每年六月至九月期间向本级人民代表大会常务委员会报告预算执行情况。

第八十七条 各级政府监督下级政府的预算执行；下级政府应当定期向上一级政府报告预算执行情况。

第八十八条　各级政府财政部门负责监督本级各部门及其所属各单位预算管理有关工作，并向本级政府和上一级政府财政部门报告预算执行情况。

第八十九条　县级以上政府审计部门依法对预算执行、决算实行审计监督。

对预算执行和其他财政收支的审计工作报告应当向社会公开。

第九十条　政府各部门负责监督检查所属各单位的预算执行，及时向本级政府财政部门反映本部门预算执行情况，依法纠正违反预算的行为。

第九十一条　公民、法人或者其他组织发现有违反本法的行为，可以依法向有关国家机关进行检举、控告。

接受检举、控告的国家机关应当依法进行处理，并为检举人、控告人保密。任何单位或者个人不得压制和打击报复检举人、控告人。

第十章　法律责任

第九十二条　各级政府及有关部门有下列行为之一的，责令改正，对负有直接责任的主管人员和其他直接责任人员追究行政责任：

（一）未依照本法规定，编制、报送预算草案、预算调整方案、决算草案和部门预算、决算以及批复预算、决算的；

（二）违反本法规定，进行预算调整的；

（三）未依照本法规定对有关预算事项进行公开和说明的；

（四）违反规定设立政府性基金项目和其他财政收入项目的；

（五）违反法律、法规规定使用预算预备费、预算周转金、预算稳定调节基金、超收收入的；

（六）违反本法规定开设财政专户的。

第九十三条　各级政府及有关部门、单位有下列行为之一的，责令改正，对负有直接责任的主管人员和其他直接责任人员依法给予降级、撤职、开除的处分：

（一）未将所有政府收入和支出列入预算或者虚列收入和支出的；

（二）违反法律、行政法规的规定，多征、提前征收或者减征、免征、缓征应征预算收入的；

（三）截留、占用、挪用或者拖欠应当上缴国库的预算收入的；

（四）违反本法规定，改变预算支出用途的；

（五）擅自改变上级政府专项转移支付资金用途的；

（六）违反本法规定拨付预算支出资金，办理预算收入收纳、划分、留解、退付，或者违反本法规定冻结、动用国库库款或者以其他方式支配已入国库库款的。

第九十四条　各级政府、各部门、各单位违反本法规定举借债务或者为他人债务提供担保，或者挪用重点支出资金，或者在预算之外及超预算标准建设楼堂馆所的，责令改正，对负有直接责任的主管人员和其他直接责任人员给予撤职、开除的处分。

第九十五条　各级政府有关部门、单位及其工作人员有下列行为之一的，责令改正，追回骗取、使用的资金，有违法所得的没收违法所得，对单位给予警告或者通报批评；对负有直接责任的主管人员和其他直接责任人员依法给予处分：

（一）违反法律、法规的规定，改变预算收入上缴方式的；

（二）以虚报、冒领等手段骗取预算资金的；

（三）违反规定扩大开支范围、提高开支标准的；

（四）其他违反财政管理规定的行为。

第九十六条　本法第九十二条、第九十三条、第九十四条、第九十五条所列违法行为，其他法律对其处理、处罚另有规定的，依照其规定。

违反本法规定，构成犯罪的，依法追究刑事责任。

第十一章　附则

第九十七条　各级政府财政部门应当按年度编制以权责发生制为基础的政府综合财务报告，报告政府整体财务状况、运行情况和财政中长期可持续性，报本级人民代表大会常务委员会备案。

第九十八条　国务院根据本法制定实施条例。

第九十九条　民族自治地方的预算管理，依照民族区域自治法的有关规定执行；民族区域自治法没有规定的，依照本法和国务院的有关规定执行。

第一百条 省、自治区、直辖市人民代表大会或者其常务委员会根据本法,可以制定有关预算审查监督的决定或者地方性法规。

第一百零一条 本法自1995年1月1日起施行。1991年10月21日国务院发布的《国家预算管理条例》同时废止。

附录四

中华人民共和国预算法实施条例

(2020年8月3日中华人民共和国国务院令第729号修订)

第一章 总则

第一条 根据《中华人民共和国预算法》(以下简称预算法),制定本条例。

第二条 县级以上地方政府的派出机关根据本级政府授权进行预算管理活动,不作为一级预算,其收支纳入本级预算。

第三条 社会保险基金预算应当在精算平衡的基础上实现可持续运行,一般公共预算可以根据需要和财力适当安排资金补充社会保险基金预算。

第四条 预算法第六条第二款所称各部门,是指与本级政府财政部门直接发生预算缴拨款关系的国家机关、军队、政党组织、事业单位、社会团体和其他单位。

第五条 各部门预算应当反映一般公共预算、政府性基金预算、国有资本经营预算安排给本部门及其所属各单位的所有预算资金。

各部门预算收入包括本级财政安排给本部门及其所属各单位的预算拨款收入和其他收入。各部门预算支出为与部门预算收入相对应的支出,包括基本支出和项目支出。

本条第二款所称基本支出,是指各部门、各单位为保障其机构正常运转、完成日常工作任务所发生的支出，包括人员经费和公用经费；所称项目支出，是指各部门、各单位为完成其特定的工作任务和事业发展目标所发生的支出。

各部门及其所属各单位的本级预算拨款收入和其相对应的支出，应当在部门预算中单独反映。

部门预算编制、执行的具体办法，由本级政府财政部门依法作出规定。

第六条 一般性转移支付向社会公开应当细化到地区。专项转移支付向社会公开应当细化到地区和项目。

政府债务、机关运行经费、政府采购、财政专户资金等情况，按照有关规定向社会公开。

部门预算、决算应当公开基本支出和项目支出。部门预算、决算支出按其功能分类应当公开到项；按其经济性质分类，基本支出应当公开到款。

各部门所属单位的预算、决算及报表，应当在部门批复后 20 日内由单位向社会公开。单位预算、决算应当公开基本支出和项目支出。单位预算、决算支出按其功能分类应当公开到项；按其经济性质分类，基本支出应当公开到款。

第七条 预算法第十五条所称中央和地方分税制，是指在划分中央与地方事权的基础上，确定中央与地方财政支出范围，并按税种划分中央与地方预算收入的财政管理体制。

分税制财政管理体制的具体内容和实施办法，按照国务院的有关规定执行。

第八条 县级以上地方各级政府应当根据中央和地方分税制的原则和上级政府的有关规定，确定本级政府对下级政府的财政管理体制。

第九条 预算法第十六条第二款所称一般性转移支付，包括：

（一）均衡性转移支付；

（二）对革命老区、民族地区、边疆地区、贫困地区的财力补助；

（三）其他一般性转移支付。

第十条 预算法第十六条第三款所称专项转移支付，是指上级政府为了实现特定的经济和社会发展目标给予下级政府，并由下级政府按照上级政府规定的用途安排使用的预算资金。

县级以上各级政府财政部门应当会同有关部门建立健全专项转移支付定期评估和退出机制。对评估后的专项转移支付，按照下列情形分别予以处理：

（一）符合法律、行政法规和国务院规定，有必要继续执行的，可以继续执行；

（二）设立的有关要求变更，或者实际绩效与目标差距较大、管理不够完善的，应当予以调整；

（三）设立依据失效或者废止的，应当予以取消。

第十一条 预算收入和预算支出以人民币元为计算单位。预算收支以人民币以外的货币收纳和支付的，应当折合成人民币计算。

第二章 预算收支范围

第十二条 预算法第二十七条第一款所称行政事业性收费收入，是指国家机关、事业单位等依照法律法规规定，按照国务院规定的程序批准，在实施社会公共管理以及在向公民、法人和其他组织提供特定公共服务过程中，按照规定标准向特定对象收取费用形成的收入。

预算法第二十七条第一款所称国有资源（资产）有偿使用收入，是指矿藏、水流、海域、无居民海岛以及法律规定属于国家所有的森林、草原等国有资源有偿使用收入，按照规定纳入一般公共预算管理的国有资产收入等。

预算法第二十七条第一款所称转移性收入，是指上级税收返还和转移支付、下级上解收入、调入资金以及按照财政部规定列入转移性收入的无隶属关系政府的无偿援助。

第十三条 转移性支出包括上解上级支出、对下级的税收返还和转移支付、调出资金以及按照财政部规定列入转移性支出的给予无隶属关系政府的无偿援助。

第十四条 政府性基金预算收入包括政府性基金各项目收入和转移性收入。

政府性基金预算支出包括与政府性基金预算收入相对应的各项目支出

和转移性支出。

第十五条　国有资本经营预算收入包括依照法律、行政法规和国务院规定应当纳入国有资本经营预算的国有独资企业和国有独资公司按照规定上缴国家的利润收入、从国有资本控股和参股公司获得的股息红利收入、国有产权转让收入、清算收入和其他收入。

国有资本经营预算支出包括资本性支出、费用性支出、向一般公共预算调出资金等转移性支出和其他支出。

第十六条　社会保险基金预算收入包括各项社会保险费收入、利息收入、投资收益、一般公共预算补助收入、集体补助收入、转移收入、上级补助收入、下级上解收入和其他收入。

社会保险基金预算支出包括各项社会保险待遇支出、转移支出、补助下级支出、上解上级支出和其他支出。

第十七条　地方各级预算上下级之间有关收入和支出项目的划分以及上解、返还或者转移支付的具体办法，由上级地方政府规定，报本级人民代表大会常务委员会备案。

第十八条　地方各级社会保险基金预算上下级之间有关收入和支出项目的划分以及上解、补助的具体办法，按照统筹层次由上级地方政府规定，报本级人民代表大会常务委员会备案。

第三章　预算编制

第十九条　预算法第三十一条所称预算草案，是指各级政府、各部门、各单位编制的未经法定程序审查和批准的预算。

第二十条　预算法第三十二条第一款所称绩效评价，是指根据设定的绩效目标，依据规范的程序，对预算资金的投入、使用过程、产出与效果进行系统和客观的评价。

绩效评价结果应当按照规定作为改进管理和编制以后年度预算的依据。

第二十一条　预算法第三十二条第三款所称预算支出标准，是指对预算事项合理分类并分别规定的支出预算编制标准，包括基本支出标准和项目支出标准。

地方各级政府财政部门应当根据财政部制定的预算支出标准，结合本地区经济社会发展水平、财力状况等，制定本地区或者本级的预算支出标准。

第二十二条 财政部于每年 6 月 15 日前部署编制下一年度预算草案的具体事项，规定报表格式、编报方法、报送期限等。

第二十三条 中央各部门应当按照国务院的要求和财政部的部署，结合本部门的具体情况，组织编制本部门及其所属各单位的预算草案。

中央各部门负责本部门所属各单位预算草案的审核，并汇总编制本部门的预算草案，按照规定报财政部审核。

第二十四条 财政部审核中央各部门的预算草案，具体编制中央预算草案；汇总地方预算草案或者地方预算，汇编中央和地方预算草案。

第二十五条 省、自治区、直辖市政府按照国务院的要求和财政部的部署，结合本地区的具体情况，提出本行政区域编制预算草案的要求。

县级以上地方各级政府财政部门应当于每年 6 月 30 日前部署本行政区域编制下一年度预算草案的具体事项，规定有关报表格式、编报方法、报送期限等。

第二十六条 县级以上地方各级政府各部门应当根据本级政府的要求和本级政府财政部门的部署，结合本部门的具体情况，组织编制本部门及其所属各单位的预算草案，按照规定报本级政府财政部门审核。

第二十七条 县级以上地方各级政府财政部门审核本级各部门的预算草案，具体编制本级预算草案，汇编本级总预算草案，经本级政府审定后，按照规定期限报上一级政府财政部门。

省、自治区、直辖市政府财政部门汇总的本级总预算草案或者本级总预算，应当于下一年度 1 月 10 日前报财政部。

第二十八条 县级以上各级政府财政部门审核本级各部门的预算草案时，发现不符合编制预算要求的，应当予以纠正；汇编本级总预算草案时，发现下级预算草案不符合上级政府或者本级政府编制预算要求的，应当及时向本级政府报告，由本级政府予以纠正。

第二十九条 各级政府财政部门编制收入预算草案时，应当征求税务、海关等预算收入征收部门和单位的意见。

预算收入征收部门和单位应当按照财政部门的要求提供下一年度预算收入征收预测情况。

第三十条　财政部门会同社会保险行政部门部署编制下一年度社会保险基金预算草案的具体事项。

社会保险经办机构具体编制下一年度社会保险基金预算草案，报本级社会保险行政部门审核汇总。社会保险基金收入预算草案由社会保险经办机构会同社会保险费征收机构具体编制。财政部门负责审核并汇总编制社会保险基金预算草案。

第三十一条　各级政府财政部门应当依照预算法和本条例规定，制定本级预算草案编制规程。

第三十二条　各部门、各单位在编制预算草案时，应当根据资产配置标准，结合存量资产情况编制相关支出预算。

第三十三条　中央一般公共预算收入编制内容包括本级一般公共预算收入、从国有资本经营预算调入资金、地方上解收入、从预算稳定调节基金调入资金、其他调入资金。

中央一般公共预算支出编制内容包括本级一般公共预算支出、对地方的税收返还和转移支付、补充预算稳定调节基金。

中央政府债务余额的限额应当在本级预算中单独列示。

第三十四条　地方各级一般公共预算收入编制内容包括本级一般公共预算收入、从国有资本经营预算调入资金、上级税收返还和转移支付、下级上解收入、从预算稳定调节基金调入资金、其他调入资金。

地方各级一般公共预算支出编制内容包括本级一般公共预算支出、上解上级支出、对下级的税收返还和转移支付、补充预算稳定调节基金。

第三十五条　中央政府性基金预算收入编制内容包括本级政府性基金各项目收入、上一年度结余、地方上解收入。

中央政府性基金预算支出编制内容包括本级政府性基金各项目支出、对地方的转移支付、调出资金。

第三十六条　地方政府性基金预算收入编制内容包括本级政府性基金各项目收入、上一年度结余、下级上解收入、上级转移支付。

地方政府性基金预算支出编制内容包括本级政府性基金各项目支出、

上解上级支出、对下级的转移支付、调出资金。

第三十七条 中央国有资本经营预算收入编制内容包括本级收入、上一年度结余、地方上解收入。

中央国有资本经营预算支出编制内容包括本级支出、向一般公共预算调出资金、对地方特定事项的转移支付。

第三十八条 地方国有资本经营预算收入编制内容包括本级收入、上一年度结余、上级对特定事项的转移支付、下级上解收入。

地方国有资本经营预算支出编制内容包括本级支出、向一般公共预算调出资金、对下级特定事项的转移支付、上解上级支出。

第三十九条 中央和地方社会保险基金预算收入、支出编制内容包括本条例第十六条规定的各项收入和支出。

第四十条 各部门、各单位预算收入编制内容包括本级预算拨款收入、预算拨款结转和其他收入。

各部门、各单位预算支出编制内容包括基本支出和项目支出。

各部门、各单位的预算支出,按其功能分类应当编列到项,按其经济性质分类应当编列到款。

第四十一条 各级政府应当加强项目支出管理。各级政府财政部门应当建立和完善项目支出预算评审制度。各部门、各单位应当按照本级政府财政部门的规定开展预算评审。

项目支出实行项目库管理,并建立健全项目入库评审机制和项目滚动管理机制。

第四十二条 预算法第三十四条第二款所称余额管理,是指国务院在全国人民代表大会批准的中央一般公共预算债务的余额限额内,决定发债规模、品种、期限和时点的管理方式;所称余额,是指中央一般公共预算中举借债务未偿还的本金。

第四十三条 地方政府债务余额实行限额管理。各省、自治区、直辖市的政府债务限额,由财政部在全国人民代表大会或者其常务委员会批准的总限额内,根据各地区债务风险、财力状况等因素,并考虑国家宏观调控政策等需要,提出方案报国务院批准。

各省、自治区、直辖市的政府债务余额不得突破国务院批准的限额。

第四十四条 预算法第三十五条第二款所称举借债务的规模,是指各地方政府债务余额限额的总和,包括一般债务限额和专项债务限额。一般债务是指列入一般公共预算用于公益性事业发展的一般债券、地方政府负有偿还责任的外国政府和国际经济组织贷款转贷债务;专项债务是指列入政府性基金预算用于有收益的公益性事业发展的专项债券。

第四十五条 省、自治区、直辖市政府财政部门依照国务院下达的本地区地方政府债务限额,提出本级和转贷给下级政府的债务限额安排方案,报本级政府批准后,将增加举借的债务列入本级预算调整方案,报本级人民代表大会常务委员会批准。

接受转贷并向下级政府转贷的政府应当将转贷债务纳入本级预算管理。使用转贷并负有直接偿还责任的政府,应当将转贷债务列入本级预算调整方案,报本级人民代表大会常务委员会批准。

地方各级政府财政部门负责统一管理本地区政府债务。

第四十六条 国务院可以将举借的外国政府和国际经济组织贷款转贷给省、自治区、直辖市政府。

国务院向省、自治区、直辖市政府转贷的外国政府和国际经济组织贷款,省、自治区、直辖市政府负有直接偿还责任的,应当纳入本级预算管理。省、自治区、直辖市政府未能按时履行还款义务的,国务院可以相应抵扣对该地区的税收返还等资金。

省、自治区、直辖市政府可以将国务院转贷的外国政府和国际经济组织贷款再转贷给下级政府。

第四十七条 财政部和省、自治区、直辖市政府财政部门应当建立健全地方政府债务风险评估指标体系,组织评估地方政府债务风险状况,对债务高风险地区提出预警,并监督化解债务风险。

第四十八条 县级以上各级政府应当按照本年度转移支付预计执行数的一定比例将下一年度转移支付预计数提前下达至下一级政府,具体下达事宜由本级政府财政部门办理。

除据实结算等特殊项目的转移支付外,提前下达的一般性转移支付预计数的比例一般不低于90%;提前下达的专项转移支付预计数的比例一般不低于70%。其中,按照项目法管理分配的专项转移支付,应当一并明确下一年度组织实施的项目。

第四十九条 经本级政府批准，各级政府财政部门可以设置预算周转金，额度不得超过本级一般公共预算支出总额的1%。年度终了时，各级政府财政部门可以将预算周转金收回并用于补充预算稳定调节基金。

第五十条 预算法第四十二条第一款所称结转资金，是指预算安排项目的支出年度终了时尚未执行完毕，或者因故未执行但下一年度需要按原用途继续使用的资金；连续两年未用完的结转资金，是指预算安排项目的支出在下一年度终了时仍未用完的资金。

预算法第四十二条第一款所称结余资金，是指年度预算执行终了时，预算收入实际完成数扣除预算支出实际完成数和结转资金后剩余的资金。

第四章 预算执行

第五十一条 预算执行中，政府财政部门的主要职责：

（一）研究和落实财政税收政策措施，支持经济社会健康发展；

（二）制定组织预算收入、管理预算支出以及相关财务、会计、内部控制、监督等制度和办法；

（三）督促各预算收入征收部门和单位依法履行职责，征缴预算收入；

（四）根据年度支出预算和用款计划，合理调度、拨付预算资金，监督各部门、各单位预算资金使用管理情况；

（五）统一管理政府债务的举借、支出与偿还，监督债务资金使用情况；

（六）指导和监督各部门、各单位建立健全财务制度和会计核算体系，规范账户管理，健全内部控制机制，按照规定使用预算资金；

（七）汇总、编报分期的预算执行数据，分析预算执行情况，按照本级人民代表大会常务委员会、本级政府和上一级政府财政部门的要求定期报告预算执行情况，并提出相关政策建议；

（八）组织和指导预算资金绩效监控、绩效评价；

（九）协调预算收入征收部门和单位、国库以及其他有关部门的业务工作。

第五十二条 预算法第五十六条第二款所称财政专户，是指财政部门为履行财政管理职能，根据法律规定或者经国务院批准开设的用于管理核算特定专用资金的银行结算账户；所称特定专用资金，包括法律规定可以设立财政专户的资金，外国政府和国际经济组织的贷款、赠款，按照规定存储的人民币以外的货币，财政部会同有关部门报国务院批准的其他特定专用资金。

开设、变更财政专户应当经财政部核准，撤销财政专户应当报财政部备案，中国人民银行应当加强对银行业金融机构开户的核准、管理和监督工作。

财政专户资金由本级政府财政部门管理。除法律另有规定外，未经本级政府财政部门同意，任何部门、单位和个人都无权冻结、动用财政专户资金。

财政专户资金应当由本级政府财政部门纳入统一的会计核算，并在预算执行情况、决算和政府综合财务报告中单独反映。

第五十三条 预算执行中，各部门、各单位的主要职责：

（一）制定本部门、本单位预算执行制度，建立健全内部控制机制；

（二）依法组织收入，严格支出管理，实施绩效监控，开展绩效评价，提高资金使用效益；

（三）对单位的各项经济业务进行会计核算；

（四）汇总本部门、本单位的预算执行情况，定期向本级政府财政部门报送预算执行情况报告和绩效评价报告。

第五十四条 财政部门会同社会保险行政部门、社会保险费征收机构制定社会保险基金预算的收入、支出以及财务管理的具体办法。

社会保险基金预算由社会保险费征收机构和社会保险经办机构具体执行，并按照规定向本级政府财政部门和社会保险行政部门报告执行情况。

第五十五条 各级政府财政部门和税务、海关等预算收入征收部门和单位必须依法组织预算收入，按照财政管理体制、征收管理制度和国库集中收缴制度的规定征收预算收入，除依法缴入财政专户的社会保险基金等预算收入外，应当及时将预算收入缴入国库。

第五十六条 除依法缴入财政专户的社会保险基金等预算收入外，一切有预算收入上缴义务的部门和单位，必须将应当上缴的预算收入，按照规定的预算级次、政府收支分类科目、缴库方式和期限缴入国库，任何部门、单位和个人不得截留、占用、挪用或者拖欠。

第五十七条 各级政府财政部门应当加强对预算资金拨付的管理，并遵循下列原则：

（一）按照预算拨付，即按照批准的年度预算和用款计划拨付资金。除预算法第五十四条规定的在预算草案批准前可以安排支出的情形外，不得办理无预算、无用款计划、超预算或者超计划的资金拨付，不得擅自改变支出用途；

（二）按照规定的预算级次和程序拨付，即根据用款单位的申请，按照用款单位的预算级次、审定的用款计划和财政部门规定的预算资金拨付程序拨付资金；

（三）按照进度拨付，即根据用款单位的实际用款进度拨付资金。

第五十八条 财政部应当根据全国人民代表大会批准的中央政府债务余额限额，合理安排发行国债的品种、结构、期限和时点。

省、自治区、直辖市政府财政部门应当根据国务院批准的本地区政府债务限额，合理安排发行本地区政府债券的结构、期限和时点。

第五十九条 转移支付预算下达和资金拨付应当由财政部门办理，其他部门和单位不得对下级政府部门和单位下达转移支付预算或者拨付转移支付资金。

第六十条 各级政府、各部门、各单位应当加强对预算支出的管理，严格执行预算，遵守财政制度，强化预算约束，不得擅自扩大支出范围、提高开支标准；严格按照预算规定的支出用途使用资金，合理安排支出进度。

第六十一条 财政部负责制定与预算执行有关的财务规则、会计准则和会计制度。各部门、各单位应当按照本级政府财政部门的要求建立健全财务制度，加强会计核算。

第六十二条 国库是办理预算收入的收纳、划分、留解、退付和库款支拨的专门机构。国库分为中央国库和地方国库。

中央国库业务由中国人民银行经理。未设中国人民银行分支机构的地区，由中国人民银行商财政部后，委托有关银行业金融机构办理。

地方国库业务由中国人民银行分支机构经理。未设中国人民银行分支机构的地区，由上级中国人民银行分支机构商有关地方政府财政部门后，委托有关银行业金融机构办理。

具备条件的乡、民族乡、镇，应当设立国库。具体条件和标准由省、自治区、直辖市政府财政部门确定。

第六十三条 中央国库业务应当接受财政部的指导和监督，对中央财政负责。

地方国库业务应当接受本级政府财政部门的指导和监督，对地方财政负责。

省、自治区、直辖市制定的地方国库业务规程应当报财政部和中国人民银行备案。

第六十四条 各级国库应当及时向本级政府财政部门编报预算收入入库、解库、库款拨付以及库款余额情况的日报、旬报、月报和年报。

第六十五条 各级国库应当依照有关法律、行政法规、国务院以及财政部、中国人民银行的有关规定，加强对国库业务的管理，及时准确地办理预算收入的收纳、划分、留解、退付和预算支出的拨付。

各级国库和有关银行业金融机构必须遵守国家有关预算收入缴库的规定，不得延解、占压应当缴入国库的预算收入和国库库款。

第六十六条 各级国库必须凭本级政府财政部门签发的拨款凭证或者支付清算指令于当日办理资金拨付，并及时将款项转入收款单位的账户或者清算资金。

各级国库和有关银行业金融机构不得占压财政部门拨付的预算资金。

第六十七条 各级政府财政部门、预算收入征收部门和单位、国库应当建立健全相互之间的预算收入对账制度，在预算执行中按月、按年核对预算收入的收纳以及库款拨付情况，保证预算收入的征收入库、库款拨付和库存金额准确无误。

第六十八条 中央预算收入、中央和地方预算共享收入退库的办法，由财政部制定。地方预算收入退库的办法，由省、自治区、直辖市政府财政部门制定。

各级预算收入退库的审批权属于本级政府财政部门。中央预算收入、中央和地方预算共享收入的退库,由财政部或者财政部授权的机构批准。地方预算收入的退库,由地方政府财政部门或者其授权的机构批准。具体退库程序按照财政部的有关规定办理。

办理预算收入退库,应当直接退给申请单位或者申请个人,按照国家规定用途使用。任何部门、单位和个人不得截留、挪用退库款项。

第六十九条　各级政府应当加强对本级国库的管理和监督,各级政府财政部门负责协调本级预算收入征收部门和单位与国库的业务工作。

第七十条　国务院各部门制定的规章、文件,凡涉及减免应缴预算收入、设立和改变收入项目和标准、罚没财物处理、经费开支标准和范围、国有资产处置和收益分配以及会计核算等事项的,应当符合国家统一的规定;凡涉及增加或者减少财政收入或者支出的,应当征求财政部意见。

第七十一条　地方政府依据法定权限制定的规章和规定的行政措施,不得涉及减免中央预算收入、中央和地方预算共享收入,不得影响中央预算收入、中央和地方预算共享收入的征收;违反规定的,有关预算收入征收部门和单位有权拒绝执行,并应当向上级预算收入征收部门和单位以及财政部报告。

第七十二条　各级政府应当加强对预算执行工作的领导,定期听取财政部门有关预算执行情况的汇报,研究解决预算执行中出现的问题。

第七十三条　各级政府财政部门有权监督本级各部门及其所属各单位的预算管理有关工作,对各部门的预算执行情况和绩效进行评价、考核。

各级政府财政部门有权对与本级各预算收入相关的征收部门和单位征收本级预算收入的情况进行监督,对违反法律、行政法规规定多征、提前征收、减征、免征、缓征或者退还预算收入的,责令改正。

第七十四条　各级政府财政部门应当每月向本级政府报告预算执行情况,具体报告内容、方式和期限由本级政府规定。

第七十五条　地方各级政府财政部门应当定期向上一级政府财政部门报送本行政区域预算执行情况,包括预算执行旬报、月报、季报,政府债务余额统计报告,国库库款报告以及相关文字说明材料。具体报送内容、方式和期限由上一级政府财政部门规定。

第七十六条　各级税务、海关等预算收入征收部门和单位应当按照财政部门规定的期限和要求，向财政部门和上级主管部门报送有关预算收入征收情况，并附文字说明材料。

各级税务、海关等预算收入征收部门和单位应当与相关财政部门建立收入征管信息共享机制。

第七十七条 各部门应当按照本级政府财政部门规定的期限和要求，向本级政府财政部门报送本部门及其所属各单位的预算收支情况等报表和文字说明材料。

第七十八条 预算法第六十六条第一款所称超收收入，是指年度本级一般公共预算收入的实际完成数超过经本级人民代表大会或者其常务委员会批准的预算收入数的部分。

预算法第六十六条第三款所称短收，是指年度本级一般公共预算收入的实际完成数小于经本级人民代表大会或者其常务委员会批准的预算收入数的情形。

前两款所称实际完成数和预算收入数，不包括转移性收入和政府债务收入。

省、自治区、直辖市政府依照预算法第六十六条第三款规定增列的赤字，可以通过在国务院下达的本地区政府债务限额内发行地方政府一般债券予以平衡。

设区的市、自治州以下各级一般公共预算年度执行中出现短收的，应当通过调入预算稳定调节基金或者其他预算资金、减少支出等方式实现收支平衡；采取上述措施仍不能实现收支平衡的，可以通过申请上级政府临时救助平衡当年预算，并在下一年度预算中安排资金归还。

各级一般公共预算年度执行中厉行节约、节约开支，造成本级预算支出实际执行数小于预算总支出的，不属于预算调整的情形。

各级政府性基金预算年度执行中有超收收入的，应当在下一年度安排使用并优先用于偿还相应的专项债务；出现短收的，应当通过减少支出实现收支平衡。国务院另有规定的除外。

各级国有资本经营预算年度执行中有超收收入的，应当在下一年度安排使用；出现短收的，应当通过减少支出实现收支平衡。国务院另有规定的除外。

第七十九条 年度预算确定后,部门、单位改变隶属关系引起预算级次或者预算关系变化的,应当在改变财务关系的同时,相应办理预算、资产划转。

第五章 决算

第八十条 预算法第七十四条所称决算草案,是指各级政府、各部门、各单位编制的未经法定程序审查和批准的预算收支和结余的年度执行结果。

第八十一条 财政部应当在每年第四季度部署编制决算草案的原则、要求、方法和报送期限,制发中央各部门决算、地方决算以及其他有关决算的报表格式。

省、自治区、直辖市政府按照国务院的要求和财政部的部署,结合本地区的具体情况,提出本行政区域编制决算草案的要求。

县级以上地方政府财政部门根据财政部的部署和省、自治区、直辖市政府的要求,部署编制本级政府各部门和下级政府决算草案的原则、要求、方法和报送期限,制发本级政府各部门决算、下级政府决算以及其他有关决算的报表格式。

第八十二条 地方政府财政部门根据上级政府财政部门的部署,制定本行政区域决算草案和本级各部门决算草案的具体编制办法。

各部门根据本级政府财政部门的部署,制定所属各单位决算草案的具体编制办法。

第八十三条 各级政府财政部门、各部门、各单位在每一预算年度终了时,应当清理核实全年预算收入、支出数据和往来款项,做好决算数据对账工作。

决算各项数据应当以经核实的各级政府、各部门、各单位会计数据为准,不得以估计数据替代,不得弄虚作假。

各部门、各单位决算应当列示结转、结余资金。

第八十四条 各单位应当按照主管部门的布置,认真编制本单位决算草案,在规定期限内上报。

各部门在审核汇总所属各单位决算草案基础上,连同本部门自身的决算收入和支出数据，汇编成本部门决算草案并附详细说明，经部门负责人签章后，在规定期限内报本级政府财政部门审核。

第八十五条 各级预算收入征收部门和单位应当按照财政部门的要求，及时编制收入年报以及有关资料并报送财政部门。

第八十六条 各级政府财政部门应当根据本级预算、预算会计核算数据等相关资料编制本级决算草案。

第八十七条 年度预算执行终了，对于上下级财政之间按照规定需要清算的事项，应当在决算时办理结算。

县级以上各级政府财政部门编制的决算草案应当及时报送本级政府审计部门审计。

第八十八条 县级以上地方各级政府应当自本级决算经批准之日起30日内，将本级决算以及下一级政府上报备案的决算汇总，报上一级政府备案；将下一级政府报送备案的决算汇总，报本级人民代表大会常务委员会备案。

乡、民族乡、镇政府应当自本级决算经批准之日起30日内，将本级决算报上一级政府备案。

第六章 监督

第八十九条 县级以上各级政府应当接受本级和上级人民代表大会及其常务委员会对预算执行情况和决算的监督，乡、民族乡、镇政府应当接受本级人民代表大会和上级人民代表大会及其常务委员会对预算执行情况和决算的监督；按照本级人民代表大会或者其常务委员会的要求，报告预算执行情况；认真研究处理本级人民代表大会代表或者其常务委员会组成人员有关改进预算管理的建议、批评和意见，并及时答复。

第九十条 各级政府应当加强对下级政府预算执行情况的监督，对下级政府在预算执行中违反预算法、本条例和国家方针政策的行为，依法予以制止和纠正；对本级预算执行中出现的问题，及时采取处理措施。

下级政府应当接受上级政府对预算执行情况的监督；根据上级政府的要求，及时提供资料，如实反映情况，不得隐瞒、虚报；严格执行上级政府作出的有关决定，并将执行结果及时上报。

第九十一条 各部门及其所属各单位应当接受本级政府财政部门对预算管理有关工作的监督。

财政部派出机构根据职责和财政部的授权,依法开展工作。

第九十二条 各级政府审计部门应当依法对本级预算执行情况和决算草案,本级各部门、各单位和下级政府的预算执行情况和决算,进行审计监督。

第七章 法律责任

第九十三条 预算法第九十三条第六项所称违反本法规定冻结、动用国库库款或者以其他方式支配已入国库库款,是指:

(一)未经有关政府财政部门同意,冻结、动用国库库款;

(二)预算收入征收部门和单位违反规定将所收税款和其他预算收入存入国库之外的其他账户;

(三)未经有关政府财政部门或者财政部门授权的机构同意,办理资金拨付和退付;

(四)将国库库款挪作他用;

(五)延解、占压国库库款;

(六)占压政府财政部门拨付的预算资金。

第九十四条 各级政府、有关部门和单位有下列行为之一的,责令改正;对负有直接责任的主管人员和其他直接责任人员,依法给予处分:

(一)突破一般债务限额或者专项债务限额举借债务;

(二)违反本条例规定下达转移支付预算或者拨付转移支付资金;

(三)擅自开设、变更账户。

第八章 附则

第九十五条 预算法第九十七条所称政府综合财务报告,是指以权责发生制为基础编制的反映各级政府整体财务状况、运行情况和财政中长期可持续性的报告。政府综合财务报告包括政府资产负债表、收入费用表等财务报表和报表附注,以及以此为基础进行的综合分析等。

第九十六条 政府投资年度计划应当和本级预算相衔接。政府投资决策、项目实施和监督管理按照政府投资有关行政法规执行。

第九十七条 本条例自 2020 年 10 月 1 日起施行。

附录五

国务院关于进一步深化预算管理制度改革的意见

（2021 年 3 月 7 日　国发〔2021〕5 号）

各省、自治区、直辖市人民政府，国务院各部委、各直属机构：

预算体现国家的战略和政策，反映政府的活动范围和方向，是推进国家治理体系和治理能力现代化的重要支撑，是宏观调控的重要手段。党的十八大以来，按照党中央、国务院决策部署，预算管理制度不断改革完善，为建立现代财政制度奠定了坚实基础。当前和今后一个时期，财政处于紧平衡状态，收支矛盾较为突出，加之预算管理中存在统筹力度不足、政府过紧日子意识尚未牢固树立、预算约束不够有力、资源配置使用效率有待提高、预算公开范围和内容仍需拓展等问题，影响了财政资源统筹和可持续性。为落实《中华人民共和国预算法》及其实施条例有关规定，规范管理、提高效率、挖掘潜力、释放活力，现就进一步深化预算管理制度改革提出以下意见。

一、总体要求

（一）指导思想。以习近平新时代中国特色社会主义思想为指导，深入贯彻党的十九大和十九届二中、三中、四中、五中全会精神，全面贯彻党的基本理论、基本路线、基本方略，坚持稳中求进工作总基调，立足新发展阶段、贯彻新发展理念、构建新发展格局，以推动高质量发展为主题，以深化供给侧结构性改革为主线，以改革创新为根本动力，以满足人民日益增长的美好生活需要为根本目的，更加有效保障和改善民生，进一步完善预算管理制度，更好发挥财政在国家治理中的基础和重要支柱作用，为全面建设社会主义现代化国家提供坚实保障。

（二）基本原则。坚持党的全面领导。将坚持和加强党的全面领导贯穿预算管理制度改革全过程。坚持以人民为中心，兜牢基本民生底线。坚持系统观念，加强财政资源统筹，集中力量办大事，坚决落实政府过紧日子要求，强化预算对落实党和国家重大政策的保障能力，实现有限公共资源与政策目标有效匹配。

坚持预算法定。增强法治观念，强化纪律意识，严肃财经纪律，更加注重强化约束，着力提升制度执行力，维护法律的权威性和制度的刚性约束力。明确地方和部门的主体责任，切实强化预算约束，加强对权力运行的制约和监督。

坚持目标引领。按照建立现代财税体制的要求，坚持目标导向和问题导向相结合，完善管理手段，创新管理技术，破除管理瓶颈，推进预算和绩效管理一体化，以信息化推进预算管理现代化，加强预算管理各项制度的系统集成、协同高效，提高预算管理规范化、科学化、标准化水平和预算透明度。

坚持底线思维。把防风险摆在更加突出的位置，统筹发展和安全、当前和长远，杜绝脱离实际的过高承诺，形成稳定合理的社会预期。加强政府债务和中长期支出事项管理，牢牢守住不发生系统性风险的底线。

二、加大预算收入统筹力度，增强财政保障能力

（三）规范政府收入预算管理。实事求是编制收入预算，考虑经济运行和实施减税降费政策等因素合理测算。严禁将财政收入规模、增幅纳入考核评比。严格落实各项减税降费政策，严禁收取过头税费、违规设置收费项目或提高收费标准。依照法律法规及时足额征收应征的预算收入，如实反映财政收入情况，提高收入质量，严禁虚收空转。不得违法违规制定实施各种形式的歧视性税费减免政策，维护全国统一市场和公平竞争。严禁将政府非税收入与征收单位支出挂钩。

（四）加强政府性资源统筹管理。将依托行政权力、国有资源（资产）获取的收入以及特许经营权拍卖收入等按规定全面纳入预算，加大预算统筹力度。完善收费基金清单管理，将列入清单的收费基金按规定纳入预算。将应当由政府统筹使用的基金项目转列一般公共预算。合理确定国有资本收益上交比例。

（五）强化部门和单位收入统筹管理。各部门和单位要依法依规将取得的各类收入纳入部门或单位预算，未纳入预算的收入不得安排支出。各部门应当加强所属单位事业收入、事业单位经营收入等非财政拨款收入管理，在部门和单位预算中如实反映非财政拨款收入情况。加强行政事业性国有资产收入管理，资产出租、处置等收入按规定上缴国库或纳入单位预算。

（六）盘活各类存量资源。盘活财政存量资金，完善结余资金收回使用机制。新增资产配置要与资产存量挂钩，依法依规编制相关支出预算。严格各类资产登记和核算，所有资本性支出应当形成资产并予以全程登记。各级行政事业单位要将资产使用管理责任落实到人，确保资产安全完整、高效利用。推动国有资产共享共用，促进长期低效运转、闲置和超标准配置资产以及临时配置资产调剂使用，有条件的部门和地区可以探索建立公物仓，按规定处置不需使用且难以调剂的国有资产，提高财政资源配置效益。

三、规范预算支出管理，推进财政支出标准化

（七）加强重大决策部署财力保障。各级预算安排要将落实党中央、国务院重大决策部署作为首要任务，贯彻党的路线方针政策，增强对国家重大战略任务、国家发展规划的财力保障。完善预算决策机制和程序，各级预算、决算草案提请本级人大或其常委会审查批准前，应当按程序报本级党委和政府审议；各部门预算草案应当报本部门党组（党委）审议。

（八）合理安排支出预算规模。坚持量入为出原则，积极运用零基预算理念，打破支出固化僵化格局，合理确定支出预算规模，调整完善相关重点支出的预算编制程序，不再与财政收支增幅或生产总值层层挂钩。充分发挥财政政策逆周期调节作用，安排财政赤字和举借债务要与经济逆周

期调节相适应,将政府杠杆率控制在合理水平,并预留应对经济周期变化的政策空间。

(九)大力优化财政支出结构。各级预算安排要突出重点,坚持"三保"(保基本民生、保工资、保运转)支出在财政支出中的优先顺序,坚决兜住"三保"底线,不留硬缺口。严格控制竞争性领域财政投入,强化对具有正外部性创新发展的支持。不折不扣落实过紧日子要求,厉行节约办一切事业,建立节约型财政保障机制,精打细算,严控一般性支出。严禁违反规定乱开口子、随意追加预算。严格控制政府性楼堂馆所建设,严格控制和执行资产配置标准,暂时没有标准的要从严控制、避免浪费。清理压缩各种福利性、普惠性、基数化奖励。优化国有资本经营预算支出结构,强化资本金注入,推动国有经济布局优化和结构调整。

(十)完善财政资金直达机制。在保持现行财政体制、资金管理权限和保障主体责任基本稳定的前提下,稳步扩大直达资金范围。完善直达资金分配审核流程,加强对地方分配直达资金情况的监督,确保资金安排符合相关制度规定、体现政策导向。建立健全直达资金监控体系,加强部门协同联动,强化从资金源头到使用末端的全过程、全链条、全方位监管,资金监管"一竿子插到底",确保资金直达使用单位、直接惠企利民,防止挤占挪用、沉淀闲置等,提高财政资金使用的有效性和精准性。

(十一)推进支出标准体系建设。建立国家基础标准和地方标准相结合的基本公共服务保障标准体系,由财政部会同中央有关职能部门按程序制定国家基础标准,地方结合公共服务状况、支出成本差异、财政承受能力等因素因地制宜制定地方标准,按程序报上级备案后执行。鼓励各地区结合实际在国家尚未出台基础标准的领域制定地方标准。各地区要围绕"三保"等基本需要研究制定县级标准。根据支出政策、项目要素及成本、财力水平等,建立不同行业、不同地区、分类分档的预算项目支出标准体系。根据经济社会发展、物价变动和财力变化等动态调整支出标准。加强对项目执行情况的分析和结果运用,将科学合理的实际执行情况作为制定和调整标准的依据。加快推进项目要素、项目文本、绩效指标等标准化规范化。将支出标准作为预算编制的基本依据,不得超标准编制预算。

四、严格预算编制管理,增强财政预算完整性

(十二)改进政府预算编制。上级政府应当依法依规提前下达转移支付和新增地方政府债务限额预计数,增强地方预算编制的完整性、主动性。下级政府应当严格按照提前下达数如实编制预算,既不得虚列收支、增加规模,也不得少列收支、脱离监督。进一步优化转移支付体系,完善转移支付资金分配方法,健全转移支付定期评估和动态调整、退出机制,提高转移支付管理的规范性、科学性、合理性。规范国有资本经营预算编制,经本级人大或其常委会批准,国有资本规模较小或国有企业数量较少的市县可以不编制本级国有资本经营预算。

(十三)加强跨年度预算平衡。加强中期财政规划管理,进一步增强与国家发展规划的衔接,强化中期财政规划对年度预算的约束。对各类合规确定的中长期支出事项和跨年度项目,要根据项目预算管理等要求,将全生命周期内对财政支出的影响纳入中期财政规划。地方政府举借债务应当严格落实偿债资金来源,科学测算评估预期偿债收入,合理制定偿债计划,并在中期财政规划中如实反映。鼓励地方结合项目偿债收入情况,建立政府偿债备付金制度。

(十四)加强部门和单位预算管理。政府的全部收入和支出都应当依法纳入预算,执行统一的预算管理制度。落实部门和单位预算管理主体责任,部门和单位要对预算完整性、规范性、真实性以及执行结果负责。各部门要统筹各类资金资产,结合本部门非财政拨款收入情况统筹申请预算,保障合理支出需求。将项目作为部门和单位预算管理的基本单元,预算支出全部以项目形式纳入预算项目库,实施项目全生命周期管理,未纳入预算项目库的项目一律不得安排预算。有关部门负责安排的建设项目,要按规定纳入部门项目库并纳入预算项目库。实行项目标准化分类,规范立项依据、实施期限、支出标准、预算需求等要素。建立健全项目入库评审机制和项目滚动管理机制。做实做细项目储备,纳入预算项目库的项目应当按规定完成可行性研究论证、制定具体实施计划等各项前期工作,做到预算一经批准即可实施,并按照轻重缓急等排序,突出保障重点。推进运用成本效益分析等方法研究开展事前绩效评估。依法依规管理预算代编

事项,除应急、救灾等特殊事项外,部门不得代编应由所属单位实施的项目预算。

(十五) 完善政府财务报告体系。建立完善权责发生制政府综合财务报告制度,全面客观反映政府资产负债与财政可持续性情况。健全财政总预算会计制度,将财政财务信息内容从预算收支信息扩展至资产、负债、投资等信息。推动预算单位深化政府会计改革,全面有效实施政府会计标准体系,完善权责发生制会计核算基础。完善国有资产管理情况报告制度,做好与政府综合财务报告的衔接。

五、强化预算执行和绩效管理,增强预算约束力

(十六) 强化预算对执行的控制。严格执行人大批准的预算,预算一经批准非经法定程序不得调整。对预算指标实行统一规范的核算管理,精准反映预算指标变化,实现预算指标对执行的有效控制。坚持先有预算后有支出,严禁超预算、无预算安排支出或开展政府采购,严禁将国库资金违规拨入财政专户。严禁出台溯及以前年度的增支政策,新的增支政策原则上通过以后年度预算安排支出。规范预算调剂行为。规范按权责发生制列支事项,市县级财政国库集中支付结余不再按权责发生制列支。严禁以拨代支,进一步加强地方财政暂付性款项管理,除已按规定程序审核批准的事项外,不得对未列入预算的项目安排支出。加强对政府投资基金设立和出资的预算约束,提高资金使用效益。加强国有资本管理与监督,确保国有资本安全和保值增值。

(十七) 推动预算绩效管理提质增效。将落实党中央、国务院重大决策部署作为预算绩效管理重点,加强财政政策评估评价,增强政策可行性和财政可持续性。加强重点领域预算绩效管理,分类明确转移支付绩效管理重点,强化引导约束。加强对政府和社会资本合作、政府购买服务等项目的全过程绩效管理。加强国有资本资产使用绩效管理,提高使用效益。加强绩效评价结果应用,将绩效评价结果与完善政策、调整预算安排有机衔接,对低效无效资金一律削减或取消,对沉淀资金一律按规定收回并统筹安排。加大绩效信息公开力度,推动绩效目标、绩效评价结果向社会公开。

（十八）优化国库集中收付管理。对政府全部收入和支出实行国库集中收付管理。完善国库集中支付控制体系和集中校验机制，实行全流程电子支付，优化预算支出审核流程，全面提升资金支付效率。根据预算收入进度和资金调度需要等，合理安排国债、地方政府债券的发行规模和节奏，节省资金成本。优化国债品种期限结构，发挥国债收益率曲线定价基准作用。完善财政收支和国库现金流量预测体系，建立健全库款风险预警机制，统筹协调国库库款管理、政府债券发行与国库现金运作。

（十九）拓展政府采购政策功能。建立政府采购需求标准体系，鼓励相关部门结合部门和行业特点提出政府采购相关政策需求，推动在政府采购需求标准中嵌入支持创新、绿色发展等政策要求。细化政府采购预算编制，确保与年度预算相衔接。建立支持创新产品及服务、中小企业发展等政策落实的预算编制和资金支付控制机制。对于适合以市场化方式提供的服务事项，应当依法依规实施政府购买服务，坚持费随事转，防止出现"一边购买服务，一边养人办事"的情况。

六、加强风险防控，增强财政可持续性

（二十）健全地方政府依法适度举债机制。健全地方政府债务限额确定机制，一般债务限额与一般公共预算收入相匹配，专项债务限额与政府性基金预算收入及项目收益相匹配。完善专项债券管理机制，专项债券必须用于有一定收益的公益性建设项目，建立健全专项债券项目全生命周期收支平衡机制，实现融资规模与项目收益相平衡，专项债券期限要与项目期限相匹配，专项债券项目对应的政府性基金收入、专项收入应当及时足额缴入国库，保障专项债券到期本息偿付。完善以债务率为主的政府债务风险评估指标体系，建立健全政府债务与项目资产、收益相对应的制度，综合评估政府偿债能力。加强风险评估预警结果应用，有效前移风险防控关口。依法落实到期法定债券偿还责任。健全地方政府债务信息公开及债券信息披露机制，发挥全统一的地方政府债务信息公开平台作用，全面覆盖债券参与主体和机构，打通地方政府债券管理全链条，促进形成市场化融资自律约束机制。

（二十一）防范化解地方政府隐性债务风险。把防范化解地方政府隐性债务风险作为重要的政治纪律和政治规矩,坚决遏制隐性债务增量,妥善处置和化解隐性债务存量。完善常态化监控机制,进一步加强日常监督管理,决不允许新增隐性债务上新项目、铺新摊子。强化国有企事业单位监管,依法健全地方政府及其部门向企事业单位拨款机制,严禁地方政府以企业债务形式增加隐性债务。严禁地方政府通过金融机构违规融资或变相举债。金融机构要审慎合规经营,尽职调查、严格把关,严禁要求或接受地方党委、人大、政府及其部门出具担保性质文件或者签署担保性质协议。清理规范地方融资平台公司,剥离其政府融资职能,对失去清偿能力的要依法实施破产重整或清算。健全市场化、法治化的债务违约处置机制,鼓励债务人、债权人协商处置存量债务,切实防范恶意逃废债,保护债权人合法权益,坚决防止风险累积形成系统性风险。加强督查审计问责,严格落实政府举债终身问责制和债务问题倒查机制。

(二十二)防范化解财政运行风险隐患。推进养老保险全国统筹,坚持精算平衡,加强基金运行监测,防范待遇支付风险。加强医疗、失业、工伤等社保基金管理,推进省级统筹,根据收支状况及时调整完善缴费和待遇政策,促进收支基本平衡。各地区出台涉及增加财政支出的重大政策或实施重大政府投资项目前,要按规定进行财政承受能力评估,未通过评估的不得安排预算。规范政府和社会资本合作项目管理。各部门出台政策时要考虑地方财政承受能力。除党中央、国务院统一要求以及共同事权地方应负担部分外,上级政府及其部门不得出台要求下级配套或以达标评比、考核评价等名目变相配套的政策。加强政府中长期支出事项管理,客观评估对财政可持续性的影响。

七、增强财政透明度,提高预算管理信息化水平

(二十三)改进预决算公开。加大各级政府预决算公开力度,大力推进财政政策公开。扩大部门预决算公开范围,各部门所属预算单位预算、决算及相关报表应当依法依规向社会公开。推进政府投资基金、收费基金、国有资本收益、政府采购意向等信息按规定向社会公开。建立民生项目信息公示制度。细化政府预决算公开内容,转移支付资金管理办法及绩效目标、预算安排情况等应当依法依规向社会公开。细化部门预决算公开

内容，项目预算安排、使用情况等项目信息应当依法依规向社会公开。推进按支出经济分类公开政府预决算和部门预决算。

（二十四）发挥多种监督方式的协同效应。充分发挥党内监督的主导作用，加强财会监督，促进财会监督与党内监督、监察监督、行政监督、司法监督、审计监督、统计监督、群众监督、舆论监督等协同发力。各级政府、各部门要依法接受各级人大及其常委会、审计部门的监督。推进人大预算联网监督工作。各级财政部门要做好财税法规和政策执行情况、预算管理有关监督工作，构建日常监管与专项监督协调配合的监督机制。强化监督结果运用，对监督发现的问题，严格依规依纪依法追究有关单位和人员责任，加大处理结果公开力度。

（二十五）实现中央和地方财政系统信息贯通。用信息化手段支撑中央和地方预算管理，规范各级预算管理工作流程等，统一数据标准，推动数据共享。以省级财政为主体加快建设覆盖本地区的预算管理一体化系统并与中央财政对接，动态反映各级预算安排和执行情况，力争 2022 年底全面运行。中央部门根据国家政务信息化建设进展同步推进相关信息系统建设。建立完善全覆盖、全链条的转移支付资金监控机制，实时记录和动态反映转移支付资金分配、拨付、使用情况，实现资金从预算安排源头到使用末端全过程来源清晰、流向明确、账目可查、账实相符。

（二十六）推进部门间预算信息互联共享。预算管理一体化系统集中反映单位基础信息和会计核算、资产管理、账户管理等预算信息，实现财政部门与主管部门共享共用。积极推动财政与组织、人力资源和社会保障、税务、人民银行、审计、公安、市场监管等部门实现基础信息按规定共享共用。落实部门和单位财务管理主体责任，强化部门对所属单位预算执行的监控管理职责。

各地区、各部门要充分认识到进一步深化预算管理制度改革的重要意义，把思想认识和行动统一到党中央、国务院的决策部署上来，增强"四个意识"、坚定"四个自信"、做到"两个维护"，主动谋划，精心组织，扎实推进改革。各地区要按照本意见要求，结合本地区实际，细化各项政策措施，切实加强制度建设，夯实改革基础，推进人才队伍建设，确保各项改革任务及时落地见效，推动预算管理水平再上新台阶。

附录六

党政机关厉行节约反对浪费条例

(2013年11月18日 国务院公报2013年第34号)

第一章 总则

第一条 为了进一步弘扬艰苦奋斗、勤俭节约的优良作风，推进党政机关厉行节约反对浪费，建设节约型机关，根据国家有关法律法规和中央有关规定，制定本条例。

第二条 本条例适用于党的机关、人大机关、行政机关、政协机关、审判机关、检察机关，以及工会、共青团、妇联等人民团体和参照公务员法管理的事业单位。

第三条 本条例所称浪费，是指党政机关及其工作人员违反规定进行不必要的公务活动，或者在履行公务中超出规定范围、标准和要求，不当使用公共资金、资产和资源，给国家和社会造成损失的行为。

第四条 党政机关厉行节约反对浪费，应当遵循下列原则：坚持从严从简，勤俭办一切事业，降低公务活动成本；坚持依法依规，遵守国家法律法规和党内法规制度的相关规定，严格按程序办事；坚持总量控制，科学设定相关标准，严格控制经费支出总额，加强厉行节约绩效考评；坚持实事求是，从实际出发安排公务活动，取消不必要的公务活动，保证正常公务活动；坚持公开透明，除涉及国家秘密事项外，公务活动中的资金、资产、资源使用等情况应予公开，接受各方面监督；坚持深化改革，通过改革创新破解体制机制障碍，建立健全厉行节约反对浪费工作长效机制。

第五条 中共中央办公厅、国务院办公厅负责统筹协调、指导检查全国党政机关厉行节约反对浪费工作，建立协调联络机制承办具体事务。地方各级党委办公厅（室）、政府办公厅（室）负责指导检查本地区党政机关厉行节约反对浪费工作。

纪检监察机关和组织人事、宣传、外事、发展改革、财政、审计、机关事务管理等部门根据职责分工，依法依规履行对厉行节约反对浪费相关工作的管理、监督等职责。

第六条 各级党委和政府应当加强对厉行节约反对浪费工作的组织领导。党政机关领导班子主要负责人对本地区、本部门、本单位的厉行节约反对浪费工作负总责，其他成员根据工作分工，对职责范围内的厉行节约反对浪费工作负主要领导责任。

第二章 经费管理

第七条 党政机关应当加强预算编制管理，按照综合预算的要求，将各项收入和支出全部纳入部门预算。

党政机关依法取得的罚没收入、行政事业性收费、政府性基金、国有资产收益和处置等非税收入，必须按规定及时足额上缴国库，严禁以任何形式隐瞒、截留、挤占、挪用、坐支或者私分，严禁转移到机关所属工会、培训中心、服务中心等单位账户使用。

第八条 党政机关应当遵循先有预算、后有支出的原则，严格执行预算，严禁超预算或者无预算安排支出，严禁虚列支出、转移或者套取预算资金。

严格控制国内差旅费、因公临时出国（境）费、公务接待费、公务用车购置及运行费、会议费、培训费等支出。年度预算执行中不予追加，因特殊需要确需追加的，由财政部门审核后按程序报批。

建立预算执行全过程动态监控机制，完善预算执行管理办法，建立健全预算绩效管理体系，增强预算执行的严肃性，提高预算执行的准确率，防止年底突击花钱等现象发生。

第九条 推进政府会计改革，进一步健全会计制度，准确核算机关运行经费，全面反映行政成本。

第十条 财政部门应当会同有关部门，根据国内差旅、因公临时出国（境）、公务接待、会议、培训等工作特点，综合考虑经济发展水平、有关货物和服务的市场价格水平，制定分地区的公务活动经费开支范围和开支标准。

加强相关开支标准之间的衔接，建立开支标准调整机制，定期根据有关货物和服务的市场价格变动情况调整相关开支标准，增强开支标准的协调性、规范性、科学性。

严格开支范围和标准，严格支出报销审核，不得报销任何超范围、超标准以及与相关公务活动无关的费用。

第十一条 全面实行公务卡制度。健全公务卡强制结算目录，党政机关国内发生的公务差旅费、公务接待费、公务用车购置及运行费、会议费、培训费等经费支出，除按规定实行财政直接支付或者银行转账外，应当使用公务卡结算。

第十二条 党政机关采购货物、工程和服务，应当遵循公开透明、公平竞争、诚实信用原则。

政府采购应当依法完整编制采购预算，严格执行经费预算和资产配置标准，合理确定采购需求，不得超标准采购，不得超出办公需要采购服务。

严格执行政府采购程序，不得违反规定以任何方式和理由指定或者变相指定品牌、型号、产地。采购公开招标数额标准以上的货物、工程和服务，应当进行公开招标，确需改变采购方式的，应当严格执行有关公示和审批程序。列入政府集中采购目录范围的，应当委托集中采购机构代理采购，并逐步实行批量集中采购。严格控制协议供货采购的数量和规模，不得以协议供货拆分项目的方式规避公开招标。

党政机关应当按照政府采购合同规定的采购需求组织验收。政府采购监督管理部门应当逐步建立政府采购结果评价制度，对政府采购的资金节约、政策效能、透明程度以及专业化水平进行综合、客观评价。

加快政府采购管理交易平台建设，推进电子化政府采购。

第三章 国内差旅和因公临时出国（境）

第十三条 党政机关应当建立健全并严格执行国内差旅内部审批制度，从严控制国内差旅人数和天数，严禁无明确公务目的的差旅活动，严禁以公务差旅为名变相旅游，严禁异地部门间无实质内容的学习交流和考察调研。

第十四条 国内差旅人员应当严格按规定乘坐交通工具、住宿、就餐，费用由所在单位承担。

差旅人员住宿、就餐由接待单位协助安排的，必须按标准交纳住宿费、餐费。差旅人员不得向接待单位提出正常公务活动以外的要求，不得接受礼金、礼品和土特产品等。

第十五条 统筹安排年度因公临时出国计划，严格控制团组数量和规模，不得安排照顾性、无实质内容的一般性出访，不得安排考察性出访，严禁集中安排赴热门国家和地区出访，严禁以各种名义变相公款出国旅游。严格执行因公临时出国限量管理规定，不得把出国作为个人待遇、安排轮流出国。严格控制跨地区、跨部门团组。

组织、外专等有关部门应当加强出国培训总体规划和监督管理，严格控制出国培训规模，科学设置培训项目，择优选派培训对象，提高出国培训的质量和实效。

第十六条 外事管理部门应当加强因公临时出国审核审批管理，对违反规定、不适合成行的团组予以调整或者取消。

加强因公临时出国经费预算总额控制，严格执行经费先行审核制度。无出国经费预算安排的不予批准，确有特殊需要的，按规定程序报批。严禁违反规定使用出国经费预算以外资金作为出国经费，严禁向所属单位、企业、我国驻外机构等摊派或者转嫁出国费用。

第十七条 出国团组应当按规定标准安排交通工具和食宿，不得违反规定乘坐民航包机，不得乘坐私人、企业和外国航空公司包机，不得安排超标准住房和用车，不得擅自增加出访国家或者地区，不得擅自绕道旅行，不得擅自延长在国外停留时间。

出国期间，不得与我国驻外机构和其他中资机构、企业之间用公款互赠礼品或者纪念品，不得用公款相互宴请。

第十八条 严格根据工作需要编制出境计划，加强因公出境审批和管理，不得安排出境考察，不得组织无实质内容的调研、会议、培训等活动。

严格遵守因公出境经费预算、支出、使用、核算等财务制度，不得接受超标准接待和高消费娱乐，不得接受礼金、贵重礼品、有价证券、支付凭证等。

第四章　公务接待

第十九条　建立健全国内公务接待集中管理制度。党政机关公务接待管理部门应当加强对国内公务接待工作的管理和指导。

第二十条　党政机关应当建立公务接待审批控制制度，对无公函的公务活动不予接待，严禁将非公务活动纳入接待范围。

第二十一条　党政机关应当严格执行国内公务接待标准，实行接待费支出总额控制制度。

接待单位应当严格按标准安排接待对象的住宿用房，协助安排用餐的按标准收取餐费，不得在接待费中列支应当由接待对象承担的费用，不得以举办会议、培训等名义列支、转移、隐匿接待费开支。

建立国内公务接待清单制度，如实反映接待对象、公务活动、接待费用等情况。接待清单作为财务报销的凭证之一并接受审计。

第二十二条　外宾接待工作应当遵循服务外交、友好对等、务实节俭的原则。外宾邀请单位应当严格按照有关规定安排接待活动，从严从紧控制外宾团组和接待费用。

第二十三条　有关部门和地方应当参照国内公务接待标准，制定招商引资等活动的接待办法，严格审批，强化管理，严禁超规格、超标准接待，严禁扩大接待范围、增加接待项目，严禁以招商引资等名义变相安排公务接待。

第二十四条　党政机关不得以任何名义新建、改建、扩建所属宾馆、招待所等具有接待功能的设施或者场所。

建立接待资源共享机制，推进机关所属接待、培训场所的集中统一管理和利用。健全服务经营机制，推行机关所属接待、培训场所企业化管理，降低服务经营成本。

积极推进国内公务接待服务社会化改革，有效利用社会资源为国内公务接待提供住宿、餐饮、用车等服务。

第五章　公务用车

第二十五条　坚持社会化、市场化方向，改革公务用车制度，合理有效配置公务用车资源，创新公务交通分类提供方式，保障公务出行，降低行政成本，建立符合国情的新型公务用车制度。

改革公务用车实物配给方式，取消一般公务用车，保留必要的执法执勤、机要通信、应急和特种专业技术用车及按规定配备的其他车辆。普通公务出行由公务人员自主选择，实行社会化提供。取消的一般公务用车，采取公开招标、拍卖等方式公开处置。

适度发放公务交通补贴，不得以车改补贴的名义变相发放福利。

第二十六条　党政机关应当从严配备实行定向化保障的公务用车，不得以特殊用途等理由变相超编制、超标准配备公务用车，不得以任何方式换用、借用、占用下属单位或者其他单位和个人的车辆，不得接受企事业单位和个人赠送的车辆。

严格按规定配备专车，不得擅自扩大专车配备范围或者变相配备专车。

从严控制执法执勤用车的配备范围、编制和标准。执法执勤用车配备应当严格限制在一线执法执勤岗位，机关内部管理和后勤岗位以及机关所属事业单位一律不得配备。

第二十七条　公务用车实行政府集中采购，应当选用国产汽车，优先选用新能源汽车。

公务用车严格按照规定年限更新，已到更新年限尚能继续使用的应当继续使用，不得因领导干部职务晋升、调任等原因提前更新。

公务用车保险、维修、加油等实行政府采购，降低运行成本。

第二十八条　除涉及国家安全、侦查办案等有保密要求的特殊工作用车外，执法执勤用车应当喷涂明显的统一标识。

第二十九条　根据公务活动需要，严格按规定使用公务用车，严禁以任何理由挪用或者固定给个人使用执法执勤、机要通信等公务用车，领导干部亲属和身边工作人员不得因私使用配备给领导干部的公务用车。

第六章　会议活动

第三十条　党政机关应当精简会议，严格执行会议费开支范围和标准。

党政机关会议实行分类管理、分级审批。财政部门应当会同机关事务管理等部门制定本级党政机关会议费管理办法，从严控会议数量、会期和参会人员规模。完善并严格执行严禁党政机关到风景名胜区开会制度规定。

第三十一条 会议召开场所实行政府采购定点管理。会议住宿用房以标准间为主，用餐安排自助餐或者工作餐。

会议期间，不得安排宴请，不得组织旅游以及与会议无关的参观活动，不得以任何名义发放纪念品。

完善会议费报销制度。未经批准以及超范围、超标准开支的会议费用，一律不予报销。严禁违规使用会议费购置办公设备，严禁列支公务接待费等与会议无关的任何费用，严禁套取会议资金。

第三十二条 建立健全培训审批制度，严格控制培训数量、时间、规模，严禁以培训名义召开会议。

严格执行分类培训经费开支标准，严格控制培训经费支出范围，严禁在培训经费中列支公务接待费、会议费等与培训无关的任何费用。严禁以培训名义进行公款宴请、公款旅游活动。

第三十三条 未经批准，党政机关不得以公祭、历史文化、特色物产、单位成立、行政区划变更、工程奠基或者竣工等名义举办或者委托、指派其他单位举办各类节会、庆典活动，不得举办论坛、博览会、展会活动。严禁使用财政性资金举办营业性文艺晚会。从严控制举办大型综合性运动会和各类赛会。

经批准的节会、庆典、论坛、博览会、展会、运动会、赛会等活动，应当严格控制规模和经费支出，不得向下属单位摊派费用，不得借举办活动发放各类纪念品，不得超出规定标准支付费用邀请名人、明星参与活动。为举办活动专门配备的设备在活动结束后应当及时收回。

第三十四条 严格控制和规范各类评比达标表彰活动，实行中央和省（自治区、直辖市）两级审批制度。评比达标表彰项目费用由举办单位承担，不得以任何方式向相关单位和个人收取费用。

第七章 办公用房

第三十五条 党政机关办公用房建设应当从严控制。凡是违反规定的拟建办公用房项目，必须坚决终止；凡是未按照规定程序履行审批手续、擅自开工建设的办公用房项目，必须停建并予以没收；凡是超规模、超标准、超投资概算建设的办公用房项目，应当根据具体情况限期腾退超标准面积或者全部没收、拍卖。

党政机关办公用房应当严格管理，推进办公用房资源的公平配置和集约使用。凡是超过规定面积标准占有、使用办公用房以及未经批准租用办公用房的，必须腾退；凡是未经批准改变办公用房使用功能的，原则上应当恢复原使用功能。严禁出租出借办公用房，已经出租出借的，到期必须收回；租赁合同未到期的，租金收入应当按照收支两条线管理。

第三十六条 党政机关新建、改建、扩建、购置、置换、维修改造、租赁办公用房，必须严格按规定履行审批程序。采取置换方式配给办公用房的，应当执行新建办公用房各项标准，不得以未使用政府预算建设资金、资产整合等名义规避审批。

第三十七条 党政机关办公用房建设项目应当按照朴素、实用、安全、节能原则，严格执行办公用房建设标准、单位综合造价标准和公共建筑节能设计标准，符合土地利用和城市规划要求。党政机关办公楼不得追求成为城市地标建筑，严禁配套建设大型广场、公园等设施。

第三十八条 党政机关办公用房建设项目投资，统一由政府预算建设资金安排。土地收益和资产转让收益应当按照有关规定实行收支两条线管理，不得直接用于办公用房建设。

党政机关办公用房维修改造项目所需投资，统一列入预算由财政资金安排解决，未经审批的项目不得安排预算。

第三十九条 办公用房建设应当严格执行工程招投标和政府采购有关规定，加强对工程项目的全过程监理和审计监督。加快推行办公用房建设项目代建制。

办公用房因使用时间较长、设施设备老化、功能不全，不能满足办公需求的，可以进行维修改造。维修改造项目应当以消除安全隐患、恢复和完善使用功能、降低能源资源消耗为重点，严格履行审批程序，严格执行维修改造标准。

第四十条 建立健全办公用房集中统一管理制度，对办公用房实行统一调配、统一权属登记。

党政机关应当严格按照有关标准和本单位"三定"方案，从严核定、使用办公用房。超标部分应当移交同级机关事务管理部门用于统一调剂。

新建、调整办公用房的单位，应当按照"建新交旧""调新交旧"的原则，在搬入新建或者新调整办公用房的同时，将原办公用房腾退移交机关事务管理部门统一调剂使用。

因机构增设、职能调整确需增加办公用房的，应当在本单位现有办公用房中解决；本单位现有办公用房不能满足需要的，由机关事务管理部门整合办公用房资源调剂解决；无法调剂、确需租用解决的，应当严格履行报批手续，不得以变相补偿方式租用由企业等单位提供的办公用房。

第四十一条 党政机关领导干部应当按照标准配置使用一处办公用房，确因工作需要另行配置办公用房的，应当严格履行审批程序。领导干部不得长期租用宾馆、酒店房间作为办公用房。配置使用的办公用房，在退休或者调离时应当及时腾退并由原单位收回。

第八章 资源节约

第四十二条 党政机关应当节约集约利用资源，加强全过程节约管理，提高能源、水、粮食、办公家具、办公设备、办公用品等的利用效率和效益，统筹利用土地，杜绝浪费行为。

第四十三条 对能源、水的使用实行分类定额和目标责任管理。推广应用节能技术产品，淘汰高耗能设施设备，重点推广应用新能源和可再生能源。积极使用节水型器具，建设节水型单位。

健全节能产品政府采购政策，严格执行节能产品政府强制采购和优先采购制度。

第四十四条 优化办公家具、办公设备等资产的配置和使用，通过调剂方式盘活存量资产，节约购置资金。已到更新年限尚能继续使用的，不得报废处置。

对产生的非涉密废纸、废弃电器电子产品等废旧物品进行集中回收处理，促进循环利用；涉及国家秘密的，按照有关保密规定进行销毁。

第四十五条 党政机关政务信息系统建设应当统筹规划，统一组织实施，防止重复建设和频繁升级。

建立共享共用机制，加强资源整合，推动重要政务信息系统互联互通、信息共享和业务协同，降低软件开发、系统维护和升级等方面费用，防止资源浪费。

积极利用信息化手段，推行无纸化办公，减少一次性办公用品消耗。

第九章　宣传教育

第四十六条　宣传部门应当把厉行节约反对浪费作为重要宣传内容，充分发挥各级各类媒体作用，重视运用互联网等新兴媒体，通过新闻报道、文化作品、公益广告等形式，广泛宣传中华民族勤俭节约的优秀品德，宣传阐释相关制度规定，宣传推广厉行节约的经验做法和先进典型，倡导绿色低碳消费理念和健康文明生活方式。

第四十七条　党政机关应当把加强厉行节约反对浪费教育作为作风建设的重要内容，融入干部队伍建设和机关日常管理之中，建立健全常态化工作机制。对各种铺张浪费现象和行为，应当严肃批评、督促改正。

纪检监察机关应当不定期曝光铺张浪费的典型案例，发挥警示教育作用。

组织人事部门和党校、行政学院、干部学院应当把厉行节约反对浪费作为干部教育培训的重要内容，创新教育方法，切实增强教育培训的针对性和实效性。

第四十八条　党政机关应当围绕建设节约型机关，组织开展形式多样、便于参与的活动，引导干部职工增强节约意识、珍惜物力财力，积极培育和形成崇尚节约、厉行节约、反对浪费的机关文化，为在全社会形成节俭之风发挥示范表率作用。

第十章　监督检查

第四十九条　各级党委和政府应当建立厉行节约反对浪费监督检查机制，明确监督检查的主体、职责、内容、方法、程序等，加强经常性督促检查，针对突出问题开展重点检查、暗访等专项活动。

下级党委和政府应当每年向上级党委和政府报告本地区厉行节约反对

浪费工作情况，党委和政府所属部门、单位应当每年向本级党委和政府报告本部门、本单位厉行节约反对浪费工作情况。报告可结合领导班子年度考核和工作报告一并进行。

第五十条 领导干部厉行节约反对浪费工作情况，应当列为领导班子民主生活会和领导干部述职述廉的重要内容并接受评议。

第五十一条 党委办公厅（室）、政府办公厅（室）负责统筹协调相关部门开展对厉行节约反对浪费工作的督促检查。每年至少组织开展一次专项督查，并将督查情况在适当范围内通报。专项督查可以与党风廉政建设责任制检查考核、年终党建工作考核等相结合，督查考核结果应当按照干部管理权限送纪检监察机关和组织人事部门，作为干部管理监督、选拔任用的依据。

第五十二条 纪检监察机关应当加强对厉行节约反对浪费工作的监督检查，受理群众举报和有关部门移送的案件线索，及时查处违纪违法问题。

中央和省、自治区、直辖市党委巡视组应当按照有关规定，加强对有关党组织领导班子及其成员厉行节约反对浪费工作情况的巡视监督。

第五十三条 财政部门应当加强对党政机关预算编制、执行等财政、财务、政府采购和会计事项的监督检查，依法处理发现的违规问题，并及时向本级党委和政府汇报监督检查结果。

审计部门应当加大对党政机关公务支出和公款消费的审计力度，依法处理、督促整改违规问题，并将涉嫌违纪违法问题移送有关部门查处。

第五十四条 党政机关应当建立健全厉行节约反对浪费信息公开制度。除依照法律法规和有关要求须保密的内容和事项外，下列内容应当按照及时、方便、多样的原则，以适当方式进行公开：

（一）预算和决算信息；

（二）政府采购文件、采购预算、中标成交结果、采购合同等情况；

（三）国内公务接待的批次、人数、经费总额等情况；

（四）会议的名称、主要内容、支出金额等情况；

（五）培训的项目、内容、人数、经费等情况；

（六）节会、庆典、论坛、博览会、展会、运动会、赛会等活动举办信息；

（七）办公用房建设、维修改造、使用、运行费用支出等情况；

（八）公务支出和公款消费的审计结果；

（九）其他需要公开的内容。

第五十五条 推动和支持人民代表大会及其常务委员会依法严格审查批准党政机关公务支出预算，加强对预算执行情况的监督。发挥人大代表的监督作用，通过提出意见、建议、批评以及询问、质询等方式加强对党政机关厉行节约反对浪费工作的监督。

支持人民政协对党政机关厉行节约反对浪费工作的监督，自觉接受并积极支持政协委员通过调研、视察、提案等方式加强对党政机关厉行节约反对浪费工作的监督。

第五十六条 重视各级各类媒体在厉行节约反对浪费方面的舆论监督作用。建立舆情反馈机制，及时调查处理媒体曝光的违规违纪违法问题。

发挥群众对党政机关及其工作人员铺张浪费行为的监督作用，认真调查处理群众反映的问题。

第十一章 责任追究

第五十七条 建立党政机关厉行节约反对浪费工作责任追究制度。

对违反本条例规定造成浪费的，应当依纪依法追究相关人员的责任，对负有领导责任的主要负责人或者有关领导干部实行问责。

第五十八条 有下列情形之一的，追究相关人员的责任：

（一）未经审批列支财政性资金的；

（二）采取弄虚作假等手段违规取得审批的；

（三）违反审批要求擅自变通执行的；

（四）违反管理规定超标准或者以虚假事项开支的；

（五）利用职务便利假公济私的；

（六）有其他违反审批、管理、监督规定行为的。

第五十九条 有下列情形之一的，追究主要负责人或者有关领导干部的责任：

（一）本地区、本部门、本单位铺张浪费、奢侈奢华问题严重，对发现的问题查处不力，干部群众反映强烈的；

（二）指使、纵容下属单位或者人员违反本条例规定造成浪费的；

（三）不履行内部审批、管理、监督职责造成浪费的；

（四）不按规定及时公开本地区、本部门、本单位有关厉行节约反对浪费工作信息的；

（五）其他对铺张浪费问题负有领导责任的。

第六十条 违反本条例规定造成浪费的，根据情节轻重，由有关部门依照职责权限给予批评教育、责令作出检查、诫勉谈话、通报批评或者调离岗位、责令辞职、免职、降职等处理。

应当追究党纪政纪责任的，依照《中国共产党纪律处分条例》《行政机关公务员处分条例》等有关规定给予相应的党纪政纪处分。

涉嫌违法犯罪的，依法追究法律责任。

第六十一条 违反本条例规定获得的经济利益，应当予以收缴或者纠正。

违反本条例规定，用公款支付、报销应由个人支付的费用，应当责令退赔。

第六十二条 受到责任追究的人员对处理决定不服的，可以按照相关规定向有关机关提出申诉。受理申诉机关应当依据有关规定认真受理并作出结论。

申诉期间，不停止处理决定的执行。

第十二章　附则

第六十三条 各省、自治区、直辖市党委和政府，中央和国家机关各部委，可以根据本条例，结合实际制定实施细则。有关职能部门应当根据各自职责，制定完善相关配套制度。

国有企业、国有金融企业、不参照公务员法管理的事业单位，参照本条例执行。

中国人民解放军和中国人民武装警察部队按照军队有关规定执行。

第六十四条 本条例由中共中央办公厅、国务院办公厅会同有关部门负责解释。

第六十五条 本条例自发布之日起施行。1997年5月25日发布的《中共中央、国务院关于党政机关厉行节约制止奢侈浪费行为的若干规定》同时废止。其他有关党政机关厉行节约反对浪费的规定，凡与本条例不一致的，按照本条例执行。

附录七

党政机关办公用房管理办法

第一章 总则

第一条 为了进一步规范党政机关办公用房管理，推进办公用房资源合理配置和节约集约使用，保障正常办公，降低行政成本，促进党风廉政建设和节约型机关建设，根据《党政机关厉行节约反对浪费条例》《机关事务管理条例》《机关团体建设楼堂馆所管理条例》等有关规定，制定本办法。

第二条 本办法适用于各级党政机关办公用房的规划、权属、配置、使用、维修、处置等管理工作。

本办法所称党政机关，是指党的机关、人大机关、行政机关、政协机关、监察机关、审判机关、检察机关，以及工会、共青团、妇联等人民团体和参照公务员法管理的事业单位。

本办法所称办公用房，是指党政机关占有、使用或者可以确认属于机关资产的，为保障党政机关正常运行需要设置的基本工作场所，包括办公室、服务用房、设备用房和附属用房。

第三条 党政机关办公用房管理应当遵循下列原则：

（一）依法合规，严格执行法律法规和党内有关制度规定，强化监督管理；

（二）科学规划，统筹机关办公和公共服务需求，优化布局和功能；

（三）规范配置，科学制定标准，严格审核程序，合理保障需求；

（四）有效利用，统筹调剂余缺，及时依规处置，避免闲置浪费；

（五）厉行节约，注重庄重朴素、经济适用，节约能源资源。

第四条 建立健全党政机关办公用房集中统一管理制度，统一规划、统一权属、统一配置、统一处置。县级以上党政机关办公用房有关管理部门根据职责分工，负责本级党政机关办公用房管理工作，指导下级党政机关办公用房管理工作。

中央和国家机关办公用房管理，由归口的机关事务管理部门负责规划、权属、调剂、使用监管、处置、维修等，国家发展改革委负责建设项目审批、建设标准制定以及投资安排等，财政部负责预算安排、指导开展资产管理等。中央和国家机关所属垂直管理机构、派出机构和参照公务员法管理的事业单位办公用房的权属、使用、维修等有关管理工作，由归口的机关事务管理部门委托行政主管部门负责。

地方各级党政机关办公用房管理的职责分工，由各省、自治区、直辖市参照前款规定，结合本地区实际情况合理确定相关机构承担办公用房管理职责。

各级党政机关是办公用房的使用单位，负责本单位占有、使用办公用房的内部管理和日常维护。

第二章 权属管理

第五条 党政机关办公用房的房屋所有权、土地使用权等不动产权利（以下统称办公用房权属），统一登记至本级机关事务管理部门名下。

中央和国家机关所属垂直管理机构、派出机构和参照公务员法管理的事业单位办公用房权属应当登记在行政主管部门名下。地方各级党政机关所属垂直管理机构、派出机构办公用房权属的登记主体由各省、自治区、直辖市规定。

涉及国家秘密、国家安全等特殊情况的，经机关事务管理部门核准，可以将办公用房权属登记在使用单位名下。

因历史资料缺失、权属不清等问题无法登记的，由机关事务管理部门协调有关部门进行办公用房权属备案，使用单位不得自行处置。

第六条 建立健全党政机关办公用房清查盘点制度。使用单位应当建立本单位办公用房资产管理分台账，资产信息发生变更的，及时调整更新。机关事务管理部门应当建立本级党政机关办公用房资产管理总台账，定期组织清查盘点，确保总台账信息与使用单位分台账信息账账相符，与办公用房实际状况账实相符，与权属证书信息账证相符。

第七条 建立健全党政机关办公用房管理信息统计报告制度。

各级机关事务管理部门应当建立健全本级党政机关办公用房管理信息系统，定期统计汇总办公用房管理情况，报上级机关事务管理部门，并送同级发展改革、财政部门。

国家机关事务管理局、中共中央直属机关事务管理局应当会同有关部门，建立全国党政机关办公用房信息数据库，并纳入国家数据共享交换平台，实现与发展改革、财政、国土资源、住房城乡建设等部门共享共用。各省、自治区、直辖市应当统筹推进本地区办公用房管理信息系统建设，实现上下一体、互联互通、动态管理。

第八条 建立健全党政机关办公用房档案管理制度。使用单位应当加强本单位办公用房档案管理，及时归集权属、建设、维修等原始档案，并移交产权单位。产权单位应当加强办公用房档案的收集、保存和利用，确保档案完整。

第三章 配置管理

第九条 县级以上机关事务管理、发展改革、财政部门应当会同有关部门，结合人员编制情况、办公与业务需要等，编制本级党政机关办公用房配置保障规划，优化办公用房布局，具备条件的逐步推进集中或者相对集中办公，共用配套附属设施。

地方各级人民政府编制土地利用总体规划和城乡规划时，应当统筹安排本级党政机关办公用房用地。县级以上党政机关的驻在地人民政府应当有效保障上级党政机关办公用房用地需求。

第十条 党政机关办公用房配置应当严格执行相关标准，从严核定面积。

国家发展改革委会同住房城乡建设部、财政部，制定和完善党政机关办公用房建设标准，并实行标准动态调整。

第十一条 党政机关办公用房配置方式包括调剂、置换、租用和建设。

第十二条 使用单位需要配置办公用房的，由机关事务管理部门优先整合现有办公用房资源调剂解决。

第十三条 采取置换方式配置办公用房的，应当严格履行审批程序，执行新建办公用房各项标准，确保符合办公用房各类功能要求，并按规定组织资产评估，置换所得超出面积标准的办公用房由机关事务管理部门统一调剂，置换所得收益按照非税收入有关规定管理。

置换旧房的，由机关事务管理部门会同发展改革、财政部门报同级人民政府审批；置换新房的，应当严格履行建设审批程序。不得以置换名义量身打造办公用房，不得以未使用政府预算建设资金、资产整合等名义规避审批。

第十四条 无法调剂或者置换解决办公用房的，可以面向市场租用，但应当严格按照规定履行审批程序。

需租用办公用房的，由使用单位提出申请，经机关事务管理部门核准后，报财政部门审核安排预算；或者由机关事务管理部门统筹本级党政机关办公用房使用需求，制定租用方案，报财政部门审核安排预算后，统一租赁并统筹安排使用。

任何单位不得以变相补偿方式租用由企业等单位提供的办公用房。

各级财政部门会同机关事务管理部门，制定本级党政机关办公用房租金标准，并实行标准动态调整。

第十五条 无法调剂、置换、租用办公用房，或者涉及国家秘密、国家安全等特殊情况的，可以采取建设方式解决，但应当按照国家有关政策从严控制，严格履行审批程序。党政机关办公用房建设包括新建、扩建、改建、购置。

中共中央直属机关办公用房建设项目由归口的机关事务管理部门审核同意后统一申报，由国家发展改革委核报国务院审批。

中央国家机关本级办公用房建设项目，由国家发展改革委核报国务院审批，申报前应当由归口的机关事务管理部门出具必要性审查意见。

中央国家机关所属垂直管理机构、派出机构办公用房建设项目，厅（局）级及以上单位的项目由国家发展改革委审批，申报前应当由归口的机关事务管理部门出具必要性审查意见；厅（局）级以下单位的项目由行政主管部门审批，并报国家发展改革委和归口的机关事务管理部门备案。

中央国家机关所属参照公务员法管理的事业单位的办公用房建设项目，由国务院、国家发展改革委和行政主管部门按照中央预算内投资审批权限分别负责审批，其中由国务院、国家发展改革委审批的项目，申报前应当由归口的机关事务管理部门出具必要性审查意见。

省、自治区、直辖市及计划单列市本级党政机关办公用房建设项目，由国家发展改革委核报国务院审批；地方其他党政机关办公用房建设项目，由省级人民政府审批。

县级党政机关直属单位和乡（镇）级党政机关办公用房建设项目，可以由省级人民政府根据实际情况委托市级人民政府审批。

地方各级党政机关所属垂直管理机构、派出机构和参照公务员法管理的事业单位办公用房建设项目的审批程序，由各省、自治区、直辖市规定。

第十六条 党政机关办公用房配置所需资金，应当通过政府预算安排，不得接受任何形式赞助或者捐款，不得搞任何形式集资或者摊派，不得向其他任何单位借款，不得让施工单位垫资，严禁挪用各类专项资金。

土地收益和资产转让收益按照非税收入有关规定管理，不得直接用于办公用房配置。涉及新增资产的，应当向财政部门申报新增资产配置预算。

第十七条 新配置办公用房的党政机关，应当在搬入新办公用房后1个月内，将超出核定面积的原有办公用房腾退移交同级机关事务管理部门统一调剂使用，不得继续占用或者自行处置，不得自行安排其他单位使用。

第四章 使用管理

第十八条 机关事务管理部门应当与使用单位签订办公用房使用协议，核发办公用房分配使用凭证。

办公用房分配使用凭证可以按照有关规定用于办理使用单位法人登记、集体户籍、大中修项目施工许可等，不得用于出租、出借、经营。

第十九条 使用单位应当严格按照有关规定在核定面积内合理安排使用办公用房，不得擅自改变办公用房使用功能，不得调整给其他单位使用。办公用房安排使用情况应当按年度通过政务内网、公示栏等平台进行内部公示；领导干部办公用房配备情况应当按年度报机关事务管理部门备案，严禁超标准配备、使用办公用房。

领导干部在不同单位同时任职的，应当在主要任职单位安排1处办公用房；主要任职单位与兼职单位相距较远且经常到兼职单位工作的，经严格审批后，可以由兼职单位再安排1处小于标准面积的办公用房，并在免去兼任职务后2个月内腾退兼职单位安排的办公用房。

工作人员调离或者退休的，使用单位应当在办理调离或者退休手续后1个月内收回其办公用房。

第二十条 党政机关工作人员办公室具备条件的，应当采用大开间等形式，提高办公用房利用率。

会议室、接待室等服务用房，可以采取可拆卸式隔断设计，提高空间使用的灵活性。

第二十一条 项目批复中已经明确和机关一并建设办公用房的事业单位，按照面积标准核定后可以继续无偿使用机关办公用房。

公益一类事业单位已经占用的机关办公用房，按照面积标准核定后可以继续无偿使用。公益二类事业单位已经占用的机关办公用房，应当按照规定予以腾退；确有困难的，经机关事务管理部门批准，可以继续有偿使用，租金收益按照非税收入有关规定管理。事业单位已经新建、购置办公用房或者租用其他房屋办公的，应当在6个月内将原有办公用房腾退移交机关事务管理部门。

生产经营类事业单位、国有企业和行业协会商会等社团组织，原则上不得占用党政机关办公用房。

第二十二条 党政机关办公用房使用单位机构、编制调整的，机关事务管理部门应当重新核定其办公用房面积。超出面积标准的，使用单位应当在6个月内将超出部分的办公用房腾退移交机关事务管理部门。

党政机关转为企业的，应当在办理企业工商注册后6个月内将原有办公用房腾退移交机关事务管理部门。转企单位确有困难的，经机关事务管理部门批准，可以继续有偿使用，租金收益按照非税收入有关规定管理；新建、购置或者租用办公用房的，应当在6个月内将原有办公用房腾退移交机关事务管理部门。

党政机关撤销的，应当在6个月内将原有办公用房腾退移交机关事务管理部门。

第二十三条 建立健全政府向社会购买物业服务机制，逐步实现办公用房物业服务社会化、专业化，具备条件的逐步推进统一物业管理服务。

机关事务管理部门应当会同有关部门，按照经济、适度的原则，制定本级党政机关办公用房物业服务内容、服务标准和费用定额。

第二十四条 鼓励有条件的地区探索试行办公用房租金制，逐步推进办公用房经费预算管理和实物资产管理相结合。

第五章 维修管理

第二十五条 党政机关办公用房维修包括日常维修和大中修。中央和国家机关办公用房维修标准由归口的机关事务管理部门、财政部会同住房城乡建设部制定，地方各级党政机关办公用房维修标准由各省、自治区、直辖市结合实际制定，并建立标准动态调整机制。

第二十六条 使用单位负责办公用房的日常检查和维修，所需资金通过部门预算安排。

第二十七条 党政机关办公用房因使用时间较长、设施设备老化、功能不全、存在安全隐患等原因需要大中修的，使用单位向机关事务管理部门提出申请；机关事务管理部门结合办公用房建筑年代、历史维修记录、老化损坏程度、单位建筑面积能耗水平和使用单位的实际需求，统筹安排办公用房大中修项目，报财政部门审核安排预算。

办公用房大中修项目应当严格按照规定履行审批程序，未经审批的项目，不得安排预算。中央和国家机关本级办公用房大中修项目，由归口的机关事务管理部门审批。中央和国家机关所属垂直管理机构、派出机构和参照公务员法管理的事业单位办公用房大中修项目，机关事务管理部门委托行政主管部门审批，其中厅（局）级及以上单位办公用房大中修项目审批情况应当报归口的机关事务管理部门备案。地方各级党政机关办公用房大中修项目的审批程序，由各省、自治区、直辖市规定。

第六章　处置利用管理

第二十八条　党政机关办公用房有下列情形之一闲置的，可以按照有关规定采取调剂使用、转换用途、置换、出租、拍卖、拆除等方式及时处置利用：

（一）同级党政机关办公用房总量满足使用需求，仍有余量的；

（二）因地理位置、周边环境、房屋结构等原因，不适合继续作为办公用房使用的；

（三）因城乡规划调整等需要拆迁的；

（四）经专业机构鉴定属于危房，且无加固改造价值的；

（五）其他原因导致办公用房闲置的。

处置利用党政机关办公用房涉及权属、用途等变更的，应当依法办理相关手续。

第二十九条　同一区域内闲置办公用房具备条件的，应当加强跨系统、跨层级调剂使用。

中央和国家机关所属垂直管理机构、派出机构之间调剂使用的，由行政主管部门审核提出意见，经归口的机关事务管理部门批准后实施，调剂使用情况报财政部备案。

中央和国家机关所属垂直管理机构、派出机构与地方各级党政机关之间调剂使用的，由行政主管部门会同有关地方人民政府审核提出意见，经归口的机关事务管理部门会同财政部批准后实施。

地方同级或者上下级党政机关之间，以及地方各级党政机关所属垂直管理机构、派出机构之间调剂使用的，参照前两款规定办理。

第三十条　具备条件的，机关事务管理部门可以商有关部门将闲置办公用房转为便民服务、社区活动等公益场所，或者按照有关规定置换为其他符合国家政策和需要的资产。

机关事务管理部门可以通过公共资源交易平台统一招租，租金收益按照非税收入有关规定管理。党政机关如有需要，应当及时收回出租的办公用房，统筹调剂使用。使用单位不得擅自出租办公用房。

第三十一条　闲置办公用房无法通过调剂使用、转换用途、置换、出租等方式处置利用的，机关事务管理部门报财政部门批准后，可以通过公共资源交易平台依法公开拍卖，拍卖收益按照非税收入有关规定管理。

第七章　监督问责

第三十二条　党政机关办公用房使用单位应当建立本单位内部使用管理制度，加强监督检查和责任追究，及时发现和纠正违规问题。

党政机关办公用房有关管理部门应当根据职责分工，加强办公用房监管，严格履行相关管理程序，对使用单位的办公用房违规管理使用问题及时按照规定移交有关部门和单位查处。

纪检监察机关应当及时受理群众举报和有关部门移送的办公用房管理案件线索，严肃查处违规违纪问题。

第三十三条　建立健全党政机关办公用房巡检考核制度。

县级以上机关事务管理、发展改革、财政部门会同有关部门，定期对本级党政机关（含所属垂直管理机构、派出机构）办公用房使用情况以及下级党政机关办公用房管理情况进行专项联合巡检，及时发现和纠正违规问题。

办公用房专项巡检应当与党风廉政建设责任制检查考核、政府绩效考核以及党政领导班子和领导干部年度考核相结合，巡检考核结果作为干部管理监督、选拔任用的依据。

第三十四条　建立健全党政机关办公用房管理信息公开制度。除依照法律法规和有关要求需要保密的内容和事项外，办公用房建设、使用、维修、处置利用、运行费用支出等情况，应当在政府门户网站等公共平台定期公开，主动接受社会监督。

第三十五条　建立健全党政机关办公用房管理责任追究制度，对有令不行、有禁不止的，依照有关规定严肃追究相关人员责任。

管理部门有下列情形之一的，依纪依法追究相关人员责任：

（一）违规审批项目或者安排投资计划、预算的；

（二）不按照规定履行调剂、置换、租用、建设等审批程序的；

（三）为使用单位超标准配置办公用房的；

（四）不按照规定处置办公用房的；

（五）办公用房管理信息统计报送中瞒报、漏报的；

（六）对发现的违规问题不及时处理的；

（七）有其他违反办公用房管理规定情形的。

使用单位有下列情形之一的，依纪依法追究相关人员责任：

（一）擅自将办公用房权属登记至本单位或者所属单位名下，或者不配合办理权属登记的；

（二）未经批准建设或者大中修办公用房的；

（三）不按规定腾退移交办公用房的；

（四）未经批准租用、借用办公用房的；

（五）擅自改变办公用房使用功能或者处置办公用房的；

（六）擅自安排企事业单位、社会组织等使用机关办公用房的；

（七）为工作人员超标准配备办公用房，或者未经批准配备两处以上办公用房的；

（八）有其他违反办公用房管理规定情形的。

第八章 附则

第三十六条 党政机关本级的技术业务用房以及机关办公区内的技术业务用房，权属统一登记至本级机关事务管理部门名下，从严控制使用范围和用途，原则上不得调整用作办公用房。

党政机关本级的技术业务用房建设项目以及机关办公区内的技术业务用房建设项目，应当严格按规定履行审批程序，项目申报前由机关事务管理部门出具土地、人防等审查意见。

住房城乡建设部会同国家发展改革委、有关业务主管部门，制定和完善各类技术业务用房建设标准，合理区分办公用房和技术业务用房。

第三十七条 各省、自治区、直辖市以及中央和国家机关各部门，应当根据本办法，结合实际制定具体管理办法。

第三十八条 各民主党派机关办公用房管理适用本办法。

不参照公务员法管理的事业单位办公用房管理办法，另行制定。

第三十九条 本办法由国家机关事务管理局、中共中央直属机关事务管理局、国家发展改革委和财政部负责解释。

第四十条 本办法自 2017 年 12 月 5 日起施行。其他有关党政机关办公用房管理的规定，凡与本办法不一致的，按照本办法执行。

附录八

党政机关公务用车管理办法

第一章 总则

第一条 为了进一步规范党政机关公务用车管理，有效保障公务活动，促进党风廉政建设和节约型机关建设，根据《党政机关厉行节约反对浪费条例》《机关事务管理条例》等有关规定，制定本办法。

第二条 本办法适用于党的机关、人大机关、行政机关、政协机关、监察机关、审判机关、检察机关，以及工会、共青团、妇联等人民团体和参照公务员法管理的事业单位。

第三条 本办法所称公务用车，是指党政机关配备的用于定向保障公务活动的机动车辆，包括机要通信用车、应急保障用车、执法执勤用车、特种专业技术用车以及其他按照规定配备的公务用车。

机要通信用车是指用于传递、运送机要文件和涉密载体的机动车辆。

应急保障用车是指用于处理突发事件、抢险救灾或者其他紧急公务的机动车辆。

执法执勤用车是指中央批准的执法执勤部门（系统）用于一线执法执勤公务的机动车辆。

特种专业技术用车是指固定搭载专业技术设备、用于执行特殊工作任务的机动车辆。

第四条 党政机关公务用车管理遵循统一管理、定向保障、经济适用、节能环保的原则。

第五条 党政机关公务用车实行统一制度规范、分级分类管理。党政机关公务用车主管部门负责本级党政机关公务用车管理工作，根据职责实行统一编制、统一标准、统一购置经费、统一采购配备管理；指导监督下级党政机关公务用车管理工作。

第二章 编制和标准管理

第六条 党政机关公务用车实行编制管理。车辆编制根据机构设置、人员编制和工作需要等因素确定。

机要通信用车、应急保障用车和其他按照规定配备的公务用车编制由公务用车主管部门会同有关部门确定。

执法执勤用车、特种专业技术用车编制由财政部门会同有关部门确定，并送公务用车主管部门备案。

第七条 党政机关配备公务用车应当严格执行以下标准：

（一）机要通信用车配备价格12万元以内、排气量1.6升（含）以下的轿车或者其他小型客车。

（二）应急保障用车和其他按照规定配备的公务用车配备价格18万元以内、排气量1.8升（含）以下的轿车或者其他小型客车。确因情况特殊，可以适当配备价格25万元以内、排气量3.0升（含）以下的其他小型客车、中型客车或者价格45万元以内的大型客车。

（三）执法执勤用车配备价格12万元以内、排气量1.6升（含）以下的轿车或者其他小型客车，因工作需要可以配备价格18万元以内、排气量1.8升（含）以下的轿车或者其他小型客车。确因情况特殊，可以适当配备价格25万元以内、排气量3.0升（含）以下的其他小型客车、中型客车或者价格45万元以内的大型客车。

（四）特种专业技术用车配备标准由有关部门会同财政部门按照保障工作需要、厉行节约的原则确定。

公务用车配备新能源轿车的，价格不得超过18万元。

上述配备标准应当根据公务保障需要、汽车行业技术发展、市场价格变化等因素适时调整。

第八条 严格控制执法执勤用车的配备范围、编制和标准。执法执勤用车配备应当严格限定在一线执法执勤岗位。

第三章 配备和经费管理

第九条 公务用车主管部门根据公务用车配备更新标准和现状，编制年度公务用车配备更新计划。

第十条 财政部门根据年度公务用车配备更新计划，按照预算管理有关规定统筹安排购置经费，列入公务用车主管部门预算。

第十一条 财政部门会同公务用车主管部门制定公务用车运行费用定额标准，统筹安排公务用车运行费用，列入党政机关部门预算。

第十二条 公务用车主管部门按照政府采购法律法规和国家有关政策规定，统一组织实施公务用车集中采购。

第十三条 党政机关应当配备使用国产汽车，带头使用新能源汽车，按照规定逐步扩大新能源汽车配备比例。

第十四条 地方各级党政机关确因工作需要超出规定标准配备公务用车的，必须报省级公务用车主管部门批准。

党政机关原则上不配备越野车。确因工作需要，按照程序报批后，可以适当配备国产越野车。越野车不得作为领导干部固定用车。

第十五条 除涉及国家安全、侦查办案等有保密要求的特殊工作用车外，党政机关公务用车产权注册登记所有人应当为本机关法人，不得将公务用车登记在下属单位、企业或者个人名下。

第四章 使用和处置管理

第十六条 党政机关应当加强公务用车使用管理，严格按照规定使用公务用车，严禁公车私用、私车公养，不得既领取公务交通补贴又违规使用公务用车。

第十七条 党政机关应当推进公务用车服务平台建设。各地区应当结合实际，将各类公务用车纳入平台集中管理，采用信息化手段统筹调度、高效使用，鼓励通过社会化专业机构提高平台管理运行效率。

第十八条　党政机关应当推进公务用车标识化管理。除涉及国家安全、侦查办案和其他有保密要求的特殊工作用车外，公务用车应当统一标识。

第十九条　党政机关应当建立公务用车管理台账，加强相关证照档案的保存和管理。

各省、自治区、直辖市以及中央和国家机关公务用车主管部门应当建立统一的公务用车管理信息系统，提高公务用车配备使用管理信息化水平。

第二十条　党政机关应当建立健全公务用车使用管理制度，严格执行，加强监督，降低运行成本。

严格公务用车使用时间、事由、地点、里程、油耗、费用等信息登记和公示制度。严格执行回单位或者其他指定地点停放制度，节假日期间除工作需要外应当封存停驶。

实行公务用车保险、维修、加油政府集中采购和定点保险、定点维修、定点加油制度，健全公务用车油耗、运行费用单车核算和年度绩效评价制度。

第二十一条　党政机关应当减少公务用车长途行驶，工作人员到外地办理公务，除特殊情况外，应当乘用公共交通工具。外事接待、会议和集体活动用车主要通过社会租赁方式解决。

第二十二条　公务用车使用年限超过8年的可以更新；达到更新年限仍能继续使用的，应当继续使用。因安全等原因确需提前更新的，应当严格履行审批手续。

公务用车按照规定更新后，可以采取拍卖、厂家回收、报废等方式规范处置旧车。处置收入按照非税收入有关规定管理。

第五章　监督问责

第二十三条　党政机关应当建立公务用车配备更新和使用情况统计报告制度。各省、自治区、直辖市公务用车主管部门负责统计汇总本地区公务用车配备更新和使用情况。国家机关事务管理局、中共中央直属机关事务管理局负责统计汇总中央和国家机关公务用车配备更新和使用情况。

第二十四条　党政机关应当严格执行公务用车配备使用管理各项规定，将公务用车配备更新、使用、处置和经费预算执行等情况纳入内部审计、政务公开和政务诚信建设范围，接受社会监督。

公务用车主管部门应当加强对党政机关公务用车配备更新、使用、处置等情况的监督检查，定期通报或者公示相关情况。

财政、审计部门应当加强对公务用车经费预算管理使用情况的监督检查，依法处理、督促整改违规问题，并将涉嫌违纪违法问题移送有关部门查处。

公安交通管理部门应当定期与公务用车主管部门交换公务用车注册登记信息、使用状态等情况。

纪检监察机关应当及时受理群众举报和有关部门移送的公务用车管理问题线索，严肃查处违纪违法问题。

第二十五条　公务用车主管部门有下列情形之一的，依纪依法追究相关人员责任：

（一）违规核定公务用车编制的；

（二）违规审批超编制、超标准配备公务用车的；

（三）违规审批未到年限更新公务用车的；

（四）违规安排公务用车经费预算的；

（五）有其他未按规定履行管理监督职责行为的。

第二十六条　党政机关有下列情形之一的，依纪依法追究相关人员责任：

（一）超编制、超标准配备公务用车的；

（二）违反规定将公务用车登记在下属单位、企业或者个人名下的；

（三）公车私用、私车公养，或者既领取公务交通补贴又违规使用公务用车的；

（四）换用、借用、占用下属单位或者其他单位和个人的车辆，或者擅自接受企事业单位和个人赠送车辆的；

（五）挪用或者固定给个人使用执法执勤、机要通信等公务用车的；

（六）为公务用车增加高档配置或者豪华内饰的；

（七）在车辆维修等费用中虚列名目或者夹带其他费用，为非本单位

车辆报销运行维护费用的;

(八) 违规处置公务用车的;

(九) 有其他违反公务用车配备使用管理规定行为的。

第六章 附则

第二十七条 本办法所称小型客车、中型客车、大型客车等,依据中华人民共和国公共安全行业标准 GA802-2014《机动车类型术语和定义》界定。

第二十八条 各省、自治区、直辖市以及中央和国家机关各部门,应当根据本办法,结合实际制定具体管理办法。

第二十九条 中央和国家机关所属垂直管理机构、派出机构公务用车由行政主管部门依照本办法进行管理。

各民主党派机关公务用车管理适用本办法。

不参照公务员法管理的事业单位公务用车,按照本办法的原则管理。

第三十条 本办法由国家机关事务管理局、中共中央直属机关事务管理局会同有关部门负责解释。

第三十一条 本办法自2017年12月5日起施行。中共中央办公厅、国务院办公厅2011年1月6日印发的《党政机关公务用车配备使用管理办法》同时废止。

附录九

财政部关于推进中央部门中期财政规划管理的意见

(2015年4月3日 财预〔2015〕43号)

为贯彻《国务院关于实行中期财政规划管理的意见》(国发〔2015〕

3号）精神，加快建立全面规范、公开透明的预算管理制度，现就实行中央部门中期财政规划管理提出以下意见：

一、实行中央部门中期财政规划管理的必要性

中央部门中期财政规划是按照中期财政规划管理的总体要求，依据国民经济和社会发展规划、政府宏观调控政策、部门职能和事业发展需要，合理确定规划期内中央部门的支出总量和结构，并以此指导分年度预算的编制和实施周期性管理的预算管理框架。实行中央部门中期财政规划管理，有利于优化预算资源配置，有利于提高中央预算的可持续性，有利于增强预算的约束力，有利于发挥中央部门的部门预算编制主体作用，全面提高部门预算管理水平。

二、中央部门中期财政规划管理的总体思路

（一）与相关规划衔接

全国中期财政规划是部门中期财政规划的基础和依据。部门中期财政规划，在规模上要控制在全国中期财政规划确定的支出水平之内，在规划期限、编制步骤、重点内容和管理方式上要与全国中期财政规划保持衔接。同时，部门中期财政规划还要做好与国民经济和社会发展规划，以及相关专项规划、区域规划的衔接。

（二）实行逐年滚动管理

中央部门中期财政规划的规划期为三年，每年向前延伸一年，在时间上实现滚动管理。在编制下一个三年规划时，各部门根据新的预测结果和财政部确定的支出上限对后两个规划年度进行调整，再添加一个规划年度，形成新一轮中央部门中期财政规划，使规划与实际情况的变化相适应。

（三）突出政策与预算相结合

部门支出上限的确定，要充分聚焦规划期内的重大改革、重要政策和重点项目，提高资源配置效率。部门中期财政规划的编制，要依据国民经济和社会发展规划、政府宏观调控政策、部门职能和事业发展需要，并与相关专项转移支付安排情况统筹考虑，增强预算安排的前瞻性、针对性和

有效性，更好地服务于政府施政目标。

（四）增强预算约束力

规划期内，各部门年度预算安排不得突破中期财政规划确定的对应年度部门中期财政规划。强化部门中期财政规划对年度预算的约束，第一年规划约束对应年度预算，后两年规划指引对应年度预算。

（五）完善激励机制

在权力与责任对等、约束与激励并重的基础上，建立健全良性互动、协作顺畅、激励相容的预算管理运行机制，突出部门在预算编制、执行中的主体地位和责任，更好发挥财政部门的资源配置、综合平衡和监督管理作用。

三、主要内容

（一）实施范围

1. 预算范围。从编制2016年预算起，对纳入中央部门预算的一般公共预算和政府性基金预算拨款收支实行中期财政规划管理。

2. 支出范围。中央部门中期财政规划包括部门的基本支出和项目支出，重点针对项目支出，基本支出按财政部统一要求编制和调整。

3. 单位范围。编制部门预算的中央部门全部纳入部门中期财政规划实施范围。

（二）时间安排

2015年财政部组织中央部门编制2016年、2017年、2018年三年支出规划，此后每年向后延伸一年。为确保年度预算与中期规划紧密衔接，2016—2018年中期财政规划编制工作与编制2016年部门预算同步进行。

（三）编制方法和程序

1. 编制方法。

一是部门提出规划需求。中央部门结合国民经济和社会发展五年规划纲要及相关专项规划，按照部门职责，研究2016—2018年涉及财政支出的重大改革和政策事项，以此为基础，测算提出部门的三年支出需求，按规定时间和预算管理渠道提交财政部。

二是审核确定支出限额。财政部根据中期财政规划、财政政策、部门需求等情况，经综合平衡、优化结构，分解形成部门支出限额，并下达部门三年支出控制数。

三是部门调整编报三年规划。中央部门根据财政部下达的三年控制数，合理安排政策出台时机和力度，明确政策目标，列出分年度工作任务和时间节点，说明资金使用对象、保障标准、运行流程，建立预算绩效管理机制，在此基础上编制三年支出规划报财政部。

四是汇总部门中期财政规划。财政部审核汇总部门的三年支出规划，汇编形成中央部门中期规划草案，按程序报批后实施。

2. 以后年度编制方法。部门中期财政规划实行滚动管理，以后年度编制规划时，中央部门根据情况变化，可对上年编制的三年规划中后两个年度的分年支出规划进行内部结构调整，并补充第三个年度的规划。财政部重点就调整的内容及第三个规划年度的支出上限进行测算，并按前述程序审核下达。

3. 规划调整方法。部门中期财政规划一经确定，原则上不予调整。中央部门因重大增减支因素需要调整三年规划的，应在编制新一轮规划时重新测算提出需求，按部门中期财政规划的编制流程报批。经批准后，按调整后的规划实施。

财政部根据未来财政收支预测结果，可以结合部门提出的调整需求相应调整部门未来年度的支出规划，并在编制规划时通知中央部门，各部门根据新的支出上限调整部门分年度支出安排，按程序报批后实施。

四、组织实施

（一）提高认识，加强组织领导

各部门要充分认识中期财政规划管理的重要意义，从大局、从长远、从整体着眼，把重大改革和政策研究与中期财政规划管理结合起来。各部门要将实行中期规划管理作为预算管理的中心任务来抓，切实加强领导，统筹调度，安排精干力量，充实人手，提供强有力的组织保障。

（二）认真组织，加强协调合作

中央部门要按照统一的工作部署和时间要求，结合本部门实际，提早谋划，制定详细的工作计划，抓好落实，确保工作任务按时完成。实行中期规划管理,各部门要提高统筹管理的能力,部门的财务管理部门与业务管理部门要加强沟通、协调配合,做好各个环节的衔接工作。

(三)注重分析,加强经验总结

中央部门要加强对重大改革、重要政策,以及中期规划编制工作的调查、研究和分析,及时发现新情况、新问题,不断完善政策、措施,确保改革工作顺利有序地进行。各部门要加强与财政部的沟通,及时将发现的问题和改进的意见反馈财政部,共同研究解决方法,确保工作顺利开展,达到预期目标。

附录十

财政部关于印发《中央本级基本支出预算管理办法》的通知

(2007年4月13日 财预〔2007〕37号)

党中央有关部门,国务院各部委、直属机构,总参谋部,总政治部,总后勤部,总装备部,武警各部队,全国人大常委会办公厅,全国政协办公厅,高法院,高检院,有关人民团体,新疆生产建设兵团,有关中央管理企业:

为进一步深化预算改革,规范和加强中央部门基本支出预算管理,保障中央部门正常运转的资金需要,我们制订了《中央本级基本支出预算管理办法》,现印发给你们。请遵照执行。

附件:中央本级基本支出预算管理办法

附件：

中央本级基本支出预算管理办法

第一章 总则

第一条 为加强中央部门基本支出预算管理，规范基本支出预算分配行为，保障中央部门正常运转的资金需要，根据《中华人民共和国预算法》，制定本办法。

第二条 中央本级基本支出预算由中央各部门基本支出预算组成。本办法所称"中央部门"，是指与财政部直接发生预算缴款、拨款关系的国家机关、军队、政党组织和社会团体以及企业和事业单位。

第三条 中央部门的行政单位（包括参照《公务员法》管理的事业单位）的行政运行经费和事业单位的事业运行（或机构运行等）经费等基本支出的预算管理，适用本办法。

第四条 基本支出预算是部门预算的组成部分，是中央部门为保障其机构正常运转、完成日常工作任务而编制的年度基本支出计划，按其性质分为人员经费和日常公用经费。

第五条 中央部门在基本支出之外为完成其特定行政任务和事业发展目标所发生的支出作为项目支出预算管理。

第六条 编制基本支出预算的原则。

（一）综合预算的原则。在编制基本支出预算时，对当年财政拨款和以前年度结余资金，预算内和预算外资金，要统筹考虑、合理安排。

（二）优先保障的原则。财力安排首先应当保障单位基本支出的合理需要，以保证中央部门的日常工作正常运转。

（三）定额管理的原则。基本支出预算实行以定员定额为主的管理方式，同时结合部门资产占有状况，通过建立实物费用定额标准，实现资产管理与定额管理相结合。对于基本支出没有财政拨款的事业单位，其基本支出预算可以按照国家财务规章制度规定和部门预算编制的有关要求，结合单位的收支情况，采取其他方式合理安排基本支出预算。

第二章 制定定额标准的原则和方法

第七条 定员、资产和定额是测算和编制中央部门基本支出预算的重要依据。

定员，是指国家机构编制主管部门根据中央部门的性质、职能、业务范围和工作任务所下达的人员配置标准。

资产，是指中央部门占有、使用的，依法确认为国家所有的公共财产。包括国家调拨的资产、用国家财政性资金形成的资产、按照国家规定组织收入形成的资产、以单位名义接受捐赠形成和其他依法确认为国家所有的资产等，其表现形式为办公用房、车辆、专用设备等固定资产。

定额，是指财政部根据中央部门机构正常运转和日常工作任务的合理需要，结合财力的可能，对基本支出的各项内容所规定的指标额度。

第八条 制定定额标准的原则。

（一）制定定额标准要以公平为前提，兼顾单位的实际支出水平。

（二）制定定额标准要量力而行，以财力可能为基础，切合实际，具有可行性。

（三）制定定额标准要规范化，制定方法要具有科学性。

第九条 制定定额标准的方法。

（一）依据国家有关的方针、政策，财力状况，社会物价水平及单位的业务性质、工作量、人员、资产等数据资料制定定额标准。

（二）根据基本支出的特点，对政府收支分类中的支出经济分类款级科目进行合理调整、归并，形成若干基本支出定额项目。

（三）基本支出定额项目包括人员经费和日常公用经费两部分。人员经费包括政府收支分类的支出经济分类科目中的"工资福利支出"和"对个人和家庭的补助"。具体定额项目包括：基本工资、津补贴及奖金、社会保障缴费、离退休费、医疗费、助学金、住房补贴和其他人员经费等。日常公用经费包括政府收支分类的支出经济分类科目中的"商品和服务支出"和"其他资本性支出"中属于基本支出内容的支出。具体定额项目包括：办公及印刷费、水电费、邮电费、取暖费、物业管理费、交通费、差旅费、日常维修费、会议费、专用材料费、一般购置费（包括一般办公设备购置费、一般专用设备购置费、一般交通工具购置费、一般装备购置费等）、福利费和其他公用经费等。

（四）为规范定额分配行为，根据中央部门承担的职能、行业及业务特点，将中央部门分为若干类型。在核准同类单位工作量、占用的资源和相关历史数据资料的基础上，以人或实物作为测算对象，确定各类单位各定额项目的单项基准定额。基本支出日常公用经费定额项目中，水电费、取暖费、物业管理费、交通费等可采取人员定额和实物费用定额相结合的方式确定。

（五）在确定同类单位单项基准定额的基础上，确定同类单位的分档定额标准，最后确定各单位所应执行的各个单项定额标准。

（六）各个单项定额标准的总和构成单位基本支出的综合定额。

第十条 定额标准的调整。

定额标准的执行期限与预算年度一致；定额标准的调整在预算年度开始前进行；定额标准一经下达，在年度预算执行中不做调整，影响预算执行的有关因素，在确定下一年度定额标准时，由财政部统一考虑。

第三章 基本支出预算的编制与审批

第十一条 中央部门根据财政部编制年度部门预算的要求，在规定时间内，组织编制本部门申报基本支出预算的基础数据和相关资料，按照规定格式报送财政部。

第十二条 财政部对中央部门报送的基础数据和相关资料进行审核，按照定额标准及有关依据，结合中央部门基本支出结余情况，测算并下达基本支出预算控制数（包括人员经费和日常公用经费，下同）及财政拨款补助数。

第十三条 中央部门在财政部下达的基本支出预算控制数额及财政拨款补助数额内，根据本部门的实际情况和国家有关政策、制度规定的开支范围及开支标准，在人员经费和日常公用经费各自的支出经济分类款级科目之间，自主调整编制本部门的基本支出预算，在规定的时间内报送财政部。

第十四条 财政部依法将审核汇总后的中央部门预算上报国务院审定。经全国人民代表大会批准后，在规定时间内向中央部门批复。

第四章　基本支出预算的管理与监督

第十五条　基本支出预算按人员经费和日常公用经费分别核算管理。人员经费严格按照国家相关政策安排；日常公用经费应与部门占有的资产情况相衔接，未按相关规定报批或超过配置标准购置的实物资产，一律不安排日常维护经费。

第十六条　基本支出预算中按照规定属于政府采购的支出，应当同时编入政府采购预算，并按照国家有关政府采购的规定执行。

第十七条　中央部门要严格执行批准的基本支出预算。执行中发生的非财政补助收入超收部分，原则上不再安排当年的基本支出，可报经财政部批准后，安排项目支出或结转下年使用；发生的短收，中央部门应当报经财政部批准后调减当年预算，当年的财政补助数不予调整。如遇国家出台有关政策，对预算执行影响较大，确需调整基本支出预算的，由中央部门报经财政部批准后进行调整。

第十八条　基本支出结余应按照财政部有关结余资金管理规定使用，中央部门应加强对基本支出结余资金的管理，将年度预算安排与基本支出结余资金统筹考虑。

第十九条　财政部对中央部门基本支出预算执行情况进行检查监督，对违反国家有关法律、法规和财务规章制度的，依法进行处理。

第五章　附则

第二十条　本办法由财政部负责解释。

第二十一条　中国人民解放军、中国人民武装警察部队可以参照本办法规定的原则，另行制定管理办法。

第二十二条　本办法自发布之日起施行。《财政部关于印发〈中央部门基本支出预算管理试行办法〉的通知》（财预〔2002〕355号）同时废止。

附录十一

财政部关于加强和改进中央部门项目支出预算管理的通知

（2015年5月18日　财预〔2015〕82号）

为深化预算管理制度改革，全面提高部门预算管理水平，现就加强和改进中央部门项目支出预算管理有关问题通知如下：

一、充分认识加强和改进项目支出预算管理的重要性

部门预算改革以来，经过各方面的共同努力，中央部门项目支出预算管理日趋规范，结构不断优化，绩效逐年提高，有力地保障了国家重大方针政策的贯彻落实和中央部门履行职能的需要，部门预算管理水平不断提高。

近年来，部门预算管理的内外部环境发生了深刻变化，与改革发展的新形势相比，项目支出预算管理还存在一些不相适应的地方，主要表现在：与政府宏观政策联系不紧密，缺少前瞻性；与部门职能衔接不够，存在交叉重叠现象；缺乏科学合理的立项和分类标准，项目数量多但重点不突出；预算决策机制不完善，重分轻管现象较为普遍；项目库建设滞后，在预算编制中的作用发挥不充分；绩效管理和预算评审需要加强，预算透明度有待提高等。

《国务院关于深化预算管理制度改革的决定》（国发〔2014〕45号）对预算改革进行了全面部署。加强和改进项目支出预算管理，是贯彻落实国务院要求的重要举措，是改进预算管理方式，实施中期财政规划管理的重要支撑；是深化中央部门预算改革，实施全面规范、公开透明预算制度的迫切需要；是优化支出结构，提高财政资源配置效率和使用绩效的必然要求；是更好履行财政职能，实现政府施政目标的必由之路。

二、准确把握加强和改进项目支出预算管理的总体方向

（一）指导思想

加强和改进中央部门项目支出预算管理，要全面贯彻党的十八大和十八届二中、三中、四中全会精神，按照党中央、国务院的决策部署，落实预算管理制度改革总体要求，进一步转变政府职能，完善管理制度，创新管理方式，规范管理行为，提升管理水平，构建全面规范、公开透明的预算制度。

（二）基本原则

理顺关系原则。进一步理顺预算管理权责，更好地发挥各部门和所属单位的预算编制和执行主体作用，以及财政部的审核主体作用，同时各部门和单位要对预算编制和执行的结果负责。

政策导向原则。项目支出预算要以国家战略发展规划、宏观调控政策为导向，以相关行业、领域中长期发展规划和年度工作重点为依据，结合部门职能和事业发展需要合理安排。

财力约束原则。各部门项目支出预算安排要严格按照部门三年滚动规划进行控制，要做好部门规划与三年滚动规划的衔接，强化部门三年滚动规划对年度预算的约束。

突出重点原则。根据中央与地方事权划分，中央部门项目支出预算要体现中央本级支出责任，聚焦重大改革、重要政策和重点项目，突出部门主要职能。强化项目排序，优先保障重点项目。

讲求绩效原则。要把绩效管理的理念和要求融入项目支出预算管理各个环节，建立事前有目标、事中有监控、事后有评价、结果要运用的全过程绩效运行机制。

（三）总体思路

从编制2016年部门预算起，项目支出按新的管理方式运行，力争用3年的时间构建起以三年滚动规划为牵引，以宏观政策目标为导向，以规范的项目库管理为基础，以预算评审和绩效管理为支撑，以资源合理配置和高效利用为目的，以有效的激励约束机制为保障，规模适度、结构合理、重点突出、管理规范、运转高效的中央部门项目支出预算管理新模式，充

分发挥预算的资源配置功能和政策工具作用。

三、全面落实加强和改进项目支出预算管理各项工作

（一）完善项目设置规则

科学规范设置项目，集中反映中央部门主要职责，具备可执行性，在保障运行维护合理需要的前提下，更加突出重点，聚集国家的重大改革、重要政策和重点项目，有效避免交叉重复。2015年中央部门要按照新的设置标准，对现有项目进行全面的清理和规范。

（二）改进项目管理方式

项目实行分级、分类管理。项目按层次分为一级项目和二级项目。一级项目根据部门履行职能的需要设置并包含若干二级项目。二级项目的设立要与对应的一级项目相匹配。完善项目分类标准，构建多层次、多维度的分类体系。推进项目支出预算标准体系建设。

（三）加强项目库建设和管理

项目全部纳入项目库管理，做实项目库，充实项目储备，列入预算安排的项目必须从项目库中选取。入库项目必须有充分的立项依据、明确的实施期限、合理的预算需求和绩效目标等。纳入项目库的项目实行全周期滚动管理，建立中央部门项目库与财政部项目库的信息交流机制。

（四）推进预算评审和绩效管理

将项目评审嵌入预算管理流程，进入部门项目库的项目原则上都要组织评审。纳入财政部项目库的项目，由财政部根据管理的需要组织开展再评审。推进全过程项目支出绩效管理，加强绩效目标管理，开展绩效监控，实施绩效评价，强化评价结果的运用。

（五）强化项目执行管理

硬化预算约束，执行中除救灾等应急支出外，一般不出台增加当年支出的政策，必须出台的政策纳入以后年度预算安排，必须追加当年预算的，首先通过调整部门当年支出结构解决。提前做好预算执行准备工作，加强执行监管，加快预算执行进度。建立预算执行与预算编制相结合的机制。

（六）实行中期财政规划管理

要完善项目生成机制，将国家宏观政策和部门、行业发展规划落实到

具体项目，提高政策和规划的可实施性。部门、行业规划确定的项目要与中期财政规划相衔接，合理安排项目实施节奏和力度，促进政策与预算相结合，提高预算的前瞻性。

四、切实做好加强和改进项目支出预算管理的实施保障

加强和改进项目支出预算管理涉及部门预算管理方式的转变、业务流程的整合和利益关系的调整，时间紧迫，任务艰巨。各部门要充分认识加强和改进项目支出预算管理的重要意义，以改革创新精神，加大工作力度，认真落实各项改革措施。要加强统筹协调，理顺内部业务和经费管理关系，完善相关管理制度，切实加强组织领导，确保改革顺利实施。

附件：加强和改进中央部门项目支出预算管理工作实施方案

附件：

加强和改进中央部门项目支出预算管理工作实施方案

为进一步加强和改进中央部门项目支出预算管理工作，制定本方案。本方案实施范围为一般公共预算，政府性基金预算、国有资本经营预算管理按有关规定执行。

一、改进项目设置和管理方式

（一）关于项目设置规则

中央部门预算项目要体现中央本级支出责任，由中央部门直接组织实施。完善项目生成机制，项目要在深入的政策研究和充分论证的基础上设立，并具备可执行性，预算批复后即可实施。着力推进部门和行业规划的项目化，提高规划可实施性。项目内容要反映政府施政目标、部门主要职责和发展规划，并避免与公用经费及其他项目交叉重复。规范项目实施主体，部门预算项目实施主体为中央部门及所属单位，非部门所属单位不得作为项目的实施主体纳入部门预算。要按照"职责与经费相匹配"的原则确定部门内部项目实施主体，一般不得将应由本级承担的项目列入下级单位预算，或将应由下级单位承担的项目列入本级预算，也不得将应由行政单位承担的项目列入事业单位预算。

（二）关于项目管理方式

中央部门预算项目实行分级管理，分为一级项目和二级项目两个层次。

一级项目明细到支出功能分类的款级科目，按照部门主要职责设立并由部门作为项目实施主体，每个一级项目包含若干二级项目。一级项目要有明确的名称、实施内容、支出范围和总体绩效目标，项目数量要严格控制，项目名称、实施内容和支出范围等在年度间要保持相对稳定。

二级项目包括在现有项目基础上规范整合而成的项目和新设立的项目，立项单位为项目实施主体。二级项目的设立，要与对应的一级项目相匹配，有充分的立项依据、具体的支出内容、明确合理的绩效目标。二级项目明细到支出功能分类的项级科目，年初部门预算按二级项目批复。

（三）关于项目分类

按照使用范围，部门一级项目分为通用项目和专用项目。通用项目，指根据部门的共性项目设立并由各部门共同使用的一级项目。通用项目由财政部根据管理需要统一设立，主要包括有预算分配权部门管理的项目和归口管理的项目等。专用项目，指部门根据履行职能的需要自行设立和使用的一级项目。专用项目由中央部门提出建议，报财政部核准后设立。

按照项目的重要性，二级项目划分为重大改革发展项目、专项业务费项目和其他项目三类。重大改革发展项目，指党中央、国务院文件明确规定中央财政给予支持的改革发展项目，以及其他必须由中央财政保障的重大支出项目等。专项业务费项目，指中央部门为履行职能，开展专项业务而持续、长期发生的支出项目，如：大型设施、大型设备运行费，执法办案费，经常性监管、监测、审查经费，以及国际组织会费、捐款及维和支出等。其他项目，指除上述两类项目之外，中央部门为完成特定任务需安排的支出项目。基本建设项目统一列为其他项目，并按管理主体分为国家发展改革委安排的基建项目、中央财政安排的基建项目和其他主管部门安排的基建项目。

除上述分类外,根据管理需要,中央部门和财政部可对二级项目补充其他分类并加以标识。

(四)关于项目实施周期

二级项目要有明确的实施周期。项目实施周期应与国民经济社会发展规划、部门或行业发展规划的期限相适应,与中期财政规划相衔接。除业务主管部门已明确批复实施周期外,项目实施周期一般不超过5年,项目到期后需继续安排的,应按程序重新立项。专项业务费项目到期后,可补充编制后续年度的支出计划,实施周期相应顺延。其他项目周期一经确定,原则上不得调整;确需调整的,按程序报批。

(五)关于项目代码

为保证项目信息的完整、连续、可识别,对项目实行代码化管理。

一级项目代码为8位数字,部门通用项目代码为"999+5位顺序码",部门专用项目代码为"3位部门预算代码+5位顺序码",部门专用的其他项目代码为"3位部门预算代码+5位功能分类类款级科目编码"。

二级项目代码为18位数字,由"3位部门预算代码+3位二级预算单位代码+3位三级预算单位代码(或000)+3位四级预算单位代码(或000)+2位项目编制年份码+4位顺序码"组成。

二、加强项目库建设和管理

(一)关于项目库的构架和主要内容

中央本级项目库实行分层设立、分级管理。财政部、中央部门和所属单位按照项目管理的相关规定,分别设立项目库,对一级和二级项目进行维护和管理。财政部项目库由中央部门上报的项目构成;中央部门项目库由本级和下级单位上报的项目构成;基层单位项目库由本单位立项和实施的项目构成。

(二)关于项目库管理方式

中央部门和所属单位的项目库实行开放式管理。各单位可根据工作需要设置二级项目,审核后纳入单位项目库,实时或定期上报,经逐级审核后纳入中央部门项目库,作为部门预算备选项目。编制年度部门预算和部门三年滚动规划时,结合财政部下达的支出控制数,中央部门在预算备选项目中择优选取项目报财政部,未纳入部门项目库的项目原则上不得向财政部申报。各部门申报项目汇总形成财政部项目库,作为财政部进行项目管理、审核年度部门预算和部门三年滚动规划的基础。中央部门和单位如需对已入库项目进行调整,须编制项目调整计划,按上述审核程序报批。

(三)关于项目滚动管理

以项目库为载体实现项目的全周期滚动管理。编制年度部门预算和部门三年滚动规划前,中央部门要完成项目的储备工作,纳入部门项目库的项目需填写规范的项目文本,包括立项依据、实施主体、支出范围、实施周期、预算需求、绩效目标、可行性论证、评审结果等内容,作为项目审核和管理的依据。纳入预算安排的项目,中央部门和单位要在项目库中对项目的执行、调剂、结转结余、绩效等信息及时进行更新和维护。纳入预算安排的延续性项目,原则上滚动纳入下年度预算。未纳入预算安排的预算备选项目,可滚动进入以后年度项目库。

三、积极推进预算评审和绩效管理

(一)关于项目支出预算评审

除个别不宜评审和无需评审的项目外,部门二级项目在入库前都要进行评审。归口管理的项目评审工作由主管部门负责,部门不再评审,其他项目由中央部门组织评审。预算评审由部门内部负责预算管理的机构组织,可采取集中评审和分级评审的方法,形成评审结果并随项目支出预算一并报财政部。纳入财政部项目库的项目,由财政部根据需要开展再评审。对延续项目,财政部将有选择地开展再评审,力争实现项目预算评审全覆盖。项目支出预算评审的具体规定另行通知。

(二)关于项目支出绩效管理

纳入项目库管理的项目都必须设定绩效目标,未按要求设定绩效目标或绩效目标不合理且未进行调整完善的,不得纳入项目库。纳入执行监控的项目,都应开展绩效监控,作为预算执行的重要组成部分。执行完毕的项目都要由项目承担单位对照事先设定的绩效目标开展绩效自评,在此基础上,中央部门和财政部选择部分重大项目开展重点绩效评价,并积极推进中期绩效评价试点。绩效评价结果要与项目库建设和预算安排有机结合，健全项目退出机制。预算绩效管理的具体规定另行通知。

四、规范项目支出预算编制和执行

（一）关于项目支出预算编制

项目支出预算由基层预算单位编制，逐级审核汇总后，由中央部门按照"一级项目+二级项目"的方式向财政部申报预算，根据二级项目的增减变化情况提出一级项目预算需求。二级项目预算按照经济分类科目编制，项目类别由部门在申报预算时一并提出，财政部审核。二级项目纳入预算安排后，项目类别在项目实施周期内不得调整。财政部对部门报送的项目支出预算进行审核，并按一级项目下达预算控制数，由部门按照审核后的项目类别和排序，安排二级项目预算。

（二）关于项目支出预算执行

要做好项目支出预算执行的各项前期准备工作，相关工作在部门预算"二上"后即可着手开展。严格按照预算批复的功能分类科目、用款计划、项目进度、有关合同和规定程序做好项目支出预算执行工作，涉及政府采购的应严格执行政府采购有关规定。硬化预算约束，年度预算执行中除救灾等应急支出和少量年初未确定事项外，一般不追加当年项目预算支出，必须出台的政策通过以后年度预算安排。如部门认为必须追加当年支出的，应首先在已批复的预算额度内，通过调整当年支出结构解决并按程序报批。加强预算执行监管，提高预算资金使用的规范性、安全性和有效性，并将预算执行结果与以后年度预算安排相结合。

五、其他事项

中国人民解放军和中国人民武装警察部队参照本方案有关规定执行。

各部门要按照本方案要求，认真落实加强和改进中央部门项目支出预算管理的各项工作。对实施中发现的问题，要尽快与财政部沟通，以便及时研究解决。对实施过程中好的经验和做法也要及时总结并向财政部反馈，以便加以推广，共同努力，不断提高项目支出预算编制质量和管理水平。

附图为中央部门预算项目编制审核流程图。

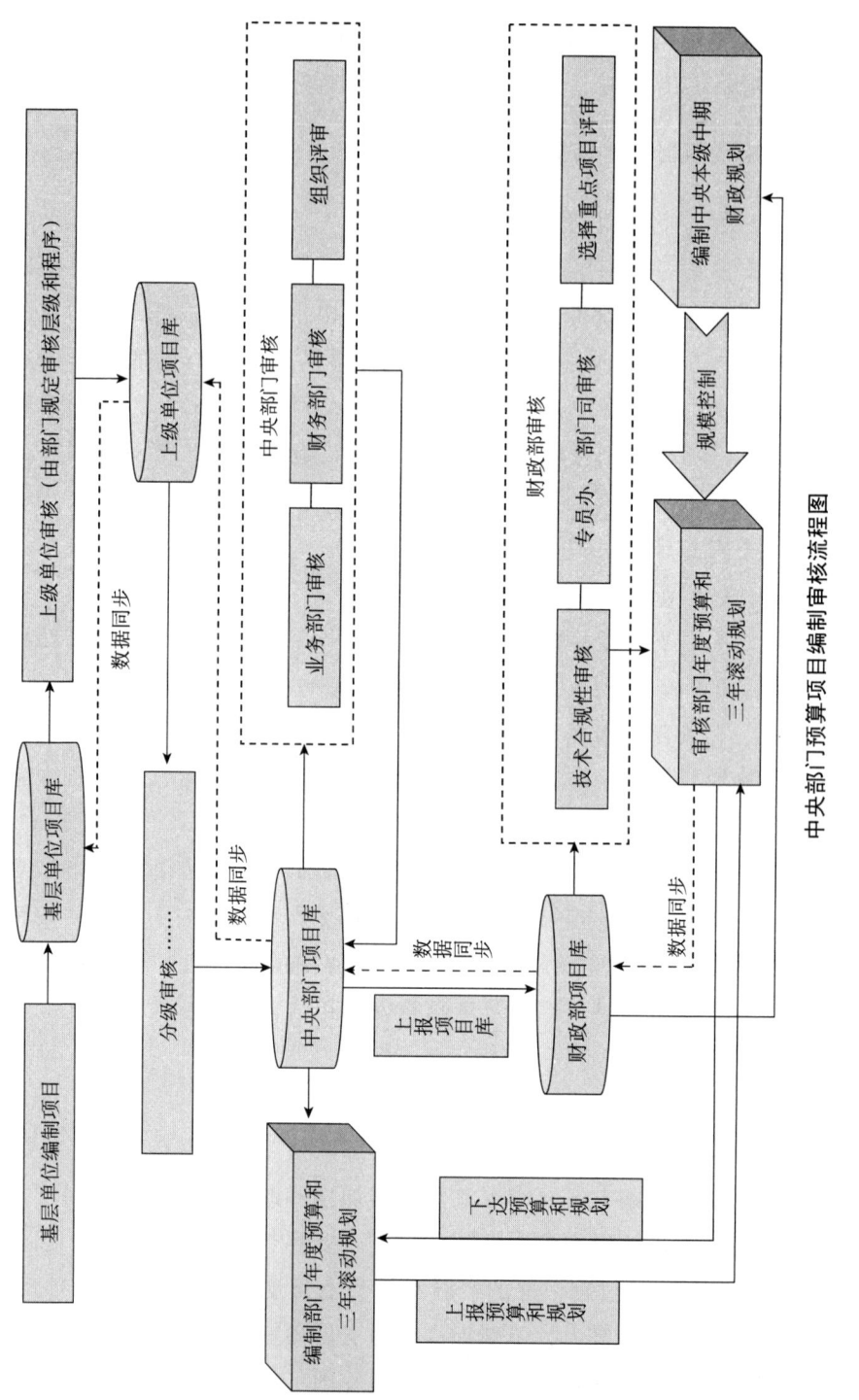

中央部门预算项目编制审核流程图

附录十二

财政部关于进一步做实中央部门
预算项目库的意见

(2016年5月5日　财预〔2016〕54号)

近年来,财政部出台了一系列加强和改进项目支出预算管理的改革措施,初步构建起以宏观政策目标为导向、以规范的项目库管理为基础、以预算评审和绩效管理为支撑的项目支出预算管理新模式。随着改革推进,中央部门项目管理的外部环境、基本条件、技术手段发生了深刻变化,在政策导向性、业务关联性、内容合理性、需求真实性、成本经济性等方面对项目管理也提出了更多更高的要求,现行项目管理精准度不够、适用性不强、有效性不足的问题凸显,难以适应改革形势的需要。为了切实提升项目支出预算编制和管理水平,进一步做实中央部门预算项目库,现提出以下意见:

一、总体要求

(一)指导思想

以党的十八大和十八届三中、四中、五中全会精神为指导,按照党中央、国务院的决策部署,落实深化预算管理制度改革总体要求,完善项目支出预算管理新模式,着眼于全面提升项目管理效能,拓展管理维度、细化管理尺度、提高管理精度、加大管理力度,综合运用管理手段,充分发挥各方优势,推进项目管理科学化、规范化、标准化,建立与现代预算管理制度相适应的管理精准有效的项目管理体系。

(二)基本原则

实施精准管理。要深入剖析项目构成、充分认识项目特点,遵循项目运行、管理的基本规律,因势利导、分类施策,采取针对性措施,实施差别化管理，提高管理精准度。

创新引导机制。要建立引导和激励机制，调动各方积极性，统筹各类资源、借助各方力量、发挥各自优势，加强协调配合、相互衔接，形成合力，实现共建共管。

覆盖完整流程。要将有针对性的管理要求和措施融入项目立项、入库、申报等管理环节中，落实到编制、审核、评审等管理活动中，体现在文本、规范、标准等管理要素中。

改进薄弱环节。要抓住管理的薄弱环节和关键节点，着重填补空白、补齐短板，管理要向前后端延伸，夯实前端基础，加强后端考核评估，形成更加完善的项目管理链条。

（三）总体思路

遵循项目支出预算管理新框架的基本原则和总体要求，推进项目管理各项改革措施落地，全面做实项目库；细分项目组成的基本单元，为精准管理筑基；推动信息系统联通，促进项目库的共建共管共享；理顺部门内部管理链条，加强业务与预算管理整合；实施差别化项目管理，推进项目的标准化管理；强化绩效目标管理，更加注重项目的产出绩效；扩大预算评审范围，形成项目标准化管理与预算评审互补的模式；探索项目预算公开，逐步向全国人大报送一级项目的预算并公开；建立项目管理考核机制，将管理的实际效果与以后年度预算规模挂钩。通过采取上述措施，力争在1—2年内取得积极成效，实现中央部门项目支出预算编制质量和预算资金使用效果的显著提升。

二、主要任务

（一）切实贯彻改革要求，扎实推进项目管理

认真落实《财政部关于加强和改进中央部门项目支出预算管理的通知》（财预〔2015〕82号）和《财政部关于印发〈中央部门预算绩效目标管理办法〉的通知》（财预〔2015〕88号）精神，研究制定具体管理办法和实施细则，推进项目库全面做实。规范项目设置程序，将政策研究、方案论证、行政决策等过程作为项目入库的重要环节。优化一级项目设置，合理控制一级项目数量，更加集中反映部门主要职责。加强项目库建设，

全面充实项目信息，提前组织项目编审、储备工作，实现项目滚动管理。发挥项目库的平台功能，统筹优化管理流程，整合部门内部管理。硬化预算约束，严格按照部门三年支出规划控制项目规模，合理排布年度支出结构，依据政策优先次序安排项目。提前预算执行准备工作，加快预算执行进度，加强项目执行监管。

（二）细化规范项目内容，筑实精准管理基础

各部门要立足于自身职责，认真开展战略、机制、规划研究，以前瞻性思路引领项目编制和管理工作。项目单位要加强项目论证，提出充分的立项依据，充实项目的政策内涵，以政策为导向，科学设计实施方案和绩效目标。项目实施方案设计，要力求选择实现绩效目标的最优路径，降低成本消耗，提高产出绩效。从编制2017年预算起，新增二级项目编制要统一按照"项目—活动—子活动—分项支出—标准（价格）—支出计划"的层次加以细化，清晰反映项目内容、具体活动和支出需求。对重大的经常性、专项性项目，要制定统一的项目立项指南、实施方案编写规范和支出计划填报模版，推进立项依据政策化、实施方案合理化、绩效目标科学化、项目活动清单化、支出内容选项化、经费开支定额化，建立健全项目编制的规范体系。

（三）推动信息系统联通，实现共建共管共享

充分发挥信息管理系统在项目管理中的技术支撑作用，优化系统结构，完善系统功能，推动财务、业务、绩效等信息管理系统之间纵横联通，实现项目管理信息的共建共管共享。纵向上，要在财政部、中央部门、预算单位之间建立起便捷、通畅、高效的信息上传下达渠道，逐步实现项目编制、审核、下达、执行、调整等管理工作全部通过信息系统完成，形成与管理流程相适应的垂直管理通道。横向上，要通过统一标准、设置接口、规范分工、整合流程，推动财政部与有关项目主管部门、财务部门与业务部门之间的系统联通、信息交互，建立起统筹业务管理与预算管理的技术支撑平台，形成业务部门与财务部门之间配合协作、相互衔接、共同管理的局面，切实提高信息利用率和项目管理效率。

（四）理顺预算管理链条，加强业务与预算衔接

项目管理要向前端延伸，以职能业务为先导，以项目管理为主线，以信息平台为纽带，理顺业务部门与财务部门之间关系，有机衔接业务管理

与预算管理，分工把口、紧密配合，形成合力。业务部门要发挥专业优势，统筹规划业务，提前工作部署，明确业务规范，制定技术标准，提供专业支撑，指导项目设立和实施方案制定，加强对项目立项必要性、实施方案合理性和可行性的审核、论证，做好项目绩效目标的执行落实。业务部门原则上不直接分配资金，确需参与分配资金的，要与财务部门共同制定管理办法，明确分配方法、严格分配程序、规范分配行为、健全监督机制。财务部门要统筹部门资源，综合平衡预算安排，牵头组织开展项目管理的全面工作，着重指导和规范项目支出计划的编制，以及项目的审核、评审、执行、绩效评价等工作。

（五）实行差别化管理，推进项目的标准化

从编制 2017 年预算起，按照管理模式将项目划分为标准化管理项目和非标准化管理项目。标准化管理项目是指项目活动有明确范围，活动的内容、数量、频率有明确的定性、定量规范，分项支出有明确的定量、定价标准，按照相关规范和标准可直接测算支出需求的项目。标准化管理项目的相关规范和标准，由部门制定后送财政部评审，评审通过后，除相关规范和标准发生变化外，此类项目立项不再纳入部门评审范围。如标准化管理项目的规范和标准发生变化，须重新履行评审程序。非标准化管理项目，且属于评审范围的，立项时应按照相关规定由部门组织评审。具备条件的专项业务费项目要逐步全面实现标准化管理，具备条件但未标准化管理的，实施周期不得滚动顺延。

（六）强化项目绩效管理，提高资金使用效益

所有项目都应设定绩效目标，明确绩效指标，将绩效目标及指标作为项目入库前置条件。把绩效目标审核作为项目审核和安排预算的有机组成部分，根据审核结果提出项目入库建议，未按要求设定绩效目标或审核不合格的项目，不得进入项目库。加强绩效执行监控，逐步推进在预算执行中按照确定的绩效目标及指标实行定期监控。对偏离绩效目标的项目，要及时采取措施加以纠正。资金使用单位要对照项目绩效目标开展绩效自评并形成自评结果，作为部门或单位预、决算的重要内容和申请以后年度预算资金的必要基础。扩大第三方参与绩效评价的范围，逐步建立健全重点民生政策和重大专项支出绩效评价机制，将评价结果作为预算安排和优化

支出结构的重要依据，使低效、无效资金退出来。

（七）扩大预算评审范围，加大预算评审力度

改进预算评审工作，规范评审程序和行为，努力提高评审的客观公正性。进一步扩大预算评审覆盖范围，用4年时间，分步实现项目预算评审全覆盖。对属于评审范围的项目，包括已纳入预算安排但未经过评审的项目，2016年各部门开展预算评审的项目支出数额占项目库中应评审项目支出总额的比例要达到30%以上，2017年达到50%以上，2018年达到80%，2019年实现百分之百覆盖。2016年申报的新增项目，属于评审范围的，原则上要全部评审。已纳入2016年预算安排但未经预算评审的项目，要对其中的重点项目实施评审，并根据预算评审结果，对项目的当年预算和以后年度支出安排进行调整。从2016年起，中央部门要提前组织项目编审、储备等工作，预算评审工作要相应提前，为下年预算编制尽早做好准备。

（八）探索项目预算公开，增强项目透明度

从编制2017年预算起，选择部分重点部门的重大一级项目列入预算草案报送全国人大审议，全国人大审议通过预算草案后，由部门向社会公开。以后逐年扩大范围和规模，通过几年时间，实现除涉密项目外，部门的一级项目全部报送全国人大审议，并向社会公开。试点初期，报送全国人大审议的一级项目，优先选择标准化管理项目、经过评审的重大项目以及有关主管部门管理的通用项目。对报送全国人大审议并公开的一级项目，部门要从政策依据、项目目标、实施方案、支出内容、预期产出、绩效目标等方面对项目进行全面、详细说明，将相关说明一并公开，并积极做好公开后的相关说明解释工作。

（九）建立管理考核机制，调动部门积极性

强化中央部门的主体责任，建立项目管理考核机制，以实质性内容为主，程序性内容为辅，针对项目管理过程中的关键环节和重要管理内容，制定量化考核指标，对中央部门项目管理过程的规范性、编制审核的质量、项目执行的效果等进行考核。项目管理考核将作为部门预算管理考核评价的重要组成部分。项目管理考核的结果，要予以通报，并作为确定部门项目支出预算规模的重要参考因素。中央部门也要建立内部的项目管理考核体系，对下级单位、业务部门、评审机构或团队在项目管理中的工作

质量和效果进行考核，并采取措施促进项目管理工作质量提升。

三、组织实施

（一）提高认识。要充分认识做实预算项目库对于深化部门预算改革，健全预算管理体系，提升预算管理效能，统筹资源配置，优化支出结构，提高资金绩效，促进部门履职尽责的重要意义。

（二）抓好落实。要发挥中央部门的主体作用，增强责任意识，以改革创新精神，定实策、出实招、求实效，认真落实改革要求。加强组织保障，做好统筹协调，理顺内部关系，形成一致推进改革的合力。

（三）加强指导。要做好对下级单位的指导、示范、督促，指导所属单位做实预算项目库，总结经验、范例加以推广，督促各单位遵守制度规范、落实各项要求，着力提升项目管理的精准度和有效性。

附件：1. 中央部门预算二级项目立项参考程序
　　　2. 中央部门预算二级项目文本

附件1：

中央部门预算二级项目立项参考程序

根据二级项目立项的不同情况，中央部门可参考以下几种立项程序，对本部门的项目立项程序加以规范：

一、政策类项目

提出政策概念和思路→调查研究→方案论证→行政决策（履行部门、单位集体决策程序，下同）→政策发布→编制预算项目→项目审核、评审→行政决策（履行部门、单位集体决策程序，下同）→向财政部申报。

二、履职类项目

提出部门履职需求（以发展规划、部门职能为依据）→确定总体履职目标及绩效目标→拟订工作计划→部署分解工作任务→编制预算项目→项目审核、评审→行政决策→向财政部申报。

三、运维类项目

提出单位运维需求→业务部门审核需求→编制预算项目→项目审核、评审→行政决策→向财政部申报。

除上述几类项目外，基建、科研等已明确规定立项程序的项目，应按相关规定程序办理。

附件2：

中央部门预算二级项目文本

立项依据	1. 立项依据一般包括：法律法规规定的政府义务、国民经济社会发展五年规划、国务院政策文件、部门（单位）的职责等。 2. 无前述立项依据的项目，应对项目立项的意义和必要性进行全面阐述和论证，并对开展相关任务的决策过程进行描述。 3. 立项依据中应论述的内容： ①项目（及其政策）是否有利于使市场在资源配置中起决定性作用和更好发挥政府作用； ②项目是否属于中央本级事权，与地方政府的职责关系； ③项目对国家安全、政治、经济、外交、文化，以及社会结构等方面的意义和影响； ④项目是否有利于促进社会公平正义，是否有利于降低社会成本、提高效率； ⑤项目对于部门（单位）履行职能，完成工作任务的必要性及推动作用； ⑥项目是否属于本部门（单位）职能范围，其他部门（单位）是否开展类似项目，与本项目之间如何区分或衔接，其他部门（单位）已有类似项目的情况下，本部门（单位）相关项目立项是否必要等。
实施方案	1. 项目的主要目标、总体思路、实施方式、步骤和计划、开展的主要活动； 2. 项目实施与实现项目目标之间的关联性； 3. 项目实施方案的路径选择是否最优的说明（是否有其他替代方案，为何选择本方案）； 4. 与本部门（单位）其他项目的关系（是否与其他项目交叉或互补）。

中央部门预算二级项目支出明细表

×××信息化系统保障项目

项目活动	对项目活动的描述	子活动	对子活动的描述	数量/频率	分项支出	价格/标准	支出计划	备注
网络光线路租赁	总体描述租赁方式、带宽需求、覆盖范围、租赁时间、租赁对象等。	光纤租赁	光纤覆盖范围、节点数量、租赁时间、支付方式等。	12个月	租赁费	×××	×××	价格/标准应说明来源,市场询价、政府采购价、合同价、历史价格等。价格如有标准,应按标准测算;如为市场询价有浮动区间,测算时原则上选取区间中值计算。
		网线租赁	线路覆盖范围、节点数量、租赁时间、支付方式等。	12个月	租赁费	×××	×××	
		线路维护	线路维护的范围、内容、方式。	××人天	维修（护）费	×××	×××	
		……						
硬件设备购置	总体描述购置方式、购置的需求、购置的范围、购置的对象等。							

续表

项目活动	对项目活动的描述	子活动	对子活动的描述	数量/频率	分项支出	价格/标准	支出计划	备注
		×××服务器购置	更新的数量需求，测算的方法和依据，测算过程等。	×××	信息网络及软件购置更新	×××~×××	×××	
		×××服务器购置	更新的数量需求，测算的方法和依据，测算过程等。	×××	信息网络及软件购置更新	×××~×××	×××	
		×××通信设备购置	更新的数量需求，测算的方法和依据，测算过程等。	×××	信息网络及软件购置更新	×××~×××	×××	
		×××通信设备购置	更新的数量需求，测算的方法和依据，测算过程等。	×××	信息网络及软件购置更新	×××~×××	×××	
		×××配件购置	更新的数量需求，测算的方法和依据，测算过程等。	×××	信息网络及软件购置更新	×××~×××	×××	
		计算机购置	更新的数量需求，测算的方法和依据，测算过程等。	×××	信息网络及软件购置更新	×××~×××	×××	
		……						

续表

项目活动	对项目活动的描述	子活动	对子活动的描述	数量/频率	分项支出	价格标准	支出计划	备注
软件维护	需要维护的系统范围、维护频率、承接主体。	××应用系统维护	维护方式、维护主体的承接需求，测算的方法和依据，测算过程等。	××人/天	维修（护）费	×××	×××	
		××应用系统维护	维护方式、维护主体的承接需求，测算的方法和依据，测算过程等。	××人/天	维修（护）费	×××	×××	
		××安全系统维护	维护方式、维护主体的承接需求，测算的方法和依据，测算过程等。	××人/天	维修（护）费	×××	×××	
		……		……			……	
其他	……							

注：1. 编制项目支出计划时，对项目内容相对简单的，可直接填列子活动，不再填列项目活动。
2. 本表中反映的是项目的总体支出情况，如项目为多年项目，则上述支出明细的合计应填列项目的多年支出总额。

附录十三

财政部关于进一步完善中央部门项目支出预算管理的通知

(2017年6月21日 财预〔2017〕96号)

党中央有关部门，国务院各部委、各直属机构，中央军委后勤保障部，武警各部队，全国人大常委会办公厅，政协全国委员会办公厅，高法院，高检院，各民主党派中央，有关人民团体，有关中央管理企业：

为深化预算管理制度改革，提高中央部门预算管理水平，现就进一步完善项目支出预算管理有关工作通知如下：

一、完善专用一级项目

部门应对照"三定"方案，结合业务特点和管理需要，调整完善专用一级项目设置，更加集中、直观反映部门主要职责和工作任务，将一级项目数量控制在合理范围内。部门单项职责涉及支出规模较小的，应将多项职责合并设置一级项目；单项职责涉及支出规模较大的，应对职责适当细化后设置一级项目。

二、增设通用一级项目

从编制2018年预算起，增设"资产运行维护"和"信息化运行维护"通用一级项目。部门安排用于房屋、设备设施，以及办公电子设备、信息系统等的运行维护支出原则上通过公用经费解决，对于确需通过项目支出安排的大型专用设备设施、专业信息系统的运行维护支出（教育、科学等归口管理的横向支出除外），应分别纳入"资产运行维护"和"信息化运行维护"项目。原通过公用经费安排的相关运行维护支出，仍通过公用经费解决，不得转列项目支出。部门已设置的专用一级项目与"资产运行维护"和"信息化运行维护"项目内容重叠的，从编制2019年预算起取消，2017年已批复执行的二级项目2017—2018年继续按原项目执行。

三、整合归并同类支出

部门要完善项目预算编制，改进项目管理方式，增强预算统筹能力。支出性质相同的预算事项原则上不按照司（局）、处（室）分别编报二级项目，应进行归类整合后合并编制，具体支出事项作为项目的子活动进行管理，避免对同类支出的管理碎片化。

四、规范委托事项管理

除自身不具备实施条件外，机关不得将应由自身承担的工作任务或直接提供的服务委托给所属事业单位或本部门以外的其他单位承担，也不得将相关项目支出直接列入所属事业单位预算。对于确因自身不具备实施条件，需要委托其他单位完成的工作任务，应按照政府采购和政府购买服务有关规定实施，通过合同形式委托受托单位完成相关任务，向其支付合理、必要费用。

五、加强项目评审、评估和绩效评价

（一）扩大项目预算评审范围。2017年部门开展预算评审的项目支出数额占项目库中应评审项目支出总额的比例要达到50%以上。申报的新增项目属于应评审范围的，原则上全部评审。

（二）建立动态评估清理机制。财政部将每年选择部分中长期支出政策或重大项目进行滚动评估，评估结果作为安排预算和调整支出政策的重要依据。部门也应建立类似的评估清理机制，取消政策目标已实现或不再具备实施条件的项目；调整条件形势变化、未达到预期效果或支出标准不可持续的项目；整合投向趋同、交叉或政策碎片化的项目。

（三）健全项目绩效评价管理。提高项目绩效目标编报质量，全面开展项目绩效目标执行监控，健全项目绩效自评体系，确保绩效自评结果客观、准确。建立完善重大项目支出绩效评价机制，加强项目绩效信息公开。

六、完善激励约束机制

（一）绩效评价结果与项目支出预算安排挂钩。财政部开展绩效评价的结果作为调整预算安排或相关支出政策的重要依据。上年绩效自评和重点绩效评价的结果，部门应在预算编制中充分应用。

（二）预算评审情况与部门整体预算安排挂钩。按10%设置预算评审容忍度，财政部开展的项目预算评审，凡整体审减率超出容忍度的部门，要压减部门下一年度预算，并扣减三年支出规划数。

七、严肃追责问责

（一）加强内控机制建设。部门入库项目，除必须满足入库的各项必备立项条件外，必须经过项目单位的内部审核和决策程序，项目立项、编报和审核责任要明确到人，落实到位，有效控制项目支出管理风险。

（二）发现问题严肃问责。在项目支出管理过程中，如发现问题，将要求有关部门按规定对项目单位及相关责任人进行追责问责。

附录十四

财政部关于加强中央部门预算评审工作的通知

（2015年6月2日　财预〔2015〕90号）

党中央有关部门，国务院各部委、各直属机构，总后勤部，武警各部队，全国人大常委会办公厅，全国政协办公厅，高法院，高检院，各民主党派中央，有关人民团体，新疆生产建设兵团，有关中央管理企业：

为健全预算审核机制，提高预算管理水平，根据《财政部关于推进中央部门中期财政规划管理的意见》（财预〔2015〕43号），现就加强中央部门预算评审有关事项通知如下：

一、加强预算评审工作的必要性

预算评审是预算管理的重要组成部分，是提高预算编制质量，优化预算资源配置的重要手段。部门预算改革以来，中央部门预算评审工作有序推进，评审范围不断扩大，评审形式不断丰富，参与评审机构的专业化程度不断提高，预算评审工作步入常态化轨道，预算评审对预算编制的支撑作用日益显著。

应当看到，与预算改革和发展的要求相比，当前预算评审工作还存在一些亟待解决的问题，如制度建设相对滞后，预算评审机制尚未建立，评审覆盖面较窄，评审程序不够规范，评审质量有待提高，评审能力建设有待加强等，制约了预算评审作用的有效发挥。

深化预算管理制度改革，加强预算管理，对预算评审工作提出了新的更高的要求。健全预算评审机制，做好预算评审工作，是更好发挥预算评审职能，完善预算决策机制的迫切需要；是完善预算编制流程，打通预算管理链条的必要手段；是规范预算编制行为，提高预算管理水平的重要保障。

二、总体思路

（一）总体目标

通过完善预算评审制度，理顺评审职责，扩展评审范围，明确评审内容，规范评审程序，加强能力建设，提高评审质量，逐步建立健全预算评审机制，将预算评审工作实质性嵌入部门预算管理流程，更好发挥预算评审对规范预算编报行为，提高预算编制质量，优化预算资源配置，改进预算管理绩效的重要支撑作用。

（二）工作思路

预算评审工作要与加强项目库建设和管理同步规划、同步实施、相互配合。各部门要抓紧启动预算评审的准备工作，着手建立中介机构库和专家库，按照相关要求选择部分重点项目开展预算评审，并逐步扩大评审范围。要根据项目立项和管理的要求，严把项目入库关，切实提高入库项目质量。要不断总结经验，扎实推进预算评审的各项工作，尽快形成较为健全的预算评审机制。要建立激励约束机制，强化评审结果的运用，以评促建、以评促管，全面提高项目支出预算管理水平。

三、重点工作

（一）理顺预算评审职责

中央部门（即直接向财政部报送部门预算的一级预算单位）和财政部按照部门预算管理权限，分别组织开展预算评审工作。财政部负责制定预算评审的管理制度，对各部门评审工作进行指导，对纳入财政部项目库的项目组织评审，运用评审结果。中央部门预算评审工作应由部门内部负责预算管理的内设机构组织，主要职责是制定评审制度，选择中介机构和专家，监督评审过程，运用评审结果，安排评审经费等。接受委托的中介机构和专家独立开展评审工作，对出具的评审报告负责。

（二）划分预算评审范围

预算评审主要针对部门预算中的项目支出预算。拟纳入中央部门项目库的项目原则上都要进行预算评审，考虑到评审工作经济性同时避免重复评审，以下项目可不纳入部门评审范围：已确定立项且按规定的支出标准和要求测算的项目，按规定由项目主管部门（指负责专项资金管理并审核相关部门申报项目的部门）评审的项目，绝密级项目（另有规定的除外），总支出规模在100万元以下的项目，其他按规定不予评审的项目。预算执行中拟申请追加预算的项目，以及项目内容、绩效目标或支出总规模等发生调整的项目，原则上也要履行部门评审程序。部门申报的项目中拟纳入预算安排的重大项目、财政专项安排的基本建设项目、专业性强或技术复杂的项目优先纳入财政部评审范围。预算执行中拟追加预算的项目，财政部也要有选择地进行评审。

（三）明确预算评审内容

预算评审的内容主要包括完整性、必要性、可行性和合理性等方面。完整性主要是项目申报程序是否合规，项目申报内容填写是否全面，项目申报所需资料是否齐全等。必要性主要是项目立项依据是否充分，与部门职责和宏观政策衔接是否紧密,与其他项目是否存在交叉重复等。可行性主要是项目立项实施方案设计是否可行,是否具备执行条件等。合理性主要是项目支出内容是否真实、合规,预算需求和绩效目标设置是否科学合理等。

(四)把握预算评审环节

各部门要按照"先评审后入库"的原则,对部门本级及所属单位申报的项目进行预算评审,评审通过的项目作为预算备选项目进入部门项目库。预算执行中拟申请追加预算的项目,原则上也要经过评审,纳入部门项目库后才能申报。财政部项目库中的项目遵循"先预算评审后安排预算"的原则,预算编制阶段,在部门已经开展评审的基础上,由财政部根据需要对拟纳入预算安排的项目进行评审,根据评审结果确定是否安排及具体额度。预算执行阶段,由财政部对部门申请追加预算的项目中拟安排预算的项目进行评审。

(五)规范预算评审方式

根据预算管理级次的不同,各部门可实行集中评审或分级评审,具体形式由部门自行确定。根据不同类型项目的特点,可采取由部门所属评审机构、委托有相应资质的社会中介机构或组织专家组评审等方式开展预算评审。对技术性、专业性较强的项目,原则上应委托专业评审机构评审。委托社会中介机构评审的,要根据政府购买服务的要求,按照政府采购法规定的方式确定承接主体,签订委托合同。组织专家组评审的,原则上应设立专家库并从中随机抽取符合相关专业要求的专家。财政部的评审工作主要由预算评审中心和财政部专员办承担。根据部门的需要,财政部预算评审中心可提供业务指导和技术支持。

(六)强化评审结果运用

预算评审的生命力在于结果的有效运用。各部门要在提高评审质量的基础上,强化预算评审结果的运用,将评审结果作为项目入库、申报和调整的重要依据。要把预算评审的总体情况作为确定所属单位预算规模的参考因素之一,引导各单位如实申报项目和预算。财政部将评审结果作为预算安排的重要依据,同时建立激励约束机制,对申报不实、预算审减率较高的部门,根据审减的额度直接扣减部门项目支出预算,并以此作为确定以后年度部门预算规模的参考依据。

（七）提高预算评审能力

各部门要加强中介机构库和专家库建设，完善中介机构及专家遴选、回避、信用和问责制度，提高预算评审的专业性和权威性。要加强评审信息系统建设，规范评审流程，改进评审方法，健全评审工作规范，加强对评审工作的监督和质量控制，提高评审工作质量和效率。财政部将重点加强预算评审中心和专员办的能力建设，提升工作人员的专业技能和政策水平，并发挥好示范辐射作用，为各部门预算评审工作提供业务指导和技术支持。

（八）保障预算评审经费

预算评审遵循"谁委托谁付费"的原则，委托开展评审工作所需经费由委托单位承担，评审机构和专家不得向被评审单位收取任何费用。对评审报告质量达不到要求、出现严重差错、超过约定评审时间且无正当理由的，相应扣减费用，情节严重的，不予支付委托费用。各部门委托开展预算评审工作已有专项经费的，通过原渠道安排；未安排专项经费的，应从日常公用经费或部门机动经费中安排。财政部开展预算评审工作所需经费由财政部承担。

四、实施保障

加强预算评审工作是深化预算管理制度改革，提高项目支出预算管理水平的重要举措。各部门要充分认识加强预算评审工作的重要意义，进一步统一思想，加强组织领导，落实好预算评审各项工作。各部门要结合实际，制定本部门加强预算评审工作实施方案，切实保障开展预算评审所需条件，为评审工作创造良好外部环境，确保预算评审工作在正确的轨道上规范有序地开展。

附录十五

财政部关于印发《中央部门结转和结余资金管理办法》的通知

(2016年2月17日 财预〔2016〕18号)

为了深化部门预算改革,加强和规范中央部门一般公共预算和政府性基金预算结转结余资金管理,优化资源配置,盘活存量资金,提高财政资金使用效益,我部对《中央部门财政拨款结转和结余资金管理办法》(财预〔2010〕7号)进行了修订,制定了《中央部门结转和结余资金管理办法》。现印发给你们,请遵照执行。

附件:中央部门结转和结余资金管理办法

附件:

中央部门结转和结余资金管理办法

第一章 总则

第一条 为加强中央部门结转和结余资金(以下简称结转结余资金)管理,优化财政资源配置,提高资金使用效益,根据《中华人民共和国预算法》《中华人民共和国预算法实施条例》以及部门预算管理有关规定,制定本办法。

第二条 本办法所称结转结余资金,是指与中央财政有缴拨款关系的中央级行政单位、事业单位(含企业化管理的事业单位)、社会团体及企业,按照财政部批复的预算,在年度预算执行结束时,未列支出的一般公共预算和政府性基金预算资金。

第三条 结转资金是指预算未全部执行或未执行，下年需按原用途继续使用的预算资金。结余资金是指项目实施周期已结束、项目目标完成或项目提前终止，尚未列支的项目支出预算资金；因项目实施计划调整，不需要继续支出的预算资金；预算批复后连续两年未用完的预算资金。

第四条 按照国库集中收付管理制度，结转结余资金包括国库集中支付结余资金和非国库集中支付结余资金。

第五条 中央部门核算和统计结转结余资金，应与会计账表相关数字保持一致。

第六条 按照本办法管理的结转结余资金应扣除以下两项内容：一是已支付的预付账款；二是已用于购买存货，因存货未领用等原因尚未列支的账面资金。预付账款在以后年度收回资金，或者在以后年度因出售存货收回资金的，收回的资金应按照本办法相关规定管理。

第二章 基本支出结转资金管理

第七条 年度预算执行结束时，尚未列支的基本支出全部作为结转资金管理，结转下年继续用于基本支出。

第八条 基本支出结转资金包括人员经费结转资金和公用经费结转资金。

第九条 编制年度预算时，中央部门应充分预计和反映基本支出结转资金，并结合结转资金情况统筹安排以后年度基本支出预算。财政部批复年初预算时一并批复部门上年底基本支出结转资金情况。

第十条 部门决算批复后，决算中基本支出结转资金数与年初批复数不一致的，应以决算数据作为结转资金执行依据。

第十一条 中央部门在预算执行中因增人增编需增加基本支出的，应首先通过基本支出结转资金安排。

第三章 项目支出结转资金管理

第十二条 项目实施周期内，年度预算执行结束时，除连续两年未用完的预算资金外，已批复的预算资金尚未列支的部分，作为结转资金管理，结转下年按原用途继续使用。

第十三条 基本建设项目竣工之前，均视为在项目实施周期内，年度预算执行结束时，已批复的预算资金尚未列支的部分，作为结转资金管理，结转下年按原用途继续使用。

第十四条 编制年度预算时，中央部门应充分预计和反映项目支出结转资金，并结合结转资金情况统筹安排以后年度项目支出预算。财政部批复年初预算时一并批复部门上年底项目支出结转资金情况。

第十五条 部门决算批复后，决算中项目支出结转资金数与年初批复数不一致的，应以决算数据作为结转资金执行依据。

第四章 项目支出结余资金管理

第十六条 项目支出结余资金包括：项目目标完成或项目提前终止，尚未列支的预算资金；实施周期内，因实施计划调整，不需要继续支出的预算资金；实施周期内，连续两年未用完的预算资金；实施周期结束，尚未列支的预算资金；部门机动经费在预算批复当年未动用的部分。项目支出结余资金原则上由财政部收回。

第十七条 按照基本建设财务管理的有关规定，基本建设项目竣工后，项目建设单位应抓紧办理工程价款结算和清理项目结余资金，并编报竣工财务决算。财政部和相关主管部门应及时批复竣工财务决算。基本建设项目的结余资金，由财政部收回。

第十八条 按照《关于改进加强中央财政科研项目和资金管理的若干意见》（国发〔2014〕11号）精神，中央财政科研项目结余资金中符合相关条件的，报财政部确认后，可在一定期限内由项目单位统筹安排用于科研活动的直接支出。具体管理办法另行制定。

第十九条 年度预算执行结束后，中央部门应在45日内完成对结余资金的清理，将清理情况区分国库集中支付结余资金和非国库集中支付结余资金报财政部。财政部收到中央部门报送的结余清理情况后，应在30日内发文收回结余资金。

第二十条 部门决算批复后，决算中项目支出结余资金数超出财政部已收回结余资金数的，财政部应根据批复的决算，及时发文将超出部分的结余资金收回；决算中项目支出结余资金数低于财政部已收回结余资金数的，收回的资金不再退回中央部门。

第二十一条 年度预算执行中,因项目目标完成、项目提前终止或实施计划调整,不需要继续支出的预算资金,中央部门应及时清理为结余资金并报财政部,由财政部发文收回。

第五章 控制结转资金规模

第二十二条 中央部门应努力提高预算编制的科学性、准确性,合理安排分年支出计划,根据实际支出需求编制年度预算。

第二十三条 预算执行中,中央部门应及时跟踪预算资金使用情况,定期进行统计,分析预算执行中存在的问题及原因,采取措施合理加快执行进度。

第二十四条 对当年批复的预算,预计年底将形成结转资金的部分,除基本建设项目外,中央部门按照规定程序报经批准后,可调减当年预算或调剂用于其他急需资金的支出。

第二十五条 对结转资金中预计当年难以支出的部分,除基本建设项目外,中央部门按照规定程序报经批准后,可调剂用于其他急需资金的支出。连续两年未用完的结转资金,由财政部收回。

第二十六条 中央部门拟调减预算或对结转资金用途进行调剂,应按照规定程序在8月31日前提出申请。财政部收到中央部门申请后,原则上应在9月30日前办理完成。

第二十七条 中央部门调减预算或对结转资金用途进行调剂后,相关支出如在以后年度出现经费缺口,应在部门三年支出规划确定的支出总规模内通过调整结构解决。

第二十八条 中央部门结转资金规模较大、占年度支出比重较高的,财政部可收回部分结转资金。

第二十九条 财政部对中央部门控制结转资金情况应加以考核,并对考核情况予以通报。

第三十条 中央部门应对所属单位结转资金规模控制情况进行考核,并建立激励约束机制。

第六章 结转结余资金收回

第三十一条 中央部门应按照财政部收回结转结余资金的文件,及时将资金上交国库，并区分国库集中支付结余资金和非国库集中支付结余资金，按照相关规定办理。

第三十二条 上交国库集中支付结余资金，中央部门应及时调整用款计划，财政部相应调整国库集中支付结余指标。

第三十三条 上交非国库集中支付结余资金，中央部门应在财政部发文规定的时限内将资金上交国库，并将缴款单据印送财政部备查。

第三十四条 对收回的结转结余资金，财政部应按照《财政总预算会计制度》（财库〔2015〕192号）有关规定进行会计处理。

第三十五条 基本建设项目结余资金的收回，按照基本建设项目结余财政资金管理的有关规定执行。

第七章 国库集中支付结余资金管理

第三十六条 年度预算执行结束后，中央部门与财政部就预算指标、资金支出情况进行核对。根据核对情况，财政部于1月31日前将国库集中支付结余数据发给中央部门。

第三十七条 中央部门收到国库集中支付结余数据后，应在15日内将国库集中支付结余资金申报核批表报财政部。财政部收到核批表后，应及时发文批复。申报和批复国库集中支付结余资金时，不得调整支出功能分类科目。

第八章 附则

第三十八条 中央部门在结转结余资金管理中违反本办法规定的，财政部应责成其进行纠正。对未及时纠正的，财政部可将有关资金收回。

第三十九条 中央部门可以依据本办法规定，结合部门实际情况，制定本部门结转结余资金管理的具体办法。中国人民解放军、武装警察部队参照本办法的原则，另行制定管理规定。

第四十条 本办法由财政部负责解释。

第四十一条 本办法自发布之日起施行，财政部2010年1月18日发布的《中央部门财政拨款结转和结余资金管理办法》（财预〔2010〕7号）同时废止。

附录十六

财政部关于进一步做好中央本级支出标准体系建设工作的通知

(2019年6月13日　财预〔2019〕112号)

各中央预算单位：

为贯彻落实党的十九大精神，深化部门预算改革，现就进一步做好中央本级支出标准体系建设工作通知如下：

一、充分认识支出标准体系建设工作的重要意义

支出标准体系建设是深化中央部门预算改革的重要举措。通过多年工作，初步形成了目标明确、职责清晰、程序规范、运行有序的运行机制和较为完整的支出标准体系，支出有标准、用标准的观念普遍增强，在规范预算管理、提高财政资金使用效益等方面发挥了积极作用。

应当看到，与深化预算改革、加强预算管理的要求相比，支出标准体系建设工作还有待提升：基本支出标准方面，标准体系框架有待进一步健全，相关支出财政保障政策尚需完善；项目支出标准方面，项目文本还需进一步规范，标准数量和质量难以满足预算编制和评审工作需要等。

党的十九大明确提出"建立全面规范透明、标准科学、约束有力的预算制度"，为支出标准体系建设工作指明了方向，提供了根本遵循。要全面总结经验，坚持问题导向，着力改革创新，更好地推进中央本级支出标准体系建设工作。

二、总体思路和基本原则

(一)　总体思路

全面贯彻落实党的十九大精神，遵循财政预算编制的基本规律，着力

转变观念、拓宽思路、突出重点、理顺关系，逐步完善基本支出标准体系，切实推进项目支出标准体系建设，力争到2023年建成规范、科学、合理的基本支出标准体系和涵盖财政重点支出领域、部门主要共性项目和重大延续性项目的数量适度、结构合理、科学规范的项目支出标准体系，更好发挥标准在预算管理中的基础性作用。

（二）基本原则

统筹谋划，改革创新。立足中央部门预算管理全局，合理把握工作的力度和节奏。以改革创新精神引领标准体系建设，强化顶层设计和规划引导，进一步丰富标准的内容和形式，实现各类标准的有效衔接。

突出重点，完善机制。坚持有所为有所不为，聚焦重点支出领域、共性项目、重大延续性项目开展标准制定工作，提高标准体系建设效率。进一步明确各方职责，着力完善标准体系建设管理体制和运行机制，加快形成工作合力，充分调动各方积极性。

科学合理，讲求实效。紧密结合预算管理实际，增强标准的科学性、规范性和可靠性，合理保障机构正常运转、基本履职和重点工作需要。健全标准应用机制，推进标准管理与预算管理、资产管理有机融合，实现标准应用的常态化、制度化。

三、重点工作

（一）基本支出标准体系方面

1. 健全基本支出标准体系框架。基本支出包括人员经费和公用经费，人员经费标准包括工资津补贴、住房改革支出、社会保险缴费等具体支出标准；公用经费标准按照人员费用定额为主、实物费用定额为辅的方式确定，科学设置定额项目，合理保障机构正常运转和基本履职需要。按照"横向到边、纵向到底"的原则，逐步将全部基本支出事项纳入标准体系建设范畴，充分发挥标准在规范预算分配中的基础性作用。

2. 分类明确财政保障政策。行政单位和参公单位的基本支出全部由财政保障。事业单位根据职能定位、具体特点，分类完善财政补助政策：在明确界定公益职能、合理确定机构编制的基础上，公益一类事业单位基本支出由财政保障为主；公益二类事业单位结合现有财政补助水平，逐步推动实行与编制脱钩的补助机制，通过政府购买服务等方式予以支持。

3. 完善支出标准和保障政策调整机制。基本支出标准调整原则上与年度预算编制同步进行，人员经费标准，根据国家工资津补贴政策变化等情况予以调整；公用经费标准，根据机构职责、经济社会发展和物价水平、财力可能等情况予以调整。根据事业单位分类改革进展等情况，研究完善财政保障政策。

（二）项目支出标准建设方面

1. 从项目文本和支出标准两方面推进标准化工作。新制定的标准一般包含两部分：一是规范的项目文本，同类型项目的项目文本在框架结构、支出内容、文本格式等方面要统一，文本中要明确项目立项依据、实施方案、项目支出明细等内容，并按规范的文本编报和审核预算，实现同类项目预算可比较可分析；二是具体的支出标准，对项目各项支出内容中适合制定标准的部分，制定符合实际的支出标准，并根据经济社会发展和财力状况适时调整。

2. 丰富标准形式。适当扩充标准外延，将财政资金分配规范及方法等纳入支出标准范畴。支出标准包含以下形式：一是安排财政支出重点领域预算规模及其结构的基本规范；二是分配某项资金或项目支出预算的规范方法；三是确定项目整体或某项支出内容预算额度的测算标准，合理运用绝对标准（如支出定额）和相对标准（如计提比例）、综合标准和分项标准等多种形式。

3. 把握建设重点。重点针对涉及面广、资金量大、实施期限长、适合标准化管理的项目，加快标准体系建设进程：一是中央本级支出的重点领域，遵循财政预算编制的基本规律，根据经济社会发展目标、国家宏观调控要求和行业发展需要等因素，研究支出预算安排的基本规范；二是各部门普遍存在的共性项目，分期分批制定通用的项目文本和支出标准，并作为预算编制和评审的依据。对暂时无法制定支出标准的，首先从项目文本上加以规范，为支出标准制定打下基础；三是部门内部的延续性重大项目以及与部门履职关系紧密的专项业务项目，制定项目文本和支出标准，作为部门内部预算编报和审核的依据，并报财政部备案。对部门一次性重大项目，主要通过预算评审确定支出范围和预算额度。

4. 与预算评审相结合。推进预算评审与标准建设的深度结合，形成二者相互补充、相互促进的良性互动关系。一是强化标准在预算评审工作中的应用，提高评审工作的规范性，同时，根据评审情况提出对现有标准进行调整的意见建议，适时完善相关标准。二是强化预算评审在标准制定工作中的作用，充分利用评审结果，对各类项目的特点和规律进行深入分析和梳理，加快形成评审一类项目、出台一个标准、规范一个领域的工作机制，助力标准建设。

（三）理顺工作关系

基本支出标准体系建设由财政部组织实施，用于基本支出预算的测算和分配。项目支出标准体系建设采取"财政部牵头组织，中央部门具体落实"的管理模式。按照标准发布主体，项目支出标准分为财政部标准和部门内部标准。财政部标准又分为通用标准和专用标准，通用标准适用于中央本级的共性项目，主要由财政部负责编制、印发执行；专用标准适用于特定部门、专项资金或专项业务项目，由部门负责编制、财政部审核后研究印发执行。部门内部标准由部门负责编制、印发执行。

四、工作要求

（一）加快标准建设进程

各部门要把思想认识统一到党的十九大精神上来，进一步抓精抓好标准建设工作。一方面，做好现有标准的收集整理，各部门将目前已制定的内部标准目录于2019年7月底前报财政部备案，财政部研究将相对成熟的部门标准按程序上升为财政部标准。另一方面，按照先易后难、逐步完善的原则，2019年各部门至少新启动一项标准制定工作，相关工作计划一并于2019年7月底前报财政部备案。

（二）规范标准编制机制

标准制定工作可由部门自行承担，也可按规定委托第三方机构承担并加强指导。制定的标准应符合实际、切实可行，项目文本要做到内容完整、格式规范、结构合理，标准制定要反映现阶段的合理需求和财力状况，防止以标准制定倒逼财政增支。标准制定过程中，要充分利用预算评审、决算、绩效管理等各方面的信息资料，不断改进标准制定方法，提高标准建设的科学性、合理性。

（三）完善标准应用机制

牢固树立"有标准就要用"的理念，从编制 2020 年预算起，部门"一上"要对本部门项目支出标准建设情况进行说明，项目文本中详细说明测算所使用的标准，各项支出原则上不得突破已有标准。要结合社会经济发展、物价水平、财力状况等，对标准进行适时修订。

（四）强化标准建设保障

各部门要进一步加强对标准建设工作的领导，明确负责机构，落实精干人员，所需经费原则上通过本部门公用经费解决，任务较重的部门可通过项目支出安排，确保标准建设工作需要。

本通知自印发之日起施行，此前发布的有关文件与本通知不一致的，按照本通知执行。

附录十七

财政部关于印发《中央部门预算绩效目标管理办法》的通知

（2015 年 5 月 21 日　财预〔2015〕88 号）

党中央有关部门，国务院各部委、各直属机构，总后勤部，武警各部队，全国人大常委会办公厅，全国政协办公厅，高法院，高检院，各民主党派中央，有关人民团体，新疆生产建设兵团，有关中央管理企业：

为了全面推进预算绩效管理工作，进一步规范中央部门预算绩效目标管理，提高财政资金使用效益，根据《中华人民共和国预算法》《国务院关于深化预算管理制度改革的决定》（国发〔2014〕45 号）等有关规定，我们制定了《中央部门预算绩效目标管理办法》。现予印发，请遵照执行。

附件：中央部门预算绩效目标管理办法

附件：

中央部门预算绩效目标管理办法

第一章 总则

第一条 为了进一步加强预算绩效管理，提高中央部门预算绩效目标管理的科学性、规范性和有效性，根据《中华人民共和国预算法》《国务院关于深化预算管理制度改革的决定》（国发〔2014〕45号）等有关规定，制定本办法。

第二条 绩效目标是指财政预算资金计划在一定期限内达到的产出和效果。

绩效目标是建设项目库、编制部门预算、实施绩效监控、开展绩效评价等的重要基础和依据。

第三条 本办法所称绩效目标：

（一）按照预算支出的范围和内容划分，包括基本支出绩效目标、项目支出绩效目标和部门（单位）整体支出绩效目标。

基本支出绩效目标，是指中央部门预算中安排的基本支出在一定期限内对本部门（单位）正常运转的预期保障程度。一般不单独设定，而是纳入部门（单位）整体支出绩效目标统筹考虑。

项目支出绩效目标是指中央部门依据部门职责和事业发展要求，设立并通过预算安排的项目支出在一定期限内预期达到的产出和效果。

部门（单位）整体支出绩效目标是指中央部门及其所属单位按照确定的职责，利用全部部门预算资金在一定期限内预期达到的总体产出和效果。

（二）按照时效性划分，包括中长期绩效目标和年度绩效目标。

中长期绩效目标是指中央部门预算资金在跨度多年的计划期内预期达到的产出和效果。年度绩效目标是指中央部门预算资金在一个预算年度内预期达到的产出和效果。

第四条 绩效目标管理是指财政部和中央部门及其所属单位以绩效目标为对象，以绩效目标的设定、审核、批复等为主要内容所开展的预算管理活动。

第五条 财政部和中央部门及其所属单位是绩效目标管理的主体。

第六条 绩效目标管理的对象是纳入中央部门预算管理的全部资金。

第二章 绩效目标的设定

第七条 绩效目标设定是指中央部门或其所属单位按照部门预算管理和绩效目标管理的要求，编制绩效目标并向财政部或中央部门报送绩效目标的过程。

绩效目标是部门预算安排的重要依据。未按要求设定绩效目标的项目支出，不得纳入项目库管理，也不得申请部门预算资金。

第八条 按照"谁申请资金，谁设定目标"的原则，绩效目标由中央部门及其所属单位设定。

项目支出绩效目标，在该项目纳入中央部门项目库之前编制，并按要求随同中央部门项目库提交财政部；部门（单位）整体支出绩效目标，在申报部门预算时编制，并按要求提交财政部。

第九条 绩效目标要能清晰反映预算资金的预期产出和效果，并以相应的绩效指标予以细化、量化描述。主要包括：

（一）预期产出，是指预算资金在一定期限内预期提供的公共产品和服务情况；

（二）预期效果，是指上述产出可能对经济、社会、环境等带来的影响情况，以及服务对象或项目受益人对该项产出和影响的满意程度等。

第十条 绩效指标是绩效目标的细化和量化描述，主要包括产出指标、效益指标和满意度指标等。

（一）产出指标是对预期产出的描述，包括数量指标、质量指标、时效指标、成本指标等。

（二）效益指标是对预期效果的描述，包括经济效益指标、社会效益指标、生态效益指标、可持续影响指标等。

（三）满意度指标是反映服务对象或项目受益人的认可程度的指标。

第十一条 绩效标准是设定绩效指标时所依据或参考的标准。一般包括：

（一）历史标准，是指同类指标的历史数据等；

（二）行业标准，是指国家公布的行业指标数据等；

（三）计划标准，是指预先制定的目标、计划、预算、定额等数据；

（四）财政部认可的其他标准。

第十二条 绩效目标设定的依据包括：

（一）国家相关法律、法规和规章制度，国民经济和社会发展规划；

（二）部门职能、中长期发展规划、年度工作计划或项目规划；

（三）中央部门中期财政规划；

（四）财政部中期和年度预算管理要求；

（五）相关历史数据、行业标准、计划标准等；

（六）符合财政部要求的其他依据。

第十三条 设定的绩效目标应当符合以下要求：

（一）指向明确。绩效目标要符合国民经济和社会发展规划、部门职能及事业发展规划等要求，并与相应的预算支出内容、范围、方向、效果等紧密相关。

（二）细化量化。绩效目标应当从数量、质量、成本、时效以及经济效益、社会效益、生态效益、可持续影响、满意度等方面进行细化，尽量进行定量表述。不能以量化形式表述的，可采用定性表述，但应具有可衡量性。

（三）合理可行。设定绩效目标时要经过调查研究和科学论证，符合客观实际，能够在一定期限内如期实现。

（四）相应匹配。绩效目标要与计划期内的任务数或计划数相对应，与预算确定的投资额或资金量相匹配。

第十四条 绩效目标申报表是所设定绩效目标的表现形式。其中，项目支出绩效目标涉及内容的相关信息，纳入项目文本中，通过提取信息的方式以确定格式（详见附1）生成；部门（单位）整体支出绩效目标，按照确定格式和内容（详见附2）填报，纳入部门预算编报说明中。

第十五条 绩效目标设定的方法包括：

（一）项目支出绩效目标的设定。

1. 对项目的功能进行梳理，包括资金性质、预期投入、支出范围、实施内容、工作任务、受益对象等，明确项目的功能特性。

2. 依据项目的功能特性，预计项目实施在一定时期内所要达到的总体产出和效果，确定项目所要实现的总体目标，并以定量和定性相结合的方式进行表述。

3. 对项目支出总体目标进行细化分解，从中概括、提炼出最能反映总体目标预期实现程度的关键性指标，并将其确定为相应的绩效指标。

4. 通过收集相关基准数据，确定绩效标准，并结合项目预期进展、预计投入等情况，确定绩效指标的具体数值。

（二）部门（单位）整体支出绩效目标的设定。

1. 对部门（单位）的职能进行梳理，确定部门（单位）的各项具体工作职责。

2. 结合部门（单位）中长期规划和年度工作计划，明确年度主要工作任务，预计部门（单位）在本年度内履职所要达到的总体产出和效果，将其确定为部门（单位）总体目标，并以定量和定性相结合的方式进行表述。

3. 依据部门（单位）总体目标，结合部门（单位）的各项具体工作职责和工作任务，确定每项工作任务预计要达到的产出和效果，从中概括、提炼出最能反映工作任务预期实现程度的关键性指标，并将其确定为相应的绩效指标。

4. 通过收集相关基准数据，确定绩效标准，并结合年度预算安排等情况，确定绩效指标的具体数值。

第十六条 绩效目标设定程序为：

（一）基层单位设定绩效目标。申请预算资金的基层单位按照要求设定绩效目标，随同本单位预算提交上级单位；根据上级单位审核意见，对绩效目标进行修改完善，按程序逐级上报。

（二）中央部门设定绩效目标。中央部门按要求设定本级支出绩效目标，审核、汇总所属单位绩效目标，提交财政部；根据财政部审核意见对绩效目标进行修改完善，按程序提交财政部。

第三章 绩效目标的审核

第十七条 绩效目标审核是指财政部或中央部门对相关部门或单位报送的绩效目标进行审查核实，并将审核意见反馈相关单位，指导其修改完善绩效目标的过程。

第十八条 按照"谁分配资金，谁审核目标"的原则，绩效目标由财政部或中央部门按照预算管理级次进行审核。根据工作需要，绩效目标可委托第三方予以审核。

第十九条 绩效目标审核是部门预算审核的有机组成部分。绩效目标不符合要求的，财政部或中央部门应要求报送单位及时修改、完善。审核符合要求后，方可进入项目库，并进入下一步预算编审流程。

第二十条 中央部门对所属单位报送的项目支出绩效目标和单位整体支出绩效目标进行审核。

有预算分配权的部门应对预算部门提交的有关项目支出绩效目标进行审核，并据此提出资金分配建议。经审核的项目支出绩效目标，报财政部备案。

第二十一条 财政部根据部门预算审核的范围和内容，对中央部门报送的项目支出绩效目标和部门（单位）整体支出绩效目标进行审核。对经有预算分配权的部门审核后的横向分配项目的绩效目标，财政部可根据需要进行再审核。

第二十二条 绩效目标审核的主要内容：

（一）完整性审核。绩效目标的内容是否完整，绩效目标是否明确、清晰。

（二）相关性审核。绩效目标的设定与部门职能、事业发展规划是否相关，是否对申报的绩效目标设定了相关联的绩效指标，绩效指标是否细化、量化。

（三）适当性审核。资金规模与绩效目标之间是否匹配，在既定资金规模下，绩效目标是否过高或过低；或者要完成既定绩效目标，资金规模是否过大或过小。

（四）可行性审核。绩效目标是否经过充分论证和合理测算；所采取的措施是否切实可行，并能确保绩效目标如期实现。综合考虑成本效益，是否有必要安排财政资金。

第二十三条 对一般性项目,由财政部或中央部门结合部门预算管理流程进行审核,提出审核意见。

对社会关注程度高、对经济社会发展具有重要影响、关系重大民生领域或专业技术复杂的重点项目,财政部或中央部门可根据需要将其委托给第三方,组织相关部门、专家学者、科研院所、中介机构、社会公众代表等共同参与审核,提出审核意见。

第二十四条 对项目支出绩效目标的审核,采用"项目支出绩效目标审核表"(详见附3)。其中,对一般性项目,采取定性审核的方式;对重点项目,采取定性审核和定量审核相结合的方式。

部门(单位)整体支出绩效目标的审核,可参考项目支出绩效目标的审核工具,提出审核意见。

第二十五条 项目支出绩效目标审核结果分为"优""良""中""差"四个等级,作为项目预算安排的重要参考因素。

审核结果为"优"的,直接进入下一步预算安排流程;审核结果为"良"的,可与相关部门或单位进行协商,直接对其绩效目标进行完善后,进入下一步预算安排流程;审核结果为"中"的,由相关部门或单位对其绩效目标进行修改完善,按程序重新报送审核;审核结果为"差"的,不得进入下一步预算安排流程。

第二十六条 绩效目标审核程序如下:

(一)中央部门及其所属单位审核。中央部门及其所属单位对下级单位报送的绩效目标进行审核,提出审核意见并反馈给下级单位。下级单位根据审核意见对相关绩效目标进行修改完善,重新提交上级单位审核,审核通过后按程序报送财政部。

(二)财政部审核。财政部对中央部门报送的绩效目标进行审核,提出审核意见并反馈给中央部门。中央部门根据财政部审核意见对相关绩效目标进行修改完善,重新报送财政部审核。财政部根据绩效目标审核情况提出预算安排意见,随预算资金一并下达中央部门。

第四章 绩效目标的批复、调整与应用

第二十七条 按照"谁批复预算,谁批复目标"的原则,财政部和中

央部门在批复年初部门预算或调整预算时，一并批复绩效目标。原则上，中央部门整体支出绩效目标、纳入绩效评价范围的项目支出绩效目标和一级项目绩效目标，由财政部批复；中央部门所属单位整体支出绩效目标和二级项目绩效目标，由中央部门或所属单位按预算管理级次批复。

第二十八条　绩效目标确定后，一般不予调整。预算执行中因特殊原因确需调整的，应按照绩效目标管理要求和预算调整流程报批。

第二十九条　中央部门及所属单位应按照批复的绩效目标组织预算执行，并根据设定的绩效目标开展绩效监控、绩效自评和绩效评价。

（一）绩效监控。预算执行中，中央部门及所属单位应对资金运行状况和绩效目标预期实现程度开展绩效监控，及时发现并纠正绩效运行中存在的问题，力保绩效目标如期实现。

（二）绩效自评。预算执行结束后，资金使用单位应对照确定的绩效目标开展绩效自评，分别填写"项目支出绩效自评表"（详见附4）和"部门（单位）整体支出绩效自评表"（详见附5），形成相应的自评结果，作为部门（单位）预、决算的组成内容和以后年度预算申请、安排的重要基础。

（三）绩效评价。财政部或中央部门要有针对地选择部分重点项目或部门（单位），在资金使用单位绩效自评的基础上，开展项目支出或部门（单位）整体支出绩效评价，并对部分重大专项资金或财政政策开展中期绩效评价试点，形成相应的评价结果。

第三十条　中央部门应按照有关法律、法规要求，逐步将有关绩效目标随同部门预算予以公开。

第五章　附则

第三十一条　各部门可根据本办法，结合实际制定本部门具体绩效目标管理办法和实施细则，报财政部备案。

第三十二条　此前关于中央部门预算绩效目标管理的规定与本办法不一致的，适用本办法。

第三十三条　本办法由财政部负责解释。

第三十四条　本办法自印发之日起施行。

附 1 - 1. 项目支出绩效目标申报表（生成表）
附 1 - 2. 项目支出绩效目标申报表内容说明
附 2 - 1. 部门（单位）整体支出绩效目标申报表
附 2 - 2. 部门（单位）整体支出绩效目标申报表填报说明
附 3 - 1. 项目支出绩效目标审核表（一般性项目）
附 3 - 2. 项目支出绩效目标审核表（重点项目）
附 3 - 3. 项目支出绩效目标审核表填报说明
附 4. 项目支出绩效自评表
附 5. 部门（单位）整体支出绩效自评表
附 6. 中央部门预算绩效目标管理流程图

附 1 - 1:

项目支出绩效目标申报表（生成表）

（　　年度）

项目名称				
主管部门及代码			实施单位	
项目属性			项目期	
项目资金 （万元）	中期资金总额：		年度资金总额：	
	其中：财政拨款		其中：财政拨款	
	其他资金		其他资金	
总体目标	中期目标（20××年—20××+n年）		年度目标	
	目标1： 目标2： 目标3： ……		目标1： 目标2： 目标3： ……	

续表

一级指标	二级指标	三级指标	指标值	二级指标	三级指标	指标值
绩效指标	产出指标	数量指标	指标1： 指标2： ……		数量指标	指标1： 指标2： ……	
		质量指标	指标1： 指标2： ……		质量指标	指标1： 指标2： ……	
		时效指标	指标1： 指标2： ……		时效指标	指标1： 指标2： ……	
		成本指标	指标1： 指标2： ……		成本指标	指标1： 指标2： ……	
		……			……		
	效益指标	经济效益指标	指标1： 指标2： ……		经济效益指标	指标1： 指标2： ……	
		社会效益指标	指标1： 指标2： ……		社会效益指标	指标1： 指标2： ……	
		生态效益指标	指标1： 指标2： ……		生态效益指标	指标1： 指标2： ……	
		可持续影响指标	指标1： 指标2： ……		可持续影响指标	指标1： 指标2： ……	
		……			……		
	满意度指标	服务对象满意度指标	指标1： 指标2： ……		服务对象满意度指标	指标1： 指标2： ……	

附 1-2：

项目支出绩效目标申报表内容说明

一、适用范围

（一）本表根据中央部门及其所属单位所填报的项目文本中的相关信息，由预算管理系统自动生成，作为项目绩效目标审核和批复、预算资金确定、绩效监控、绩效评价的主要依据。

（二）项目支出是指中央部门为完成其特定的行政工作任务或事业发展目标、纳入部门预算编制范围的年度项目支出计划。

（三）中央部门的所有预算项目都应设定绩效目标，并形成本表。

（四）本表中的相关内容由项目资金申报单位在项目申报文本中填写。

二、内容说明

（一）年度：指编制部门预算所属年份。如：编报20××年部门预算时，填写"20××年"；20××年预算执行中申请调整预算时，填写"20××年"。

（二）项目基本情况

1. 项目名称：指项目的具体名称，与部门预算中的项目名称一致。

2. 主管部门及代码：指中央部门的代码及全称。如：[101]国务院办公厅。

3. 实施单位：指项目具体实施单位，与项目文本中的有关内容一致。

4. 项目属性：指新增项目或延续项目。

5. 项目期：指项目的具体实施期限，其中，一次性项目，填1年；有确定项目实施期的项目，填确定的年限，如3年等；属于部门经常性业务项目，填"长期"。

6. 项目资金：指中期或年度项目资金总额，按资金来源分为财政拨款、其他资金。本项内容以万元为单位，保留小数点后两位。

（三）总体目标

项目支出总体目标描述利用该项目全部预算资金在一定期限内预期达

到的总体产出和效果。

1. 中期目标：概括描述延续项目在一定时期内（一般为三年）预期达到的产出和效果。其中，所填写的期限，按一定时期滚动填写，如2015年编制2016年预算，填写2016—2018年；2016年编制2017年预算，填写2017—2019年等。

一次性项目和处于项目期最后一年的项目，不需填写此项，只填写年度目标。

2. 年度目标：概括描述项目在本年度内预期达到的产出和效果。

（四）绩效指标

绩效指标按中期指标和年度指标分别填列，其中，中期指标是对中期目标的细化和量化，年度指标是对年度目标的细化和量化。一次性项目和处于项目期最后一年的项目，只填写年度指标。

绩效指标一般包括产出指标、效益指标、满意度指标三类一级指标，每一类一级指标细分为若干二级指标、三级指标，分别设定具体的指标值。指标值应尽量细化、量化，可量化的用数值描述，不可量化的以定性描述。

1. 产出指标：反映根据既定目标，相关预算资金预期提供的公共产品和服务情况。可进一步细分为：

（1）数量指标，反映预期提供的公共产品和服务数量，如"举办培训的班次""培训学员的人次""新增设备数量"等；

（2）质量指标，反映预期提供的公共产品和服务达到的标准、水平和效果，如"培训合格率""研究成果验收通过率"等；

（3）时效指标，反映预期提供公共产品和服务的及时程度和效率情况，如"培训完成时间""研究成果发布时间"等；

（4）成本指标，反映预期提供公共产品和服务所需成本的控制情况，如"人均培训成本""设备购置成本""和社会平均成本的比较"等。

2. 效益指标：反映与既定绩效目标相关的、前述相关产出所带来的预期效果的实现程度。可进一步细分为：

（1）经济效益指标，反映相关产出对经济发展带来的影响和效果，如"促进农民增收率或增收额""采用先进技术带来的实际收入增长率"等；

（2）社会效益指标，反映相关产出对社会发展带来的影响和效果，如

"带动就业增长率""安全生产事故下降率"等;

(3) 生态效益指标,反映相关产出对自然环境带来的影响和效果,如"水电能源节约率""空气质量优良率"等;

(4) 可持续影响指标,反映相关产出带来影响的可持续期限,如"项目持续发挥作用的期限""对本行业未来可持续发展的影响"等。

3. 满意度指标:属于预期效果的内容,反映服务对象或项目受益人对相关产出及其影响的认可程度,根据实际细化为具体指标,如"受训学员满意度""群众对××工作的满意度""社会公众投诉率/投诉次数"等。

4. 实际操作中其他绩效指标的具体内容,可由部门(单位)根据需要,在上述指标中或在上述指标之外另行补充。

附2-1:

部门(单位)整体支出绩效目标申报表

(年度)

部门(单位)名称					
年度主要任务	任务名称	主要内容	预算金额(万元)		
			总额	财政拨款	其他资金
	任务1				
	任务2				
	任务3				
	……				
	金额合计				
年度总体目标	目标1: 目标2: 目标3: ……				

续表

一级指标	二级指标	三级指标	指标值
年度绩效指标	产出指标	数量指标	指标1：	
			指标2：	
			……	
		质量指标	指标1：	
			指标2：	
			……	
		时效指标	指标1：	
			指标2：	
			……	
		成本指标	指标1：	
			指标2：	
			……	
		……		
	效益指标	经济效益指标	指标1：	
			指标2：	
			……	
		社会效益指标	指标1：	
			指标2：	
			……	
		生态效益指标	指标1：	
			指标2：	
			……	
		可持续影响指标	指标1：	
			指标2：	
			……	
		……		
	满意度指标	服务对象满意度指标	指标1：	
			指标2：	
			……	

附 2 - 2：

部门（单位）整体支出绩效目标申报表填报说明

一、适用范围

（一）本表适用于中央部门及其所属单位在申报部门（单位）整体支出绩效目标时填报，作为部门（单位）整体支出预算审核及绩效评价的主要依据。

（二）部门（单位）整体支出是指纳入中央部门预算管理的全部资金，包括当年财政拨款和通过以前年度财政拨款结转和结余资金、事业收入、事业单位经营收入等其他收入安排的支出；包括基本支出和项目支出。

（三）中央部门及其所属单位应按要求设定整体支出绩效目标，填报本表。

（四）本表由中央部门或所属单位财务主管机构负责填写，必要时可以由本部门或本单位业务部门协助填写。

二、填报说明

（一）年度：填写编制部门预算所属年份。如：编报20××年部门预算，填写"20××年"。

（二）部门（单位）名称：填写填报本表的预算部门或单位全称。

（三）年度主要任务：填写根据部门（单位）主要职责和工作计划确定的本年度主要工作任务以及开展这项任务所对应的预算支出金额（一般为一级项目及金额）。预算支出金额包括当年财政拨款和其他资金，以万元为单位，保留到小数点后两位。

（四）年度总体目标：描述本部门（单位）利用全部部门预算资金在本年度内预期达到的总体产出和效果。

（五）年度绩效指标：一般包括产出指标、效益指标、满意度指标三类一级指标，每一类一级指标细分为若干二级指标、三级指标，分别对应具体的指标值。指标值应尽量细化、量化，可量化的用数值描述，不可量化的以定性描述。具体填报要求可参照"项目支出绩效目标申报表内容说明"。

附3-1：

项目支出绩效目标审核表（一般性项目）

审核内容	审核要点	审核意见
一、完整性审核		
规范完整性	绩效目标填报格式是否规范，内容是否完整、准确、翔实，是否无缺项、错项	优□ 良□ 中□ 差□
明确清晰性	绩效目标是否明确、清晰，是否能够反映项目主要情况，是否对项目预期产出和效果进行了充分、恰当的描述	优□ 良□ 中□ 差□
二、相关性审核		
目标相关性	总体目标是否符合国家法律法规、国民经济和社会发展规划要求，与本部门（单位）职能、发展规划和工作计划是否密切相关	优□ 良□ 中□ 差□
指标科学性	绩效指标是否全面、充分、细化、量化，难以量化的，定性描述是否充分、具体；是否选取了最能体现总体目标实现程度的关键指标并明确了具体指标值	优□ 良□ 中□ 差□
三、适当性审核		
绩效合理性	预期绩效是否显著，是否能够体现实际产出和效果的明显改善；是否符合行业正常水平或事业发展规律；与其他同类项目相比，预期绩效是否合理	优□ 良□ 中□ 差□

续表

审核内容	审核要点	审核意见
资金匹配性	绩效目标与项目资金量、使用方向等是否匹配，在既定资金规模下，绩效目标是否过高或过低；或要完成既定绩效目标，资金规模是否过大或过小	优□ 良□ 中□ 差□
四、可行性审核		
实现可能性	绩效目标是否经过充分调查研究、论证和合理测算，实现的可能性是否充分	优□ 良□ 中□ 差□
条件充分性	项目实施方案是否合理，项目实施单位的组织实施能力和条件是否充分，内部控制是否规范，管理制度是否健全	优□ 良□ 中□ 差□
综合评定等级	优□ 良□ 中□ 差□	
总体意见		

附 3－2：

项目支出绩效目标审核表（重点项目）

审核内容		审核要点		审核意见	得分
具体内容	分值	具体内容	分值		
一、完整性审核（20 分）					
规范完整性	10 分	绩效目标填报格式是否规范、符合规定要求	5 分	优□ 良□ 中□ 差□	
		绩效目标填报内容是否完整、准确、翔实，是否无缺项、错项	5 分	优□ 良□ 中□ 差□	
		得分小计			

续表

审核内容		审核要点		审核意见	得分
具体内容	分值	具体内容	分值		
明确清晰性	10 分	绩效目标是否明确，内容是否具体，层次是否分明，表述是否准确	5 分	优□ 良□ 中□ 差□	
		绩效目标是否清晰，是否能够反映项目的主要内容，是否对项目预期产出和效果进行了充分、恰当的描述	5 分	优□ 良□ 中□ 差□	
		得分小计			
二、相关性审核（30 分）					
目标相关性	15 分	总体目标是否符合国家法律法规、国民经济和社会发展规划要求	7 分	优□ 良□ 中□ 差□	
		总体目标与本部门（单位）职能、发展规划和工作计划是否密切相关	8 分	优□ 良□ 中□ 差□	
		得分小计			
指标科学性	15 分	绩效指标是否全面、充分，是否选取了最能体现总体目标实现程度的关键指标并明确了具体指标值	8 分	优□ 良□ 中□ 差□	
		绩效指标是否细化、量化，便于监控和评价；难以量化的，定性描述是否充分、具体	7 分	优□ 良□ 中□ 差□	
		得分小计			
三、适当性审核（30 分）					
绩效合理性	15 分	预期绩效是否显著，是否能够体现实际产出和效果的明显改善	8 分	优□ 良□ 中□ 差□	
		预期绩效是否符合行业正常水平或事业发展规律；与其他同类项目相比，预期绩效是否合理	7 分	优□ 良□ 中□ 差□	
		得分小计			

续表

审核内容		审核要点		审核意见	得分
具体内容	分值	具体内容	分值		
资金匹配性	15分	绩效目标与项目资金量是否匹配，在既定资金规模下，绩效目标是否过高或过低；或要完成既定绩效目标，资金规模是否过大或过小	8分	优□ 良□ 中□ 差□	
		绩效目标与相应的支出内容、范围、方向、效果等是否匹配	7分	优□ 良□ 中□ 差□	
		得分小计			
四、可行性审核（20分）					
实现可能性	10分	绩效目标是否经过充分调查研究、论证和合理测算	5分	优□ 良□ 中□ 差□	
		绩效目标实现的可能性是否充分，是否考虑了现实条件和可操作性	5分	优□ 良□ 中□ 差□	
		得分小计			
条件充分性	10分	项目实施方案是否合理，项目实施单位的组织实施能力和条件是否充分	5分	优□ 良□ 中□ 差□	
		内部控制是否规范，预算和财务管理制度是否健全并得到有效执行	5分	优□ 良□ 中□ 差□	
		得分小计			
总　　分					
综合评定等级		优□　　良□　　中□　　差□			
总体意见					

附 3-3:

项目支出绩效目标审核表填报说明

一、适用范围

（一）本表适用于财政部或中央部门及其所属单位在审核项目支出绩效目标时填报，是绩效目标审核的主要工具。

（二）本表全面反映审核主体对绩效目标的审核意见。

（三）本表由财政部或中央部门及其所属单位财务主管机构负责填写；委托第三方审核的，可以由第三方机构协助填写。

二、填报说明

（一）审核内容

绩效目标审核包括完整性审核、相关性审核、适当性审核和可行性审核等四个方面。绩效目标审核应充分参考部门（单位）职能、项目立项依据、项目实施的必要性和可行性、项目实施方案以及以前年度绩效信息等内容，还应充分考虑财政资金支持的方向、范围和方式等。

（二）审核方式

审核采取定性审核与定量审核相结合的方式。定性审核分为"优""良""中""差"四个等级，其中，填报内容完全符合要求的，定级为"优"；绝大部分内容符合要求、仅需对个别内容进行修改的，定级为"良"；部分内容不符合要求、但通过修改完善后能够符合要求的，定级为"中"；内容为空或大部分内容不符合要求的，定级为"差"。定量审核按对应等级进行打分，保留一位小数。具体审核方式如下：

1. 对一般性项目，采取定性审核的方式。审核主体对每一项审核内容逐一提出定性审核意见，并根据各项审核情况，汇总确定"综合评定等级"。确定综合评定等级时，8个审核要点中，有6项及以上为"优"、且其他项无"中""差"级的，方可定级为"优"；有6项及以上为"良"及以上、且其他项无"差"级的，方可定级为"良"；有6项及以上为

"中"及以上的，方可定级为"中"。同时，在本表"总体意见"栏中对该项目绩效目标的修改完善、预算安排等提出意见。

2. 对重点项目，采取定性审核和定量审核相结合的方式。审核主体对每一项审核内容提出定性审核意见，并进行打分。定性审核为"优"的，得该项分值的90%—100%；定性审核为"良"的，得该项分值的80%—89%；定性审核为"中"的，得该项分值的60%—79%；定性审核为"差"的，得该项分值的59%以下。

各项审核内容完成后，根据项目审核总分，确定"综合评定等级"。总得分在90分以上的为"优"；在80分至90分（不含，下同）之间的为"良"；在60分至80分之间的为"中"；低于60分的为"差"。同时，在本表"总体意见"栏中对该项目绩效目标的修改完善、预算安排等提出意见。

附4：

项目支出绩效自评表

（　　年度）

项目名称				
主管部门及代码			实施单位	
项目预算执行情况（万元）	预算数：		执行数：	
	其中：财政拨款		其中：财政拨款	
	其他资金		其他资金	
年度总体目标完成情况	预期目标		目标实际完成情况	
	目标1： 目标2： 目标3： ……		目标1完成情况： 目标2完成情况： 目标3完成情况： ……	

续表

一级指标	二级指标	三级指标	预期指标值	实际完成指标值
年度绩效指标完成情况 / 产出指标	数量指标	指标1：		
		指标2：		
		……		
	质量指标	指标1：		
		指标2：		
		……		
	时效指标	指标1：		
		指标2：		
		……		
	成本指标	指标1：		
		指标2：		
		……		
	……			
效益指标	经济效益指标	指标1：		
		指标2：		
		……		
	社会效益指标	指标1：		
		指标2：		
		……		
	生态效益指标	指标1：		
		指标2：		
		……		
	可持续影响指标	指标1：		
		指标2：		
		……		
	……			
满意度指标	服务对象满意度指标	指标1：		
		指标2：		
		……		

附5：

部门（单位）整体支出绩效自评表

（　　年度）

部门（单位）名称						
年度主要任务完成情况	任务名称	完成情况	预算数（万元）	其中：财政拨款	执行数（万元）	其中：财政拨款
	任务1					
	任务2					
	任务3					
	……					
	金额合计					
年度总体目标完成情况	预期目标			目标实际完成情况		
	目标1： 目标2： 目标3： ……			目标1完成情况： 目标2完成情况： 目标3完成情况： ……		

续表

	一级指标	二级指标	指标内容	预期指标值	实际完成指标值
年度绩效指标完成情况	产出指标	数量指标	指标1:		
			指标2:		
			……		
		质量指标	指标1:		
			指标2:		
			……		
		时效指标	指标1:		
			指标2:		
			……		
		成本指标	指标1:		
			指标2:		
			……		
		……			
	效益指标	经济效益指标	指标1:		
			指标2:		
			……		
		社会效益指标	指标1:		
			指标2:		
			……		
		生态效益指标	指标1:		
			指标2:		
			……		
		可持续影响指标	指标1:		
			指标2:		
			……		
		……			
	满意度指标	服务对象满意度指标	指标1:		
			指标2:		
			……		
		……			

附 6：

中央部门预算绩效目标管理流程图

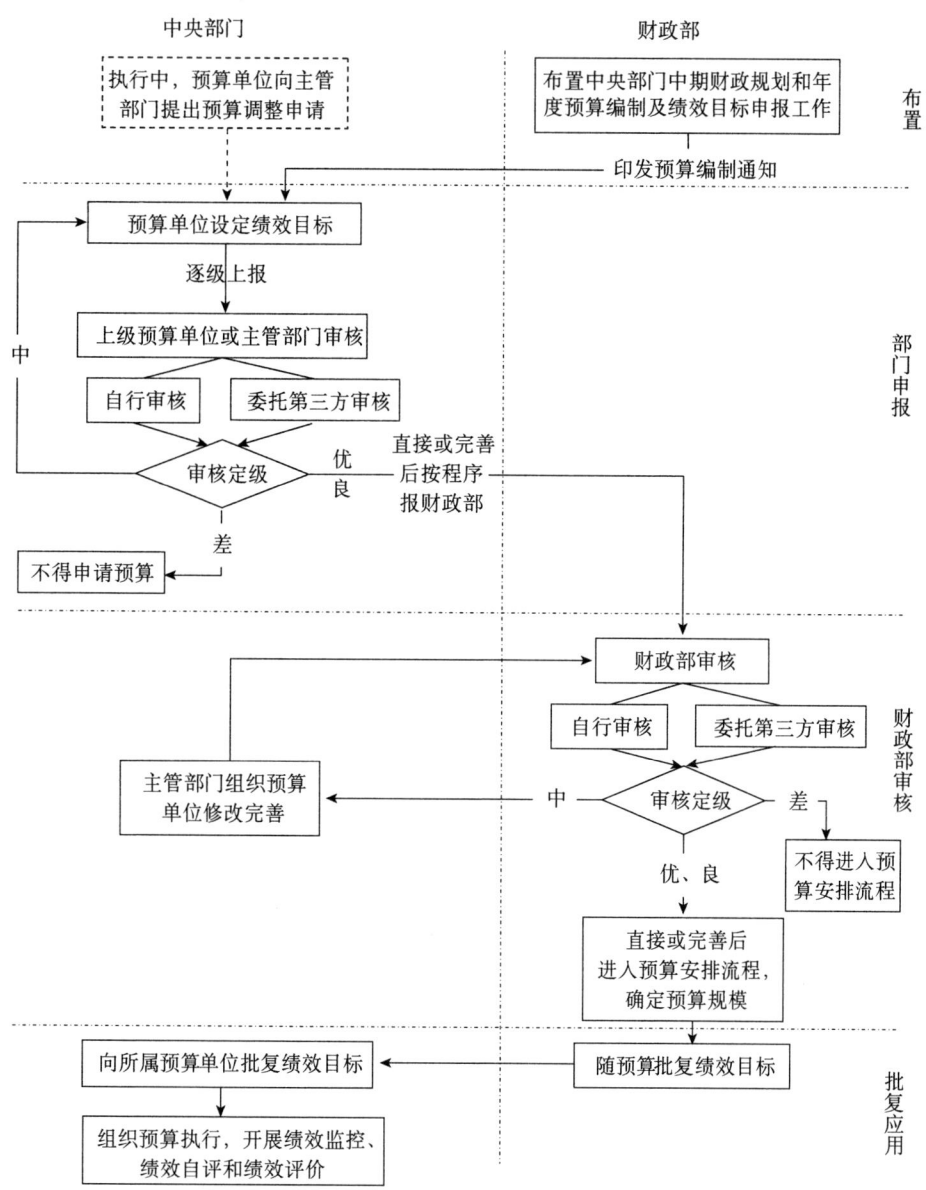

附录十八

财政部关于印发《中央部门预算绩效运行监控管理暂行办法》的通知

(2019年7月26日　财预〔2019〕136号)

有关中央预算单位：

为贯彻落实《中共中央　国务院关于全面实施预算绩效管理的意见》，按照《关于印发2019年预算绩效管理重点工作任务的通知》（财办预〔2019〕15号）要求，为进一步提高绩效监控工作的规范性和系统性，经充分征求各相关方意见，我们制定了《中央部门预算绩效运行监控管理暂行办法》。现予印发，请遵照执行。

附件：中央部门预算绩效运行监控管理暂行办法

附件：

中央部门预算绩效运行监控管理暂行办法

第一章　总则

第一条　为加强中央部门预算绩效运行监控（以下简称绩效监控）管理，提高预算执行效率和资金使用效益，根据《中共中央　国务院关于全面实施预算绩效管理的意见》的有关规定，制定本办法。

第二条　本办法所称绩效监控是指在预算执行过程中，财政部、中央部门及其所属单位依照职责，对预算执行情况和绩效目标实现程度开展的监督、控制和管理活动。

第三条 绩效监控按照"全面覆盖、突出重点，权责对等、约束有力，结果运用、及时纠偏"的原则，由财政部统一组织、中央部门分级实施。

第二章 职责分工

第四条 财政部主要职责包括：

（一）负责对中央部门开展绩效监控的总体组织和指导工作；

（二）研究制定绩效监控管理制度办法；

（三）根据工作需要开展重点绩效监控；

（四）督促绩效监控结果应用；

（五）应当履行的其他绩效监控职责。

第五条 中央部门是实施预算绩效监控的主体。中央部门主要职责包括：

（一）牵头负责组织部门本级开展预算绩效监控工作，对所属单位的绩效监控情况进行指导和监督，明确工作要求，加强绩效监控结果应用等。按照要求向财政部报送绩效监控结果。

（二）按照"谁支出，谁负责"的原则，预算执行单位（包括部门本级及所属单位，下同）负责开展预算绩效日常监控，并定期对绩效监控信息进行收集、审核、分析、汇总、填报；分析偏离绩效目标的原因，并及时采取纠偏措施。

（三）应当履行的其他绩效监控职责。

第三章 监控范围和内容

第六条 中央部门绩效监控范围涵盖中央部门一般公共预算、政府性基金预算和国有资本经营预算所有项目支出。

中央部门应对重点政策和重大项目，以及巡视、审计、有关监督检查、重点绩效评价和日常管理中发现问题较多、绩效水平不高、管理薄弱的项目予以重点监控，并逐步开展中央部门及其所属单位整体预算绩效监控。

第七条　绩效监控内容主要包括：

（一）绩效目标完成情况。一是预计产出的完成进度及趋势，包括数量、质量、时效、成本等。二是预计效果的实现进度及趋势，包括经济效益、社会效益、生态效益和可持续影响等。三是跟踪服务对象满意度及趋势。

（二）预算资金执行情况，包括预算资金拨付情况、预算执行单位实际支出情况以及预计结转结余情况。

（三）重点政策和重大项目绩效延伸监控。必要时，可对重点政策和重大项目支出具体工作任务开展、发展趋势、实施计划调整等情况进行延伸监控。具体内容包括：政府采购、工程招标、监理和验收、信息公示、资产管理以及有关预算资金会计核算等。

（四）其他情况。除上述内容外其他需要实施绩效监控的内容。

第四章　监控方式和流程

第八条　绩效监控采用目标比较法，用定量分析和定性分析相结合的方式，将绩效实现情况与预期绩效目标进行比较，对目标完成、预算执行、组织实施、资金管理等情况进行分析评判。

第九条　绩效监控包括及时性、合规性和有效性监控。及时性监控重点关注上年结转资金较大、当年新增预算且前期准备不充分，以及预算执行环境发生重大变化等情况。合规性监控重点关注相关预算管理制度落实情况、项目预算资金使用过程中的无预算开支、超预算开支、挤占挪用预算资金、超标准配置资产等情况。有效性监控重点关注项目执行是否与绩效目标一致、执行效果能否达到预期等。

第十条　绩效监控工作是全流程的持续性管理，具体采取中央部门日常监控和财政部定期监控相结合的方式开展。对科研类项目可暂不开展年度中的绩效监控，但应在实施期内结合项目检查等方式强化绩效监控，更加注重项目绩效目标实现程度和可持续性。条件具备时，财政部门对中央部门预算绩效运行情况开展在线监控。

第十一条　每年8月，中央部门要集中对1—7月预算执行情况和绩效目标实现程度开展一次绩效监控汇总分析，具体工作程序如下：

（一）收集绩效监控信息。预算执行单位对照批复的绩效目标，以绩效目标执行情况为重点收集绩效监控信息。

（二）分析绩效监控信息。预算执行单位在收集上述绩效信息的基础上，对偏离绩效目标的原因进行分析，对全年绩效目标完成情况进行预计，并对预计年底不能完成目标的原因及拟采取的改进措施做出说明。

（三）填报绩效监控情况表。预算执行单位在分析绩效监控信息的基础上填写《项目支出绩效目标执行监控表》（附后），并作为年度预算执行完成后绩效评价的依据。

（四）报送绩效监控报告。中央部门年度集中绩效监控工作完成后，及时总结经验、发现问题、提出下一步改进措施，形成本部门绩效监控报告，并将所有一级项目《项目支出绩效目标执行监控表》于 8 月 31 日前报送财政部对口部门司和预算司。

第五章 结果应用

第十二条 绩效监控结果作为以后年度预算安排和政策制定的参考，绩效监控工作情况作为中央部门预算绩效管理工作考核的内容。

第十三条 中央部门通过绩效监控信息深入分析预算执行进度慢、绩效水平不高的具体原因，对绩效监控中发现的绩效目标执行偏差和管理漏洞，应及时采取分类处置措施予以纠正：

（一）对于因政策变化、突发事件等客观因素导致预算执行进度缓慢或预计无法实现绩效目标的，要本着实事求是的原则，及时按程序调减预算，并同步调整绩效目标。

（二）对于绩效监控中发现严重问题的，如预算执行与绩效目标偏离较大、已经或预计造成重大损失浪费或风险等情况，应暂停项目实施，相应按照有关程序调减预算并停止拨付资金，及时纠偏止损。已开始执行的政府采购项目应当按照相关程序办理。

第十四条 财政部要加强绩效监控结果应用。对中央部门绩效监控结果进行审核分析，对发现的问题和风险进行研判，督促相关部门改进管理，确保预算资金安全有效，保障党中央、国务院重大战略部署和政策目标如期实现。

对绩效监控过程中发现的财政违法行为，依照《中华人民共和国预算法》《财政违法行为处罚处分条例》等有关规定追究责任，报送同级政府和有关部门作为行政问责参考依据；发现重大违纪违法问题线索，及时移送纪检监察机关。

第六章 附则

第十五条 各中央部门可根据本办法，结合实际制定预算绩效监控具体管理办法或实施细则，报财政部备案。

第十六条 本办法自印发之日起施行。

附件：项目支出绩效目标执行监控表

附件：

项目支出绩效目标执行监控表

（　　年度）

项目名称				实施单位						
主管部门及代码										
项目资金（万元）	年度资金总额： 其中：本年一般公共预算拨款 　　　其他资金			年初预算数		1—7月执行数		1—7月执行率	全年预计执行数	
年度总体目标										
绩效指标	一级指标	二级指标	三级指标	年度指标值	1—7月执行情况	全年预计完成情况	偏差原因分析				完成目标可能性			备注
							经费保障	制度保障	人员保障	硬件条件保障	其他	原因说明	确定能	有可能	完全不可能	
		产出指标	数量指标														
			质量指标														

续表

绩效指标	一级指标	二级指标	三级指标	年度指标值	1—7月执行情况	全年预计完成情况	偏差原因分析					完成目标可能性			备注
							经费保障	制度保障	人员保障	硬件条件保障	其他	原因说明	确定能	有可能	完全不可能	
	产出指标	时效指标														
		成本指标														
		……														
	效益指标	经济效益指标														
		社会效益指标														
		生态效益指标														
		可持续影响指标														
		……														

续表

一级指标	二级指标	三级指标	年度指标值	1—7月执行情况	全年预计完成情况	偏差原因分析						完成目标可能性			备注
						经费保障	制度保障	人员保障	硬件条件保障	其他	原因说明	确定能	有可能	完全不可能	
绩效指标	满意度指标	服务对象满意度													
		……													

注：1. 偏差原因分析：针对与预期目标产生偏差的指标值，分别从经费保障、制度保障、人员保障、硬件条件保障等方面进行判断和分析，并说明原因。

2. 完成目标可能性：对应所设定的实现绩效目标的路径，分确定能、有可能、完全不可能三级综合判断完成的可能性。

3. 备注：说明预计到年底不能完成目标的原因及拟采取的措施。

附录十九

财政部关于印发《项目支出绩效评价管理办法》的通知

(2020年2月25日 财预〔2020〕10号)

有关中央预算单位，各省、自治区、直辖市、计划单列市财政厅（局），新疆生产建设兵团财政局：

为深入贯彻落实《中共中央 国务院关于全面实施预算绩效管理的意见》精神，我们在《财政支出绩效评价管理暂行办法》（财预〔2011〕285号）的基础上，修订形成了《项目支出绩效评价管理办法》，现予印发，请遵照执行。

附件：项目支出绩效评价管理办法

附件：

项目支出绩效评价管理办法

第一章 总则

第一条 为全面实施预算绩效管理，建立科学、合理的项目支出绩效评价管理体系，提高财政资源配置效率和使用效益，根据《中华人民共和国预算法》和《中共中央 国务院关于全面实施预算绩效管理的意见》等有关规定，制定本办法。

第二条 项目支出绩效评价（以下简称绩效评价）是指财政部门、预算部门和单位，依据设定的绩效目标，对项目支出的经济性、效率性、效益性和公平性进行客观、公正的测量、分析和评判。

第三条 一般公共预算、政府性基金预算、国有资本经营预算项目支出的绩效评价适用本办法。涉及预算资金及相关管理活动，如政府投资基金、主权财富基金、政府和社会资本合作（PPP）、政府购买服务、政府债务项目等绩效评价可参照本办法执行。

第四条 绩效评价分为单位自评、部门评价和财政评价三种方式。单位自评是指预算部门组织部门本级和所属单位对预算批复的项目绩效目标完成情况进行自我评价。部门评价是指预算部门根据相关要求，运用科学、合理的绩效评价指标、评价标准和方法，对本部门的项目组织开展的绩效评价。财政评价是财政部门对预算部门的项目组织开展的绩效评价。

第五条 绩效评价应当遵循以下基本原则：

（一）科学公正。绩效评价应当运用科学合理的方法，按照规范的程序，对项目绩效进行客观、公正的反映。

（二）统筹兼顾。单位自评、部门评价和财政评价应职责明确，各有侧重，相互衔接。单位自评应由项目单位自主实施，即"谁支出、谁自评"。部门评价和财政评价应在单位自评的基础上开展，必要时可委托第三方机构实施。

（三）激励约束。绩效评价结果应与预算安排、政策调整、改进管理实质性挂钩，体现奖优罚劣和激励相容导向，有效要安排、低效要压减、无效要问责。

（四）公开透明。绩效评价结果应依法依规公开，并自觉接受社会监督。

第六条 绩效评价的主要依据：

（一）国家相关法律、法规和规章制度；

（二）党中央、国务院重大决策部署，经济社会发展目标，地方各级党委和政府重点任务要求；

（三）部门职责相关规定；

（四）相关行业政策、行业标准及专业技术规范；

（五）预算管理制度及办法、项目及资金管理办法、财务和会计资料；

（六）项目设立的政策依据和目标，预算执行情况，年度决算报告、项目决算或验收报告等相关材料；

（七）本级人大审查结果报告、审计报告及决定，财政监督稽核报告等；

（八）其他相关资料。

第七条　绩效评价期限包括年度、中期及项目实施期结束后；对于实施期5年及以上的项目，应适时开展中期和实施期后绩效评价。

第二章　绩效评价的对象和内容

第八条　单位自评的对象包括纳入政府预算管理的所有项目支出。

第九条　部门评价对象应根据工作需要，优先选择部门履职的重大改革发展项目，随机选择一般性项目。原则上应以5年为周期，实现部门评价重点项目全覆盖。

第十条　财政评价对象应根据工作需要，优先选择贯彻落实党中央、国务院重大方针政策和决策部署的项目，覆盖面广、影响力大、社会关注度高、实施期长的项目。对重点项目应周期性组织开展绩效评价。

第十一条　单位自评的内容主要包括项目总体绩效目标、各项绩效指标完成情况以及预算执行情况。对未完成绩效目标或偏离绩效目标较大的项目要分析并说明原因，研究提出改进措施。

第十二条　财政和部门评价的内容主要包括：

（一）决策情况；

（二）资金管理和使用情况；

（三）相关管理制度办法的健全性及执行情况；

（四）实现的产出情况；

（五）取得的效益情况；

（六）其他相关内容。

第三章　绩效评价指标、评价标准和方法

第十三条　单位自评指标是指预算批复时确定的绩效指标，包括项目的产出数量、质量、时效、成本，以及经济效益、社会效益、生态效益、

可持续影响、服务对象满意度等。

单位自评指标的权重由各单位根据项目实际情况确定。原则上预算执行率和一级指标权重统一设置为：预算执行率10%、产出指标50%、效益指标30%、服务对象满意度指标10%。如有特殊情况，一级指标权重可做适当调整。二、三级指标应当根据指标重要程度、项目实施阶段等因素综合确定，准确反映项目的产出和效益。

第十四条 财政和部门绩效评价指标的确定应当符合以下要求：与评价对象密切相关，全面反映项目决策、项目和资金管理、产出和效益；优先选取最具代表性、最能直接反映产出和效益的核心指标，精简实用；指标内涵应当明确、具体、可衡量，数据及佐证资料应当可采集、可获得；同类项目绩效评价指标和标准应具有一致性，便于评价结果相互比较。

财政和部门评价指标的权重根据各项指标在评价体系中的重要程度确定，应当突出结果导向，原则上产出、效益指标权重不低于60%。同一评价对象处于不同实施阶段时，指标权重应体现差异性，其中，实施期间的评价更加注重决策、过程和产出，实施期结束后的评价更加注重产出和效益。

第十五条 绩效评价标准通常包括计划标准、行业标准、历史标准等，用于对绩效指标完成情况进行比较。

（一）计划标准。指以预先制定的目标、计划、预算、定额等作为评价标准。

（二）行业标准。指参照国家公布的行业指标数据制定的评价标准。

（三）历史标准。指参照历史数据制定的评价标准，为体现绩效改进的原则，在可实现的条件下应当确定相对较高的评价标准。

（四）财政部门和预算部门确认或认可的其他标准。

第十六条 单位自评采用定量与定性评价相结合的比较法，总分由各项指标得分汇总形成。

定量指标得分按照以下方法评定：与年初指标值相比，完成指标值的，记该指标所赋全部分值；对完成值高于指标值较多的，要分析原因，如果是由于年初指标值设定明显偏低造成的，要按照偏离度适度调减分值；未完成指标值的，按照完成值与指标值的比例记分。

定性指标得分按照以下方法评定：根据指标完成情况分为达成年度指标、部分达成年度指标并具有一定效果、未达成年度指标且效果较差三档，分别按照该指标对应分值区间 100%—80%（含）、80%—60%（含）、60%—0 合理确定分值。

第十七条 财政和部门评价的方法主要包括成本效益分析法、比较法、因素分析法、最低成本法、公众评判法、标杆管理法等。根据评价对象的具体情况，可采用一种或多种方法。

（一）成本效益分析法。是指将投入与产出、效益进行关联性分析的方法。

（二）比较法。是指将实施情况与绩效目标、历史情况、不同部门和地区同类支出情况进行比较的方法。

（三）因素分析法。是指综合分析影响绩效目标实现、实施效果的内外部因素的方法。

（四）最低成本法。是指在绩效目标确定的前提下，成本最小者为优的方法。

（五）公众评判法。是指通过专家评估、公众问卷及抽样调查等方式进行评判的方法。

（六）标杆管理法。是指以国内外同行业中较高的绩效水平为标杆进行评判的方法。

（七）其他评价方法。

第十八条 绩效评价结果采取评分和评级相结合的方式，具体分值和等级可根据不同评价内容设定。总分一般设置为 100 分，等级一般划分为四档：90（含）—100 分为优、80（含）—90 分为良、60（含）—80 分为中、60 分以下为差。

第四章　绩效评价的组织管理与实施

第十九条 财政部门负责拟定绩效评价制度办法，指导本级各部门和下级财政部门开展绩效评价工作；会同有关部门对单位自评和部门评价结果进行抽查复核，督促部门充分应用自评和评价结果；根据需要组织实施绩效评价，加强评价结果反馈和应用。

第二十条 各部门负责制定本部门绩效评价办法，组织部门本级和所属单位开展自评工作，汇总自评结果，加强自评结果审核和应用；具体组织实施部门评价工作，加强评价结果反馈和应用。积极配合财政评价工作，落实评价整改意见。

第二十一条 部门本级和所属单位按照要求具体负责自评工作，对自评结果的真实性和准确性负责，自评中发现的问题要及时进行整改。

第二十二条 财政和部门评价工作主要包括以下环节：

（一）确定绩效评价对象和范围；

（二）下达绩效评价通知；

（三）研究制订绩效评价工作方案；

（四）收集绩效评价相关数据资料，并进行现场调研、座谈；

（五）核实有关情况，分析形成初步结论；

（六）与被评价部门（单位）交换意见；

（七）综合分析并形成最终结论；

（八）提交绩效评价报告；

（九）建立绩效评价档案。

第二十三条 财政和部门评价根据需要可委托第三方机构或相关领域专家（以下简称第三方，主要是指与资金使用单位没有直接利益关系的单位和个人）参与，并加强对第三方的指导，对第三方工作质量进行监督管理，推动提高评价的客观性和公正性。

第二十四条 部门委托第三方开展绩效评价的，要体现委托人与项目实施主体相分离的原则，一般由主管财务的机构委托，确保绩效评价的独立、客观、公正。

第五章 绩效评价结果应用及公开

第二十五条 单位自评结果主要通过项目支出绩效自评表的形式反映，做到内容完整、权重合理、数据真实、结果客观。财政和部门评价结果主要以绩效评价报告的形式体现，绩效评价报告应当依据充分、分析透彻、逻辑清晰、客观公正。

绩效评价工作和结果应依法自觉接受审计监督。

第二十六条　各部门应当按照要求随同部门决算向本级财政部门报送绩效自评结果。

部门和单位应切实加强自评结果的整理、分析，将自评结果作为本部门、本单位完善政策和改进管理的重要依据。对预算执行率偏低、自评结果较差的项目，要单独说明原因，提出整改措施。

第二十七条　财政部门和预算部门应在绩效评价工作完成后，及时将评价结果反馈被评价部门（单位），并明确整改时限；被评价部门（单位）应当按要求向财政部门或主管部门报送整改落实情况。

各部门应按要求将部门评价结果报送本级财政部门，评价结果作为本部门安排预算、完善政策和改进管理的重要依据；财政评价结果作为安排政府预算、完善政策和改进管理的重要依据。原则上，对评价等级为优、良的，根据情况予以支持；对评价等级为中、差的，要完善政策、改进管理，根据情况核减预算。对不进行整改或整改不到位的，根据情况相应调减预算或整改到位后再予安排。

第二十八条　各级财政部门、预算部门应当按照要求将绩效评价结果分别编入政府决算和本部门决算，报送本级人民代表大会常务委员会，并依法予以公开。

第六章　法律责任

第二十九条　对使用财政资金严重低效无效并造成重大损失的责任人，要按照相关规定追责问责。对绩效评价过程中发现的资金使用单位和个人的财政违法行为，依照《中华人民共和国预算法》《财政违法行为处罚处分条例》等有关规定追究责任；发现违纪违法问题线索的，应当及时移送纪检监察机关。

第三十条　各级财政部门、预算部门和单位及其工作人员在绩效评价管理工作中存在违反本办法的行为，以及其他滥用职权、玩忽职守、徇私舞弊等违法违纪行为的，依照《中华人民共和国预算法》《中华人民共和国公务员法》《中华人民共和国监察法》《财政违法行为处罚处分条例》等国家有关规定追究相应责任；涉嫌犯罪的，依法移送司法机关处理。

第七章　附则

第三十一条　各地区、各部门可结合实际制定具体的管理办法和实施细则。

第三十二条　本办法自印发之日起施行。《财政支出绩效评价管理暂行办法》（财预〔2011〕285号）同时废止。

附：1. 项目支出绩效自评表

2. 项目支出绩效评价指标体系框架（参考）

3. 项目支出绩效评价报告（参考提纲）

附1：

项目支出绩效自评表

（　　年度）

项目名称								
主管部门				实施单位				
项目资金（万元）			年初预算数	全年预算数	全年执行数	分值	执行率	得分
	年度资金总额					10		
	其中：当年财政拨款					—		—
	上年结转资金					—		—
	其他资金					—		—
年度总体目标	预期目标			实际完成情况				
绩效指标	一级指标	二级指标	三级指标	年度指标值	实际完成值	分值	得分	偏差原因分析及改进措施
	产出指标	数量指标	指标1：					
			指标2：					
			……					

续表

一级指标	二级指标	三级指标	年度指标值	实际完成值	分值	得分	偏差原因分析及改进措施
绩效指标	产出指标	质量指标	指标1：				
			指标2：				
			……				
		时效指标	指标1：				
			指标2：				
			……				
		成本指标	指标1：				
			指标2：				
			……				
	效益指标	经济效益指标	指标1：				
			指标2：				
			……				
		社会效益指标	指标1：				
			指标2：				
			……				
		生态效益指标	指标1：				
			指标2：				
			……				
		可持续影响指标	指标1：				
			指标2：				
			……				
	满意度指标	服务对象满意度指标	指标1：				
			指标2：				
			……				
总分					100		

附录 353

附2：

项目支出绩效评价指标体系框架（参考）

一级指标	二级指标	三级指标	指标解释	指标说明
决策	项目立项	立项依据充分性	项目立项是否符合法律法规、相关政策、发展规划以及部门职责，用以反映和考核项目立项依据情况。	评价要点：①项目立项是否符合国家法律法规、国民经济发展规划和相关政策；②项目立项是否符合行业发展规划和政策要求；③项目立项是否与部门职责范围相符，属于部门履职所需；④项目是否属于公共财政支持范围，是否符合中央、地方事权支出责任划分原则；⑤项目立项是否与相关部门或部门内部相关项目重复。
		立项程序规范性	项目申请、设立过程是否符合相关要求，用以反映和考核项目立项与项目实施的规范情况。	评价要点：①项目是否按照规定的程序申请设立；②审批文件、材料是否符合相关要求；③事前是否已经过必要可行性研究、专家论证、风险评估、绩效评估、集体决策。
	绩效目标	绩效目标合理性	项目所设定的绩效目标是否符合客观实际，用以反映与项目实施效果目标的相符情况。	评价要点：（如未设定预算绩效目标，也可考核其他工作任务目标）①项目是否有绩效目标；②项目绩效目标与实际工作内容是否具有相关性；③项目预期产出效益和效果是否符合正常的业绩水平；④是否与预算确定的项目投资额或资金量相匹配。

续表

一级指标	二级指标	三级指标	指标解释	指标说明
决策	绩效目标	绩效指标明确性	依据绩效目标设定的绩效指标是否清晰、细化、可衡量等，用以反映和考核项目绩效目标的明细化情况。	评价要点：①是否将项目绩效目标细化分解为具体的绩效指标；②是否通过清晰、可衡量的指标值予以体现；③是否与项目目标任务数或计划数相对应。
决策	资金投入	预算编制科学性	项目预算编制是否经过科学论证、有明确目标，与年度目标相适应，用以反映和考核项目预算编制的科学性、合理性情况。	评价要点：①预算编制是否经过科学论证；②预算编制内容与项目内容是否匹配；③预算额度测算依据是否充分，是否按照标准编制；④预算确定的项目投资额或资金数量是否与项目单位或地方实际工作任务相匹配。
决策	资金投入	资金分配合理性	项目预算资金分配是否有测算依据，与补助单位或地方实际是否相适应，用以反映和考核项目预算资金分配的科学性、合理性情况。	评价要点：①预算资金分配依据是否充分；②资金分配额度是否合理，与项目单位或地方实际是否相适应。
过程	资金管理	资金到位率	实际到位资金与预算资金的比率，用以反映和考核项目实施对资金的总体保障程度。	资金到位率=（实际到位资金/预算资金）×100%。实际到位资金：一定时期（本年度或项目期）内落实到具体项目的资金。预算资金：一定时期（本年度或项目期）内预算安排到具体项目的资金。
过程	资金管理	预算执行率	项目预算资金是否按照计划执行，用以反映或考核项目预算执行情况。	预算执行率=（实际支出资金/实际到位资金）×100%。实际支出资金：一定时期（本年度或项目期）内项目实际发付的资金。

续表

一级指标	二级指标	三级指标	指标解释	指标说明
过程	资金管理	资金使用合规性	项目资金使用是否符合相关的财务管理制度规定，用以反映和考核项目资金运行情况。	评价要点： ①是否符合国家财经法规和财务管理制度以及有关专项资金管理办法的规定； ②资金的拨付是否有完整的审批程序和手续； ③是否符合项目预算批复或合同规定的用途； ④是否存在截留、挤占、挪用、虚列支出等情况。
过程	组织实施	管理制度健全性	项目实施单位的财务和业务管理制度是否健全，用以反映财务和业务管理和考核财务和业务管理制度对项目顺利实施的保障情况。	评价要点： ①是否已制定或具有相应的财务和业务管理制度是否合法、合规、完整。 ②财务和业务管理制度是否合法、合规、完整。
过程	组织实施	制度执行有效性	项目实施是否符合相关管理规定，用以反映和考核相关管理制度的有效执行情况。	评价要点： ①是否遵守相关法律法规和相关规定； ②项目调整及支出调整手续是否完备； ③项目合同书、验收报告、技术鉴定等资料是否齐全并及时归档； ④项目实施的人员条件、场地设备、信息支撑是否落实到位。
产出	产出数量	实际完成率	项目实施的实际产出数与计划产出数的比率，用以反映和考核项目产出数量目标的实现程度。	实际完成率＝（实际产出数/计划产出数）×100%。 实际产出数：一定时期（本年度或项目期）内项目实际产出的产品或提供的服务数量。 计划产出数：项目绩效目标确定的在一定时期（本年度或项目期）内计划产出的产品或提供的服务数量。

续表

一级指标	二级指标	三级指标	指标解释	指标说明
产出	产出质量	质量达标率	项目完成的质量达标产出数与实际产出数的比率，用以反映和考核项目产出质量目标的实现程度。	质量达标率 =（质量达标产出数/实际产出数）×100%。质量达标产出数量：一定时期（本年度或项目实施期）内实际达到既定质量标准的产品或服务数量。既定质量标准是指项目实施单位依据计划标准、行业标准或其他标准而设定的绩效指标值。
	产出时效	完成及时性	项目实际完成时间与计划完成时间的比较，用以反映和考核项目产出时效目标的实现程度。	实际完成时间：项目实施单位完成该项目实际所耗用的时间。计划完成时间：按照项目实施计划或相关规定完成该项目所需的时间。
	产出成本	成本节约率	完成项目计划工作目标的实际成本与计划成本的比率，用以反映项目成本节约程度。	成本节约率 =［（计划成本 − 实际成本）/计划成本］×100%。实际成本：项目实施单位为完成工作目标如期、保质、保量完成规定工作目标实际所耗费的支出。计划成本：项目实施单位为完成工作目标计划安排的支出，一般以项目预算为参考。
效益	项目效益	实施效益	项目实施所产生的效益。	项目实施所产生的社会效益、经济效益、生态效益、可持续影响等。可根据项目实施情况有选择地设置和细化。
		满意度	社会公众或服务对象对项目实施效果的满意程度。	社会公众或服务对象是指因该项目实施而受到影响的部门（单位）、群体或个人。一般采取社会调查的方式。

附3：

项目支出绩效评价报告
（参考提纲）

一、基本情况

（一）项目概况。包括项目背景、主要内容及实施情况、资金投入和使用情况等。

（二）项目绩效目标。包括总体目标和阶段性目标。

二、绩效评价工作开展情况

（一）绩效评价目的、对象和范围。

（二）绩效评价原则、评价指标体系（附表说明）、评价方法、评价标准等。

（三）绩效评价工作过程。

三、综合评价情况及评价结论（附相关评分表）

四、绩效评价指标分析

（一）项目决策情况。

（二）项目过程情况。

（三）项目产出情况。

（四）项目效益情况。

五、主要经验及做法、存在的问题及原因分析

六、有关建议

七、其他需要说明的问题

附录二十

财政部关于委托第三方机构参与预算绩效管理的指导意见

(2021年1月28日　财预〔2021〕6号)

有关中央预算单位，各省、自治区、直辖市、计划单列市财政厅（局），新疆生产建设兵团财政局：

预算部门或单位委托第三方机构参与预算绩效管理，是全面实施预算绩效管理的重要举措，是推动加强预算管理、提高财政资金使用效益的有效手段。由于这方面工作起步不久，目前对预算部门或单位作为委托方选择使用第三方机构以及开展必要的管理监督缺乏统一要求，特别是委托第三方机构评价自身绩效的做法亟待规范。为此，根据《中华人民共和国预算法》《中华人民共和国预算法实施条例》和《中共中央　国务院关于全面实施预算绩效管理的意见》以及政府采购管理、政府购买服务管理有关规定，提出如下指导意见。

一、总体要求

（一）指导思想

深入贯彻落实党中央、国务院关于全面实施预算绩效管理的决策部署，围绕强化预算约束和绩效管理，服务预算管理大局，通过明确范围、规范管理、有效引导、强化监督，合理界定委托方、第三方机构以及预算绩效管理对象等相关主体的责任关系，保障委托第三方机构参与预算绩效管理有序实施，严格第三方机构执业质量监督管理，促进第三方机构执业水平提升，推动预算绩效管理提质增效，更好发挥预算绩效管理在优化财政资源配置、提升政策效能中的积极作用。

(二) 基本原则

坚持权责清晰、主体分离。委托第三方机构参与预算绩效管理，必须明确委托方与第三方机构、相关预算绩效管理对象的权利和责任，严格执行利益冲突回避制度，确保委托主体与预算绩效管理对象相分离。

坚持厉行节约、突出重点。合理确定委托第三方机构开展预算绩效管理工作范围，对自评等不宜委托第三方机构的工作实行负面清单管理。落实政府过紧日子的要求，注重突出重点、解决实际问题。

坚持质量导向、择优选取。选取专业能力突出、资质优良的第三方机构参与绩效管理工作。充分发挥第三方机构智力资源和研究能力，以及在独立性、专业性方面的独特优势，引导带动绩效自评质量和绩效管理水平提升。

二、主要内容

(一) 委托第三方机构参与预算绩效管理的工作重点

委托第三方机构开展绩效管理，应当聚焦于贯彻落实党中央、国务院重大决策部署和本部门或单位主体职责的政策和项目。财政部门重点组织对预算部门及单位、下级财政部门开展政策性评估评价，也可以根据需要对其承担的重点项目开展评价；预算部门的财务机构或其他负责绩效管理的机构重点组织对业务机构、所属单位以及下级部门和单位开展具体项目的绩效管理工作。

(二) 规范委托第三方机构参与预算绩效管理的范围

委托第三方机构参与绩效管理，主要包括以下方面工作内容：一是事前绩效评估和绩效目标审核；二是绩效评价或评价结果复核；三是绩效指标和标准体系制定；四是预算绩效管理相关课题研究。具体项目选择上，可以结合工作实际，通过优先选取重点项目、随机选取一般性项目，以及分年度分重点滚动安排等方式开展。

(三) 不得委托第三方机构承担的事项

坚持委托主体与绩效管理对象相分离，禁止预算部门或单位委托第三方机构对自身绩效管理工作开展评价。对于绩效目标设定、绩效运行监控、绩效自评等属于预算部门或单位强化内部管理的事项，原则上不得委托第三方机构开展，确需第三方机构协助的，要严格限定各方责任，第三方机构仅限于协助委托方完成部分事务性工作，不得以第三方机构名义代替委托方对外出具相关报告和结论。

（四）依法合规优选第三方机构

委托方应当严格按照政府采购、政府购买服务的程序和要求，选取专业能力突出、机构管理规范、执业信誉较好的第三方机构参与绩效管理工作。第三方机构须独立于委托方和绩效管理对象，主要包括社会咨询机构、会计师事务所、资产评估机构等社会组织或中介机构，科研院所、高等院校等事业单位等。

（五）规范委托第三方机构的方式

委托方可以根据委托事项的性质，采用全权委托或部分委托、单独委托或多家委托等方式，并根据不同委托方式界定第三方机构的工作定位和责任分担，发挥好第三方机构的作用。委托方及绩效管理对象应当尊重第三方机构的专业性和独立性，不得干预其独立、公正开展工作。

（六）保障第三方机构正常开展工作需要

委托方应当遵循"谁委托、谁付费"的原则，综合考虑委托业务的难易程度和工作量、时间与人员资质要求以及第三方机构工作成本等因素，合理确定委托费用并按协议支付。所需经费原则上由委托方通过项目支出或公用经费解决。委托方和相关预算绩效管理对象要积极支持配合，及时提供相关资料和必要的工作条件，并对所提供资料和数据的完整性、真实性、有效性负责，便于受托方全面掌握相关情况及委托方意图。

（七）加强对第三方机构的指导和监督

委托方应当对第三方机构进行必要的培训和指导，及时跟踪掌握第三方机构工作进展，加强付费管理和质量控制，把好绩效报告质量关，推动第三方机构履职尽责。各级财政部门、主管部门应当按照职责，加强对第三方机构参与预算绩效管理的执业质量监管，对第三方机构工作开展情况进行跟踪抽查。第三方机构有违背职业操守，或违反财政部门、预算部门相关规定及有关法律法规等行为的，要依法依规及时处理。

三、配套措施

（一）完善管理制度

各有关中央部门、各级财政部门可以根据本意见并结合工作需要，制定委托第三方机构参与本部门本地区预算绩效管理的管理办法、实施细则或操作规范,明确采购流程、工作程序、付费标准、档案管理、业绩考评、保密管理等具体规定,进一步细化规范预算部门和单位以及第三方机构等相关主体参与预算绩效管理的行为。

(二)强化工作协同

各级财政部门应当推动预算绩效信息公开,主动接受指导监督,增进协同配合,促进形成引导和规范第三方机构参与预算绩效管理的工作合力。发挥有关行业协会作用,强化第三方机构行业自律,不断提升业务能力和行业公信力。

(三)加强信用管理

各级财政部门应当加强第三方机构参与预算绩效管理的诚信体系建设,推动信息共享。各委托方应当按要求记录第三方机构履职情况,协助财政部门强化信用管理。第三方机构应实行受托工作成果责任制,确保预算绩效管理结果有人负责、有源可溯。

附录二十一

财政部关于印发《中央部门项目支出核心绩效目标和指标设置及取值指引(试行)》的通知

(2021年8月18日 财预〔2021〕101号)

有关中央预算单位:

为深入贯彻落实《中共中央 国务院关于全面实施预算绩效管理的意见》精神,强化工作指导,提高绩效目标管理科学化规范化标准化水平,进一步推动预算绩效管理提质增效,我们研究制定了《中央部门项目支出核心绩效目标和指标设置及取值指引（试行）》，现予印发，供各单位在预算绩效管理工作中参考试行。对执行中发现的问题，各单位要及时向财政部反馈。

附件：1. 中央部门项目支出核心绩效目标和指标设置及取值指引（试行）
       2. 中央部门本级项目支出核心绩效指标表模板

附件 1：

中央部门项目支出核心绩效目标和指标设置及取值指引（试行）

为提升中央部门项目支出绩效目标编制质量，推动加强和改进绩效自评工作，根据《中央部门预算绩效目标管理办法》《项目支出绩效评价管理办法》等规定，制定本指引。

一、绩效目标及指标设置思路和原则

本指引所指项目支出绩效目标，是指中央部门依据部门职责和事业发展要求设立并通过预算安排的项目支出，在一定期限内预期达到的产出和效果以及相应的成本控制要求。绩效目标通过具体绩效指标予以细化、量化描述。设置绩效目标遵循确定项目总目标并逐步分解的方式，确保不同层级的绩效目标和指标相互衔接、协调配套。

（一）绩效指标设置思路

1. 确定项目绩效目标。在项目立项阶段，应明确项目总体政策目标。在此基础上，根据有关中长期工作规划、项目实施方案等，特别是与项目立项直接相关的依据文件，分析重点工作任务、需要解决的主要问题和相关财政支出的政策意图，研究明确项目的总体绩效目标，即总任务、总产出、总效益等。

2. 分解细化指标。分析、归纳总体绩效目标，明确完成的工作任务，将其分解成多个子目标，细化任务清单。根据任务内容，分析投入资源、开展活动、质量标准、成本要求、产出内容、产生效果,设置绩效指标。

3. 设置指标值。绩效指标选定后,应参考相关历史数据、行业标准、计划标准等,科学设定指标值。指标值的设定要在考虑可实现性的基础上,尽量从严、从高设定,以充分发挥绩效目标对预算编制执行的引导约束和控制作用。避免选用难以确定具体指标值、标准不明确或缺乏约束力的指标。

4. 加强指标衔接。强化一级项目绩效目标的统领性,二级项目是一级项目支出的细化和具体化,反映一级项目部分任务和效果。加强一、二级项目之间绩效指标的有机衔接,确保任务相互匹配、指标逻辑对应、数据相互支撑。经部门审核确定后的一级项目绩效目标及指标,随部门预算报财政部审核批复。二级项目绩效目标及指标,由部门负责审核。

(二)绩效指标设置原则

1. 高度关联。绩效指标应指向明确,与支出方向、政策依据相关联,与部门职责及其事业发展规划相关,与总体绩效目标的内容直接关联。不应设置如常规性的项目管理要求等与产出、效益和成本明显无关联的指标。

2. 重点突出。绩效指标应涵盖政策目标、支出方向主体内容,应选取能体现项目主要产出和核心效果的指标,突出重点。

3. 量化易评。绩效指标应细化、量化,具有明确的评价标准,绩效指标值一般对应已有统计数据,或在成本可控的前提下,通过统计、调查、评判等便于获取。确难以量化的,可采用定性表述,但应具有可衡量性,可使用分析评级(好、一般、差)的评价方式评判。

二、绩效指标的类型和设置要求

绩效指标包括成本指标、产出指标、效益指标和满意度指标四类一级指标。原则上每一项目均应设置产出指标和效益指标。工程基建类项目和大型修缮及购置项目等应设置成本指标,并逐步推广到其他具备条件的项目。满意度指标根据实际需要选用。

(一)成本指标

为加强成本管理和成本控制,应当设置成本指标,以反映预期提供的公共产品或服务所产生的成本。项目支出首先要强化成本的概念，加强成本效益分析。对单位成本无法拆分核算的任务，可设定分项成本控制数。对于具有负外部性的支出项目，还应选取负作用成本指标，体现相关活动对生态环境、社会公众福利等方面可能产生的负面影响，以综合衡量项目支出的整体效益。

成本指标包括经济成本指标、社会成本指标和生态环境成本指标等二级指标，分别反映项目实施产生的各方面成本的预期控制范围。

1. 经济成本指标。反映实施相关项目所产生的直接经济成本。

2. 社会成本指标。反映实施相关项目对社会发展、公共福利等方面可能造成的负面影响。

3. 生态环境成本指标。反映实施相关项目对自然生态环境可能造成的负面影响。

（二）产出指标

产出指标是对预期产出的描述，包括数量指标、质量指标、时效指标等二级指标。

1. 数量指标。反映预期提供的公共产品或服务数量，应根据项目活动设定相应的指标内容。数量指标应突出重点，力求以较少的指标涵盖体现主要工作内容。

2. 质量指标。反映预期提供的公共产品或服务达到的标准和水平，原则上工程基建类、信息化建设类等有明确质量标准的项目应设置质量指标，如"设备故障率""项目竣工验收合格率"等。

3. 时效指标。反映预期提供的公共产品或服务的及时程度和效率情况。设置时效指标，需确定整体完成时间。对于有时限完成要求、关键性时间节点明确的项目，还需要分解设置约束性时效指标；对于内容相对较多并且复杂的项目，可根据工作开展周期或频次设定相应指标，如"工程按时完工率""助学金发放周期"等。

产出指标的设置应当与主要支出方向相对应，原则上不应存在重大缺项、漏项。数量指标和质量指标原则上均需设置，时效指标根据项目实际设置，不作强制要求。

（三）效益指标

效益指标是对预期效果的描述，包括经济效益指标、社会效益指标、生态效益指标等二级指标。

1. 经济效益指标。反映相关产出对经济效益带来的影响和效果，包括相关产出在当年及以后若干年持续形成的经济效益，以及自身创造的直接经济效益和引领行业带来的间接经济效益。

2. 社会效益指标。反映相关产出对社会发展带来的影响和效果，用于体现项目实施当年及以后若干年在提升治理水平、落实国家政策、推动行业发展、服务民生大众、维持社会稳定、维护社会公平正义、提高履职或服务效率等方面的效益。

3. 生态效益指标。反映相关产出对自然生态环境带来的影响和效果，即对生产、生活条件和环境条件产生的有益影响和有利效果。包括相关产出在当年及以后若干年持续形成的生态效益。

对于一些特定项目，应结合管理需要确定必设指标的限定要求。如工程基建类项目和大型修缮及购置项目，考虑使用期限，必须在相关指标中明确当年及以后一段时期内预期效益发挥情况。

对于具备条件的社会效益指标和生态效益指标，应尽可能通过科学合理的方式，在予以货币化等量化反映的基础上，转列为经济效益指标，以便于进行成本效益分析比较。

（四）满意度指标

满意度指标是对预期产出和效果的满意情况的描述，反映服务对象或项目受益人及其他相关群体的认可程度。对申报满意度指标的项目，在项目执行过程中应开展满意度调查或者其他收集满意度反馈的工作。如"展览观众满意度""补贴对象满意度"等。

满意度指标一般适用于直接面向社会主体及公众提供公共服务，以及其他事关群众切身利益的项目支出，其他项目根据实际情况可不设满意度指标。

三、绩效指标的具体编制

（一）绩效指标名称及解释

1. 指标名称。指末级指标的名称，是对指标含义的简要描述，要求简洁明确、通俗易懂。如"房屋修缮面积""设备更新改造数量""验收合格率"等。

2.指标解释。是对末级指标名称的概念性定义，反映该指标衡量的具体内容、计算方法和数据口径等。

（二）绩效指标来源

1.政策文件。部门和单位可以从党中央、国务院或本部门在某一个领域明确制定的目标、规划、计划、工作要求中提炼绩效指标。此类指标主要是有明确的统计口径和获取规范的统计指标，有较高数据质量和权威性。如国民经济和社会发展五年规划提出的经济社会发展主要指标、城镇调查失业率、每千人口拥有执业（助理）医师数、森林覆盖率等。

2.部门日常工作。

（1）统计指标。此类指标在部门日常工作中约定俗成、经常使用，并且有统计数据支撑，可以作为绩效指标。

（2）部门管理（考核）指标。中央部门对下属单位、地方各类考核中明确的考核指标，可以作为绩效指标。如国家教育主管部门组织的对高校、学科、教师的考核评比等。

（3）部门工作计划和项目实施方案。中央部门对实施项目的考虑和工作安排，经规范程序履行审批手续后，可以作为绩效指标。如开展调研次数、培训人次等。

3.社会机构评比、新闻媒体报道等。具有社会公信力的非政府组织、公益机构、新闻媒体等对公共服务质量和舆论情况等长期或不定期跟踪调查，形成的具有一定权威性和公认度的指标。

4.其他参考指标。甄别使用开展重点绩效评价采用的指标、已纳入绩效指标库管理和应用的指标。

如按照上述来源难以获取适宜指标，部门应当根据工作需要科学合理创设指标。如可以立足我国管理实际，借鉴国外政府绩效管理、学术研究、管理实践等经验，合理创设相关指标。

（三）绩效指标值设定依据

绩效指标值通常用绝对值和相对值表示，主要依据或参考计划标准、行业标准、历史标准或财政部和业务主管部门认可的其他标准进行设定。

1. 计划标准。根据计划依据可再细分为国家级、中央部门级计划或要求。如党中央和国务院文件、政府工作报告、各类规划、部门正式文件、有关会议纪要提及的计划或考核要求等。

2. 行业标准。包括行业国际标准、行业国家标准、行业省级标准等。如涉及工艺、技术等指标时可采用。

3. 历史标准。可参考近三年绩效指标平均值、上年值、历史极值等。

4. 预算支出标准。主要用于成本指标的取值，不得超出规定的预算支出标准设置目标值。

5. 其他标准。其他参考数值、类似项目的情况等。

（四）绩效指标完成值取值方式

根据绩效指标具体数值（情况）的特点、来源等明确取值方式。部门应在设置绩效指标时一并明确有关取值要求和方法。常用的方式有：

1. 直接证明法。指可以根据外部权威部门出具的数据、鉴证、报告证明的方法，通常适用于常见的官方统计数据等。

2. 情况统计法。指按规定口径对有关数据和情况进行清点、核实、计算、对比、汇总等整理的方法。多数产出指标适用于本方法。

3. 情况说明法。对于定性指标等难以通过量化指标衡量的情况，由部门根据设置绩效目标时明确的绩效指标来源和指标值设定依据，对指标完成的程度、进度、质量等情况进行说明并证明，并依据说明对完成等次进行判断。

4. 问卷调查法。指运用统一设计的问卷向被选取的调查对象了解情况或征询意见的调查方法。一般适用于满意度调查等。部门可以根据必要性、成本和实施可行性，明确由实施单位在项目实施过程中开展。

5. 趋势判断法。指运用大数据思维，结合项目实施期总体目标，对指标历史数据进行整理、修正、分析，预判项目在全生命周期不同阶段的数据趋势。

（五）绩效指标完成值数据来源

1. 统计部门统计数据。如 GDP、工业增加值、常住人口等。

2. 权威机构调查（统计）。如基本科学指标数据库（ESI）高校学科排名、科学引文索引（SCI）收录论文数等。

3. 部门统计年鉴。如在校学生数、基本医疗保险参保率等。

4. 部门业务统计。如培训人数、网站访问量、完成课题数、满意度等。

5. 部门业务记录。如能够反映重大文化活动、演出展览现场的音像、视频资料等。

6. 部门业务评判。如项目成效、工作效果等定性指标。

7. 问卷调查报告。如满意度等。

8. 媒体舆论。如满意度等。

9. 其他数据来源。

（六）指标分值权重

绩效指标分值权重根据项目实际情况确定。原则上一级指标权重统一按以下方式设置：对于设置成本指标的项目，成本指标20%、产出指标40%、效益指标20%、满意度指标10%（其余10%的分值权重为预算执行率指标，编制预算时暂不设置，部门或单位开展自评时使用，下同）；对于未设置成本指标的项目，产出指标50%、效益指标30%、满意度指标10%；对于不需设置满意度指标的项目，其效益指标分值权重相应可调增10%。各指标分值权重依据指标的重要程度合理设置，在预算批复中予以明确，设立后原则上不得调整。

（七）绩效指标赋分规则

1. 直接赋分。主要适用于进行"是"或"否"判断的单一评判指标。符合要求的得满分，不符合要求的不得分或者扣相应的分数。

2. 按照完成比例赋分，同时设置及格门槛。主要适用于量化的统计类等定量指标。具体可根据指标目标值的精细程度、数据变化区间进行设定。

预算执行率按区间赋分，并设置及格门槛。如：项目完成，且执行数控制在年度预算规模之内的，得10分；项目尚未完成，预算执行率小于100%且大于等于80%的得7分，预算执行率小于80%且大于等于60%的得5分，预算执行率小于60%的不得分。

其他定量指标按比例赋分，并设置及格门槛。如：完成率小于60%为不及格，不得分；大于等于60%的，按超过的比重赋分，计算公式为：得

分 =（实际完成率 - 60%）/（1 - 60%）×指标分值。

3. 按评判等级赋分。主要适用于情况说明类的定性指标。分为基本达成目标、部分实现目标、实现目标程度较低三个档次，并分别按照该指标对应分值区间 100%—80%（含）、80%—60%（含）、60%—0 合理确定分值。

4. 满意度赋分。适用于对服务对象、受益群体的满意程度询问调查，一般按照区间进行赋分。如：满意度大于等于 90% 的得 10 分，满意度小于 90% 且大于等于 80% 的得 8 分，满意度小于 80% 且大于等于 60% 的得 5 分，满意度小于 60% 不得分。

（八）绩效指标佐证资料要求

按照数据来源提供对应的佐证材料。主要包括以下类型：

1. 正式资料。统计年鉴、文件、证书、专业机构意见（标准文书）等。

2. 工作资料。部门总结、统计报表、部门内部签报、专家论证意见、满意度调查报告、相关业务资料等。对于过程性资料，部门和单位应当在项目实施过程中及时保存整理。

3. 原始凭证。预决算报表、财务账、资产账、合同、签到表、验收凭证、网站截屏等。

4. 说明材料。针对确无直接佐证材料或者综合性的内容，由相关单位、人员出具正式的说明。

中央部门应当按照上述指引设置和使用项目支出核心绩效目标和指标，并可在指引原则范围内，根据部门实际组织部门本级和所属单位进一步细化指引内容，制定操作细则，规范有序提升绩效目标编制和评价工作质量。

附件 2：

中央部门本级项目支出核心绩效指标表模板

绩效指标				指标取值规范					自评规范			备注
一级指标	二级指标	三级指标（末级）	末级指标解释	计划指标值	历史值	上年自评值	指标值设定依据	计算公式	取值方式	指标完成值数据来源	指标分值权重	赋分规则	佐证资料要求	
1	2	3	4	5	6	7	8	9	10	11	12	13	14	15

备注：1. 指标值设定依据、取值方式、指标完成值数据源、指标分值权重、指标完成值数据源、指标分值权重、赋分规则、佐证资料要求、中"（三）绩效指标的具体编制"（四）绩效指标取值方式"（五）绩效指标完成值数据来源"（六）指标分值权重（试行）》"（三）指标分值权重"（七）绩效指标赋分规则"（八）绩效指标佐证资料要求"。

2. 计算公式指绩效指标值的计算公式，如"调查满意度=调查满意人数/调查总人数"。

附录二十二

财政部各地监管局工作职能细化规定

(2019年8月26日 财办〔2019〕43号)

为确保我部各地监管局严格依照"三定"规定履职尽责,更好服务财政改革发展大局,按照于法有据、体现转变、立足固化的原则,现对《中央编办关于财政部派出机构设置有关事项的通知》(中央编办发〔2019〕33号)中规定的监管局工作职能作细化规定如下。

一、贯彻落实党中央关于财经工作的方针政策和决策部署,在履行职责过程中坚持和加强党对财政工作的集中统一领导,履行全面从严治党责任。

二、根据财政部部署,开展中央重大财税政策出台前的调查研究工作,向财政部提出意见建议;监督中央重大财税政策、国家财税法规在属地执行和落实情况,向财政部反映存在的问题并督促落实。

三、调查研究属地经济发展形势和财政政策出台情况,分析对属地财政运行的影响,及时向财政部报告。

四、调查了解属地地方财政收入征管和财政支出安排情况,关注地方财政收入质量,研究分析重点支出保障情况,向财政部反映存在的问题,跟踪相关问题的整改落实情况。

五、调查了解属地地方财政预算执行情况,关注财政存量资金盘活和国库库款管理情况,跟踪了解属地基层财政尤其是困难地区财政运行情况,向财政部反映存在的问题,提出意见建议。

六、监控属地中央收入征管和执行情况;征收和监缴部分中央非税收入;审批退付中央预算收入;监督国家金库办理属地中央预算收入的收纳、划分、留解、退付等;审核收取属地纳入中央国有资本经营预算实施范围的中央企业国有资本收益。

七、审核评估属地中央预算单位预算编制情况，向财政部提出审核意见。

八、监控、分析及预测属地中央预算单位预算执行情况，审核财政直接支付资金，监控财政授权支付资金，依法依规处理发现的问题，并按有关规定向财政部报告；管理属地中央预算单位银行账户。

九、审核属地中央预算单位决算编制情况，向财政部提出审核意见并按要求督促落实。

十、根据财政部部署，审核地方上报中央转移支付预算申请，向财政部提出审核意见；监控中央转移支付在属地执行情况，向财政部反映发现的问题，提出意见建议。

十一、开展中央对地方专项转移支付绩效评价，跟踪绩效评价结果应用情况并督促落实。

十二、按照财政部部署，开展中央重大财税政策绩效评估，向财政部提出意见建议。

十三、监督地方政府债务限额管理、预算管理、风险预警、应急处置、信息公开情况，发现风险隐患及时提出改进意见和处理建议并向财政部、地方人民政府反映报告。

十四、监控地方政府和融资平台公司举债融资、金融机构提供融资情况，依据有关线索依法依规开展违法违规举债融资行为核查。

十五、监督地方政府债券发行、使用、管理、偿还等情况，督促地方政府及使用债券资金的部门单位严格落实地方政府债务管理有关法律制度规定。

十六、监控地方政府隐性债务变化和风险化解情况以及地方政府隐性债务问责办法落实情况，发现风险隐患及时提出改进意见和处理建议并向财政部、地方人民政府反映报告。

十七、审核中央属地行政事业单位新增资产配置事项，按权限审核审批资产处置事项。向财政部提出审核审批意见。

十八、监督属地中央行政事业单位国有资产管理使用情况，发现违规问题及时指出并督促整改。

十九、监督属地中央金融企业执行财务制度情况，包括不良资产处置、薪酬管理等，发现问题并督促整改落实。

二十、监测属地中央金融企业财务风险，督促建立健全财务风险控制体系。

二十一、监管属地国有金融资本产权登记情况。

二十二、根据财政部部署，对有关单位和企业的会计信息质量进行监督检查。

二十三、根据财政部部署，对会计师事务所和注册会计师的执业质量、资产评估机构和评估专业人员的执业质量进行监督检查。

二十四、根据财政部部署，参与跨境会计合作检查。

二十五、完成财政部交办的其他任务。

附录二十三

监管局财政监管工作基本指引（2022）

一、属地中央重大财税政策贯彻落实情况监督

中央重大财税政策指财税体制改革、预算管理制度改革、支持国家重大战略有关政策、对财政收支可能产生较大影响的民生政策，以及党中央、国务院交办的其他政策事项。

（一）工作内容

参与开展中央重大财税政策出台前的调查研究，监督已出台中央重大财税政策、国家财税法规在属地执行和落实情况，开展中央重大财税政策绩效评估，根据财政部授权审核评价相关考核指标等。

（二）工作要求

1. 预算司会同相关司局研究确定需要监管局监督的中央重大财税政策，提出总体工作要求，纳入年度工作安排组织实施。

2. 相关司局负责研究制定工作方案，经预算司审核后下达监管局和有关单位；向监管局提供相关财税政策制度文件，根据需要组织业务培训，做好相关业务指导；赴地方调研中央重大财税政策时，原则上应邀请当地监管局参与。

3. 监管局按照《实施中央重大财税政策监督暂行办法》（财预〔2020〕167号）等相关制度要求，可自行选择重点领域和重点政策开展监督，研究制定工作方案，并加强与预算司和有关司局的沟通；发现问题，应向相关单位反馈并督促整改落实，重大问题及时报告财政部，做好后续跟踪落实；对中央政策落实情况有关考核指标进行审核评价，提供预算司参考；可引入符合规定条件的第三方机构参与执行落实监督和预算绩效管理工作。

4. 相关司局应及时汇总监管局提交的监督成果，根据工作需要，会签预算司后报部领导，重大问题上报国务院；将监管局所提意见建议作为制定、完善财税政策的参考，以及预算安排和调整的重要依据，并将成果应用情况反馈监管局。

5. 预算司及时汇总监管局工作进展和工作成果上报情况，配合相关司局做好相关工作成果的应用和反馈工作。

6. 监管局对属地落实中央政策相关考核指标的审核评价结果，作为对地方综合性考核评价等有关工作的重要依据。

二、属地地方财政运行分析评估

（一）工作内容

开展地方财政运行分析评估，主要包括属地财政经济形势、财税体制、财政收支、财政运行风险、财政基础工作等事项，重点关注：一是属地财政经济形势和财政政策出台对属地财政运行的影响等；二是省以下财政事权和支出责任划分、收入划分、转移支付制度、区域均衡等；三是区域性税收优惠政策及其对财政收入的影响、地方财政收入执行、收入质量、收入波动等；四是地方财政支出执行、"三保"等重点支出保障、基本公共服务均等化、财政资金分配使用绩效、盘活财政存量资金等；五是地方财力状况、地方政府总体债务风险、支出政策超出财政承受能力、养老金发放缺口，及其他可能影响地方财政运行的风险事项；六是地方财政专户、暂存暂付款、调入调出资金、国库库款、预算绩效管理、预决算公开等。并按财政部要求审核地方财政运行有关考核指标。

（二）工作要求

1. 预算司统筹有关司局指导监管局开展工作，建立信息共享和监管成果利用机制，为监管局开展分析评估工作创造良好的条件。

2. 监管局按照相关制度办法，采取全面和重点相结合的方式，全面分析评估属地财政运行整体情况，重点关注存在收支矛盾突出、债务风险高、暂付款规模大、库款保障水平持续偏低等情况的市县（区），发现问题填写《地方财政运行分析评估问题处理单》并向地方反馈督促整改，重大问题和风险事项及时报告财政部，并根据财政部反馈情况和有关要求，做好后续跟踪落实。每季度结束后的5个工作日内向预算司报送《地方财政运行分析评估问题处理单》，每年7月底和次年3月底前向预算司报送半年和年度地方财政运行分析评估工作报告。

3. 地方财政部门按照监管局要求，及时提供财税体制改革和财政管理制度文件、中央和属地重大政策落实情况、地方财政运行情况分析及存在问题和典型经验等，协调有关部门提供属地经济数据和分析资料。

4. 预算司对监管局《地方财政运行分析评估问题处理单》及地方财政运行分析报告进行汇总，报监管局工作联席会议后提供有关司局。

5. 部门司将监管局报告中所提意见建议作为加强财政宏观调控、制定完善财税政策以及预算安排和调整的重要参考依据。

三、属地中央预算单位预算编制审核评估

（一）工作内容

审核属地中央二级及以下预算单位的支出预算（包括一般公共预算、政府性基金预算、国有资本经营预算）；主要是人员编制、实有人数等基础信息；项目支出；新增资产配置；新申报医疗缴费需求；新申报养老缴费需求以及其他单项审核。

（二）工作要求

1. 预算司在布置年度预算编制审核工作时，明确各地监管局年度预算编制审核工作重点和具体要求，印发审核测算流程和审核操作指南等文件。原已授权监管局开展的单项审核工作不再另行布置；如有新增单项审核任务单独布置。

2. 属地中央预算单位在报送"一上"预算时，将"一上"预算抄送当地监管局，并将其人员编制、实有人数、新增资产配置等基础信息及变动情况，新申报医疗缴费需求和新申报养老缴费需求以及指定的项目支出预算相关资料及时报各地监管局备查。在"二下"预算批复后，将上级主管部门批复的单位预算送当地监管局。

3. 监管局依托信息系统，结合财政部要求及属地中央预算单位报送的相关资料进行审核，提出具体审核意见，并在规定时间内将审核情况汇总报告报相关部门司和预算司；通过信息系统查看部门司采纳监管局审核意见情况，并就采纳意见差异情况与部门司进行沟通说明。

4. 部门司结合监管局的审核意见，对部门预算进行审核，按规定合理采纳监管局意见，并对未采纳监管局意见的事项，作出简要说明，按规定时间统一反馈预算司。

5. 预算司对监管局审核情况和部门司采纳监管局审核意见情况进行分析，并将汇总报告报部领导。在部门预算批复后，监管局可通过信息系统查看属地中央预算单位"二下"批复预算。

四、属地中央预算单位预算执行监控

（一）属地中央预算单位直接支付资金审核

1. 工作内容。审核财政直接支付资金。
2. 工作要求。
（1）属地中央预算单位按规定逐级上报财政直接支付用款计划；待财政部批复用款计划后，将财政直接支付审核材料报送当地监管局；待监管局审核同意后按照规定程序上报。

（2）国库司将属地中央预算单位用款计划等信息，通过国库外围平台抄送监管局；收到属地中央预算单位按程序上报的直接支付申请后在规定时间内完成资金支付；加强对监管局直接支付业务的具体指导。

（3）监管局受理属地中央预算单位财政直接支付申请，通过财政直接支付申报审核系统完成申请审核,签署审核意见。监管局应建立重大事项报告制度,及时反映新情况、新问题,年终将直接支付审核情况在国库业务监管工作总结中一并报送。

(二)属地中央预算单位授权支付资金监控

1. 工作内容。监控财政授权支付资金。

2. 工作要求。

(1) 国库司将属地中央预算单位用款计划等信息,通过国库外围平台抄送监管局;加强对监管局授权支付监控业务的具体指导,汇总监管局监控情况并定期反馈给部门司。

(2) 监管局对属地中央预算单位中央财政授权支付资金,依托预算执行动态监控系统,对零余额账户资金支付情况进行实时监控,发现违规问题及时予以纠正,并按规定将监控处理情况报国库司和部门司。年终将授权支付动态监控情况在国库业务监管工作总结中一并报送。

(3) 部门司根据监控情况,及时与监管局、国库司和中央主管部门沟通情况,督促中央部门监督属地中央预算单位整改;并督促中央部门适时完善相关制度,堵塞漏洞。

(4) 属地中央预算单位根据监管局反馈情况,按照监管局、主管部门、财政部有关规定要求及时进行整改。

(三)属地中央预算单位预算执行情况监控、分析及预测

1. 工作内容。监控、分析及预测属地中央预算单位预算执行情况。

2. 工作要求。

(1) 监管局通过对财政直接支付审核和执行动态监控,加强对属地中央预算单位的预算执行分析及预测工作。将直接支付、动态监控、政府采购预算监管与预算执行进度监控工作相结合,对预算执行进度较慢的项目,积极督促其加快执行,并将预算执行分析及预测情况报告国库司、部门司和预算司,报告重要情况和执行问题。

(2) 属地中央预算单位根据监管局监控意见积极整改有关执行情况,合理利用资金,加快执行进度。

(3) 国库司汇总、分析、利用监管局关于属地中央预算单位预算执行情况的监控、分析及预测结果,将监管局报告的重大问题按程序向相关部

门和领导反映。

（4）部门司跟踪监管局反映的问题，提出处理意见，督促中央部门监督属地中央预算单位整改；将属地中央预算单位预算执行情况与其中央部门的预算安排挂钩。

（5）预算司根据监管局反映的属地中央预算单位预算执行中发现的共性、普遍性问题，有针对性地研究合理解决问题的意见，完善相关政策措施。

（四）管理属地中央预算单位银行账户

1. 工作内容。管理属地中央预算单位银行账户。

2. 工作要求。

（1）国库司出台属地中央预算单位银行账户管理有关规定，明确监管要求。

（2）监管局按照相关规定，办理属地中央预算单位银行账户开立、备案和年检资料等审核工作，并对银行账户使用情况进行监管；年终将银行账户管理情况在国库业务监管工作总结中一并报送。

（3）属地中央预算单位按相关规定向当地监管局报送银行账户开立、备案和年检等相关资料，向监管局反映有关问题，规范使用银行账户。

五、属地中央预算单位决算编制审核

（一）工作内容

审核属地中央预算单位决算编制情况并按财政部要求督促落实。

（二）工作要求

1. 预算司商国库司和相关部门司提出监管局审核属地中央预算单位决算工作的审核范围；组织下达监管局决算审核工作通知；研究部门决算审核与其部门预算安排挂钩机制，出台有关政策规定。

2. 国库司商部门司提出具体要求；加强监管局决算审核工作的具体指导。

3. 监管局按财政部要求和有关财务制度规定，审核属地中央预算单位决算，提出审核意见，并将决算审核情况在规定时间内报送部门司、国库司和预算司。

4. 部门司加强对监管局决算审核工作的具体指导；结合监管局提出的审核意见对部门决算进行审核，对存在问题向主管部门下发限期整改通知。根据监管局审核情况，将属地中央预算单位决算审核与其部门预算安排挂钩。

5. 属地中央预算单位将单位决算草案上报主管部门的同时，抄送监管局；配合监管局开展决算审核相关工作，根据监管局提出的合理要求办理决算调整事项。上级主管部门批复本单位决算后，应将决算批复文件送监管局。

六、地方上报中央转移支付预算申请审核

（一）工作内容

按照财政部部署，对省级（含计划单列市）财政部门或省级主管部门向财政部提交的转移支付申请进行审核。

（二）工作要求

1. 预算司会同相关司局提出审核工作范围和总体要求，相关司局根据总体要求和相关资金管理办法，提出具体工作要求，明确审核内容、政策依据、成果提交、时间安排等，及时下达监管局。

2. 省级财政部门或省级主管部门应按要求在规定时间内向监管局提交转移支付申报材料。对超过规定期限未提交材料或者要件不齐全，造成监管局无法在规定时间内完成审核的，监管局可以不予受理或者不出具审核意见，并将有关情况在相关报告中予以反映。未纳入监管局审核范围的转移支付事项，省级财政部门和省级主管部门在向财政部和中央主管部门报送申报资料时，应同时抄送监管局。

3. 监管局按照工作职责和财政部要求，审核属地省级财政部门报送的申报材料，及时就申报资料中的疑点问题进行核证，确有必要的，可以提前介入审核和进行现场核证，并在规定时间内形成清晰、明确的审核意见报送相关司局，抄送预算司。

4. 相关司局在分配转移支付资金时，应将监管局审核意见作为重要依据；会签预算司提前下达或下达预算指标时，应将监管局审核意见和采纳情况一并报预算司，并将相关指标文件抄送监管局。

七、中央对地方转移支付资金预算执行监控

（一）工作内容

动态监控和分析中央对地方转移支付预算执行和管理使用情况。

（二）工作要求

1. 预算司会同相关司局提出总体要求，确定年度重点执行监控项目，向监管局提供下达转移支付指标数据等文件资料。

2. 省级财政部门及时将本省转移支付提前下达、申请、分配、使用、管理、绩效等信息提供当地监管局。有条件的省级财政部门可通过信息系统向监管局推送有关转移支付指标、数据等信息。对监管局监管工作中发现和指出的问题，及时采取相关措施整改落实。

3. 监管局按照相关制度要求，对本地区全部中央对地方转移支付资金预算执行情况进行全面监控，定期向预算司报送全面监控报告，并抄送相关部门司；按照财政部统一安排和监管局自选相结合方式对部分转移支付开展重点监控，并将监控结果和相关建议报部门司和预算司；对于执行监控过程中发现的问题，及时进行处理或上报部内相关司局；对于相关司局提出的处理意见，督促地方相关部门整改落实。

4. 监督评价局应及时汇总监管局报送的直达资金监控情况报告，会签预算司后报部领导，对于监管局反映的重大问题，及时提出处理意见，告知地方财政部门并抄送当地监管局。

5. 部门司应将监管局监控结果及相关建议，作为分配转移支付资金和完善调整相关政策的重要参考，会签预算司提前下达或下达预算指标时，要将监管局监控结果及建议采纳情况一并报预算司，并将相关指标文件抄送监管局。

6. 预算司组织相关司局做好转移支付工作成果的应用和反馈工作，并及时汇总监管局上报的全面监控报告，会签相关司局后报部领导，重大问题上报国务院。

八、中央对地方转移支付绩效评价

(一) 工作内容

按照财政部部署或实际工作需要,开展转移支付资金重点绩效评价,跟踪重点绩效评价结果应用情况并督促落实。

(二) 工作要求

1. 预算司、监督评价局会同相关司局提出绩效评价工作范围和总体要求,确定年度重点绩效评价项目,制定重点绩效评价项目工作方案。监管局也可根据实际情况选择部分专项转移支付开展重点绩效评价,自行制定绩效评价工作方案,将自主选择情况向预算司和监督评价局备案,并抄送相关司局。

2. 监管局按照工作方案开展中央对地方转移支付资金绩效评价,对于财政部统一部署的重点绩效评价事项,应在规定时间内按规定的格式、内容等要求形成重点绩效评价报告,报送监督评价局、预算司、部内相关司局。对于自主选择的重点绩效评价项目,应在当年11月底前形成重点绩效评价报告报送部内预算司、监督评价局、相关司局。

3. 监督评价局会同相关司局及时审核汇总监管局上报的绩效评价报告,会签预算司后报部领导,并将最终确认的绩效评价结果,以及督促相关部门和地方落实评价结果的整改要求,及时抄送监管局。

4. 预算司会同相关司局将重点绩效评价结果作为以后年度预算安排、完善政策和改进管理的重要依据。

5. 监管局要督促跟踪地方相关部门根据评价结果进行整改,并根据实际情况和财政部要求,适时组织对各地绩效自评结果进行抽查复核,并将抽查复核结果反馈给省级财政部门和省级主管部门。发现绩效自评不真实、不客观、不及时等问题,应督促地方进行整改,并将有关情况报监督评价局、预算司、部内相关司局。

九、关于监督中央预算收入执行和国库业务

(一) 工作内容

监控属地中央收入征管和执行情况;征收和监缴部分中央非税收入;

审批退付中央预算收入；监督国家金库办理属地中央预算收入的收纳、划分、留解、退付等；审核收取属地纳入中央国有资本经营预算实施范围的中央企业国有资本收益。

（二）工作要求

1. 监管局开展中央预算收入对账工作，监督中央和地方收入划分，发现多征或者减征、免征、缓征应征的预算收入，违规审批、退付中央预算收入等问题及时报告预算司、国库司。

2. 属地中央执收单位按规定征收中央非税收入，并及时将有关材料报送监管局。监管局根据财政部文件规定，及时核定缴款人应缴额，开具《非税收入一般缴款书》，督促缴款人缴款。

3. 监管局按规定审批退付中央预算收入；监督国家金库办理属地中央预算收入的收纳、划分、留解、退付；审核收取属地纳入中央国有资本经营预算实施范围的中央企业国有资本收益，提出具体审核意见，并在规定时间内将审核情况汇总报告报相关部门司和预算司；定期将中央预算收入执行和国库业务监督等情况报国库司。

十、关于监督地方政府债务管理

（一）对地方政府债务预算管理和风险应急处置监督

1. 工作内容。监督地方政府债务限额管理、预算管理、风险预警、应急处置、信息公开情况。

2. 工作要求。

（1）省级财政部门根据要求，通过地方政府性债务管理系统等信息系统提供地方政府债务余额情况和地方政府债务预算编制、调整、执行等情况。

（2）预算司将地方政府债务规模、债务风险评估结果、债务管理要求等文件同时下达各地财政部门和监管局。

（3）监管局通过信息系统获取地方政府债务余额等信息，并按照有关规定，对地方政府债务余额是否控制在财政部下达的限额之内、地方政府债务是否纳入预算管理、新增政府债务是否纳入预算调整方案、地方政府债务资金安排和使用是否符合政策方向、地方政府债务信息是否按要求进行公开、债务风险是否按要求积极防范和化解等进行监督。督促地方政府加强债务管理,发现问题及时向地方财政部门提出改进意见,并向财政部、地方人民政府报告反映。

(二)对地方政府和融资平台公司融资行为、金融机构提供融资情况监督

1. 工作内容。监控地方政府和融资平台公司举债融资、金融机构提供融资情况,依据有关线索依法依规开展违法违规举债融资行为核查。

2. 工作要求。

(1) 省级财政部门根据要求,将政府投资基金、政府和社会资本合作(PPP)、政府购买服务等方式投融资情况及有关融资平台公司融资情况,报送财政部预算司和财政部当地监管局;金融机构根据要求,将提供地方政府和国有企业融资情况同时报财政部预算司和财政部当地监管局。

(2) 预算司统一负责收集地方党委政府、省级财政部门、审计部门、有关监管部门、社会举报等有关方面移交违法违规举债融资线索。

(3) 监管局按照既定职责和有关要求,对日常监管了解的线索及预算司提供线索,对地方政府举债和担保承诺行为是否合法合规进行核实,发现问题及时提出处理意见向预算司、监督评价局报告,并对地方后续有关问题的整改落实进行跟踪。

(三)对地方政府债券发行、使用、管理和偿还等情况监督

1. 工作内容。监督地方政府债券发行、使用、管理、偿还等情况,督促地方政府及使用债券资金的部门单位严格落实地方政府债务管理有关法律制度规定。

2. 工作要求。

(1) 省级财政部门应当根据要求,将地方政府债务限额分配以及地方政府债券发行、资金使用等相关材料,提供给监管局。

(2) 预算司负责政策口径解释和地方政府债券明细数据提取比对,分别提供各地监管局。国库司负责对地方政府债券发行管理的政策口径解释。

(3) 监管局按照有关要求,对地方政府新增债券、置换债券、再融资债券发行是否存在变相干预债券定价的行为、使用是否符合政策方向、偿

债是否存在导致失去资金来源并加剧风险的情况等进行核查，发现问题及时提出处理意见，其中，变相干预债券定价有关问题向国库司报告，债券使用是否符合政策方向、偿债是否存在导致失去资金来源并加剧风险的情况等问题向预算司报告，并对地方后续有关问题的整改落实进行跟踪。地方政府债券发行现场不在北京时，发债地区监管局按照有关规定，派出观察员现场观察债券发行情况，并按季将观察情况向国库司报告。

（四）对地方政府隐性债务情况监督

1. 工作内容。监控地方政府隐性债务变化和风险化解情况以及地方政府隐性债务问责办法落实情况。

2. 工作要求。

（1）省级财政部门负责组织本地各级在地方政府债务监测系统中，及时更新隐性债务新增和化解情况；有关金融机构在地方政府债务监测系统中有关数据比对工作。

（2）预算司负责政策解释，在地方政府债务监测系统中开发监管模块，向各地监管局开放查询分析端口，并统一负责隐性债务线索收集。

（3）监管局充分利用地方政府债务监测系统开展日常监控工作，并对监控线索及预算司提供的线索进行核实，核实结果报预算司、监督评价局，监控地方政府债务隐性债务问责办法落实情况，发现风险隐患及时提出改进意见和处理建议向财政部、地方人民政府反映报告。

十一、属地中央预算单位国有资产处置事项审核

（一）工作内容

按照《中央行政事业单位国有资产处置管理办法》（财资〔2021〕127号）、《中央国家机关所属垂直管理机构、派出机构办公用房管理办法（试行）》（国管房地〔2019〕315号）等国有资产管理有关规定，审核财政部管理权限内属地中央级行政事业单位国有资产处置申请。

（二）工作要求

1. 属地中央预算单位按照行政事业单位国有资产管理相关规定，将财政部管理权限内的国有资产处置事项报经主管部门同意后报当地监管局审核。

2. 监管局对属地二级及以下中央预算单位的处置申请进行审核并出具审核意见,将审核意见反馈属地中央预算单位主管部门并抄报部门司。

3. 部门司对主管部门报送的国有资产处置申请进行审核,结合监管局意见提出审核意见,起草批复发文并会签资产管理司后批复主管部门资产处置事项。

4. 资产管理司对部门司的批复文件提出会签意见。

十二、属地中央金融企业财务监管

(一)属地中央金融企业执行财务制度情况监管

1. 工作内容。监管属地中央金融企业执行财务制度情况,包括不良资产处置、薪酬管理等,发现问题并督促整改落实。

2. 工作要求。

(1) 金融司、预算司对监管局监管属地中央金融企业财务制度执行情况进行政策指导。

(2) 属地中央金融企业按要求每年定期向当地监管局报送相关财务资产数据和财务报表。

(3) 监管局根据《金融企业财务规则》以及不良资产处置、薪酬管理等相关财务监管制度,对中央金融企业报送的相关数据进行监管(主要包括:资产营运监管、成本费用监管、财务信息监管等)。监管情况及发现的重大问题应及时上报财政部预算司、金融司。

(二)属地中央金融企业执行国有金融资本管理统一规制情况监管

1. 工作内容。监管属地中央金融企业执行资产转让等国有金融资本管理制度情况,发现问题并督促整改落实。

2. 工作要求。

(1) 金融司、预算司对监管局监管属地中央金融企业国有金融资本管理制度执行情况进行政策指导。

(2) 属地中央金融企业按要求每年定期向当地监管局报送国有金融资本管理情况。

(3) 监管局根据《金融企业国有资产转让管理办法》《财政部关于规范国有金融机构资产转让有关事项的通知》等相关国资管理制度对中央金

融企业报送的相关情况进行监管（主要包括：资产转让监管等）。监管情况及发现的问题应及时上报财政部预算司、金融司。

（三）属地中央金融企业财务风险监测

1. 工作内容。监测属地中央金融企业财务风险，督促建立健全财务风险控制体系。

2. 工作要求。

（1）属地中央金融企业按要求向当地监管局报送相关财务资产数据和财务报表。

（2）监管局按季度对属地中央金融机构的国有金融资本运营情况进行风险监测，关注各类金融风险隐患，提出对策建议并报告财政部。每年一季度前，对上年度属地金融机构的国有金融资本运营情况作详细年度报告。

十三、属地金融运行分析工作

（一）工作内容

了解本地区金融运行情况和存在的重大金融风险隐患，定期向财政部上报相关分析报告。

（二）工作要求

1. 金融司对监管局监管属地金融运行情况研究分析进行指导。

2. 监管局与金融管理部门属地机构、地方人民政府金融管理部门加强协作，从财政金融管理角度出发，通过常态化数据分析监测、专题调研等形式，了解本地区金融运行情况和存在的重大金融风险隐患，于每季度最后一个月10日前向财政部报送季度金融运行分析报告。发现的重大金融风险隐患、发生的重大紧急金融风险事件，应及时报送。

十四、监管国有金融机构资本产权登记情况

（一）工作内容

按照职责分工，推进金融基础设施和金融管理部门下属机构等单位产权登记工作；监管属地国有金融资本产权登记情况。

（二）工作要求

1. 中央金融管理部门下属机构和金融基础设施等机构根据实际情况，办理国有金融资本产权占有登记；发生产权变动（注销）事项时，在规定时限内申请办理变动（注销）登记；每年对制度执行情况进行监督检查。

2. 监管局在职责范围内对金融管理部门下属机构和中央金融基础设施等机构进行监管；会同各地财政部门对地方金融基础设施机构进行监管，并对财政部门国有金融资本产权管理情况进行监督；对上述机构产权登记工作开展情况进行监督，并于每年年初向财政部报告上一年度管理工作情况。

3. 各地财政部门根据规定，开展属地地方金融机构国有金融资本产权登记工作。

监管的主要内容：

一是协助办理中央国有金融资本产权登记工作（主要包括，金融管理部门下属机构和各类交易所、支付清算机构等金融基础设施类机构的产权登记工作）。根据委托授权，督促并协助办理相关机构具体产权登记事宜。

二是会同地方财政部门办理地方金融基础设施机构的产权登记工作。

三是通过非现场监测、现场调研、监督等方式，调查了解金融管理部门下属机构、金融基础设施机构产权登记相关情况，以及地方财政部门开展属地国有金融资本产权管理的相关情况，形成年度报告向金融司报送。

十五、关于财会监督检查工作

（一）工作内容

对有关单位财税法规、政策执行和预算管理情况进行监督；对财政系统执行财经纪律情况进行监督；对有关单位和组织的会计信息质量进行监督检查；对会计师事务所和注册会计师的执业质量、资产评估机构和评估专业人员的执业质量进行监督检查；参与跨境会计合作检查。

（二）工作要求

1. 监督评价局商预算司确定年度检查项目，纳入年度工作计划。

2. 监督评价局制定检查通知，由预算司审核后下达监管局，并做好相关政策培训及业务指导。

3. 监管局按照要求开展检查工作，及时提交相关检查材料。

4. 监督评价局商有关司局提出处理原则和口径，由监督评价局或监管局下达检查结论及处理决定。

5. 监管局依法督促有关单位对处理处罚决定进行整改落实，有关整改情况报送监督评价局。

十六、其他事项

财政部交办的其他事项按相关要求办理。

附录二十四

中央部门基础信息口径说明

为夯实部门预算管理基础，科学准确编制基本支出预算，中央部门在编制"一上"预算时需核实确认本部门基础信息。

一、填报范围及有关要求

1. 填报口径。

（1）单位范围：中央编办批准设立的中央部门所属行政机关、参公单位、事业单位（包括企业所属事业单位），以及中央编办核定行政事业编制的其他单位等需按要求填报相关数据。

（2）人员范围：包括所有人事及财务关系在本单位的在职人员、离休人员、退休人员，不在本单位的编制外长期或临时聘用人员、遗属人员等不在填报范围之内。如确有需要，长期聘用人员等可在编报预算时以文字说明等方式单独反映。

2. 时间节点：行政单位、参公单位、事业单位编制数、实有数及资产情况的统计时间节点为2022年8月31日。

3. 有关要求：基础数据库中人员编制、实有人数、资产信息、具体人员信息等数据的准确性直接影响到各部门基本支出预算安排和广大干部职工的切身利益，各部门务必准确填报、认真审核，并按时报送相关证明材料。因材料不齐难以核定人员编制、车辆等实际变化情况的，基本支出相关经费将不予核定。

二、单位基本信息

1. 单位名称：根据组织、编制、人社等部门的批复文件完整规范填报单位名称。

2. 单位代码：系统自动生成。

3. 单位类型：根据单位人员情况填列"行政单位""事业单位""企业""其他"四类。中央编办核定事业编制的社团、协会等，视同事业单位，相应填列"事业单位"类。填写单位类型需要到最底级，比如填列事业单位，需要明确到行政类事业单位、公益一类事业单位、公益二类事业单位、生产经营类事业单位、暂未分类事业单位。

4. 参照类型：对于单位类型选择"其他"的特殊单位，需要明确参照何种类型管理，选填"行政单位""事业单位""参公单位""企业"具体类型。

5. 是否参照公务员法管理：对经批准参照公务员法管理的事业单位，选择"是"，其他事业单位选择"否"。

6. 离退休经费是否归口管理：单位的离休人员和退休人员的有关人员经费如归口财政部社会保障司管理，选择"是"，否则填"否"。

7. 是否定员定额：系统自动生成。

8. 其他管理属性：根据实际情况选填归口教育、归口科学等。

9. 统一社会信用代码：依据登记管理部门发放证书情况填写18位代码。

10. 机构规格：填列经中央编办正式批复确认的单位级别。如中央编办未明确批复单位级别，按实际级别或主管部门认定的单位级别填列，并予以说明；如单位级别不包含在下拉列表框中，按照"其他"填列，并予以说明。

11. 单位所在地区：填列单位本级所在地区，需具体到单位所在的区（县级市、县），如北京市西城区、江苏省南京市鼓楼区、云南省迪庆州香格里拉县等。

12. 归口监管局：二级及以下单位属地管理填报对应的财政部监管局，有关数据审核将由归口监管局负责。

其他（略）。

三、单位人员情况表

人员编制情况严格按照"三定"规定或中央编办正式批复填报，系统根据填报的人员信息自动生成实有人数。如有超编，请另附材料，说明具体原因。

（一）行政单位人员情况

行政单位人员对应编制分为"行政编制""事业编制"和"工勤人员编制"三大类。其中，"行政编制"又分为机关行政编制、两委人员编制、派驻纪检监察编制、派出地方编制、驻外编制、驻外储备编制、援派机动编制、离退休管理机构工作人员编制、其他编制。应按照中央编办批文等，对编制类别准确区分并规范填报；存在"其他编制"的，请另附材料，说明编制名称、批复文件等具体内容。

需要特别说明的事项：（1）注意区分驻外编制和驻外储备编制。驻外编制人员因工资结构、开支科目不同，一般单独按基本支出定员定额测算，驻外储备编制人员会同行政编制人员等一并测算，应注意区分。（2）派出地方编制不要重复填列，即：如果中央部门下属的各派出地方机构为独立预算单位，并相应填列了派出地方编制，则本级不应再重复填列派出地方编制。（3）中央编办新批准的军转编制填列在行政编制中，不要填列在其他编制中。（4）两委人员编制、援派机动编制、离退休干部工作人员编制均单独填列。领导同志单列编制、有编办正式批文的为领导同志服务人员行政编制、参事等应填列在其他编制中，并需说明其他编制的编制名称，说明具体原因。

在预算管理一体化系统中，行政单位人员情况表中的有关编制数、实有人数的取数规则如下：

1. 机关行政编制数取自"单位信息－拓展信息－机关行政编制";实有人数取自"人员信息表中属于在职状态、机关行政编制且未停用的人员信息数据"。

2. 两委人员编制数取自"单位信息－拓展信息－两委人员编制";实有人数取自"人员信息表中属于在职状态、两委人员编制且未停用的人员信息数据"。

3. 派驻纪检监察编制取自"单位信息－拓展信息－派驻纪检监察编制";实有人数取自"人员信息表中属于在职状态、派驻纪检监察编制且未停用的人员信息数据"。

4. 派出地方编制数取自"单位信息－拓展信息－派出地方编制";实有人数取自"人员信息表中属于在职状态、派出地方编制且未停用的人员信息数据"。

5. 驻外编制数取自"单位信息－拓展信息－驻外编制";实有人数取自"人员信息表中属于在职状态、驻外编制且未停用的人员信息数据"。

6. 驻外储备编制数取自"单位信息－拓展信息－驻外储备编制";实有人数取自"人员信息表中属于在职状态、驻外储备编制且未停用的人员信息数据"。

7. 援派机动编制数取自"单位信息－拓展信息－援派机动编制";实有人数取自"人员信息表中属于在职状态、援派机动编制且未停用的人员信息数据"。

8. 离退休管理机构工作人员编制数取自"单位信息－拓展信息－离退休管理机构工作人员编制";实有人数取自"人员信息表中属于在职状态、离退休管理机构工作人员编制且未停用的人员信息数据"。

9. 其他编制数取自"单位信息－拓展信息－其他编制";实有人数取自"人员信息表中属于在职状态、其他编制且未停用的人员信息数据"。

10. 事业编制－财政补助编制数取自"单位信息－拓展信息－财政补助编制";实有人数取自"人员信息表中属于在职状态、财政补助编制且未停用的人员信息数据"。

11. 事业编制－经费自理编制数取自"单位信息－拓展信息－经费自理编制";实有人数取自"人员信息表中属于在职状态、经费自理编制且未停用的人员信息数据"。

12. 工勤人员编制数取自"单位信息－拓展信息－工勤人员编制";实有人数取自"人员信息表中属于在职状态、工勤编制且未停用的人员信息数据"。

13. 离休实有人数取自"人员信息表中属于离休状态、未停用的人员信息数据"。

14. 退休实有人数取自"人员信息表中属于退休状态、未停用的人员信息数据"。

（二）参公单位人员情况表

参公单位人员对应"参公编制""事业编制"。离退休人员区分参公人员和非参公人员分别填列。按照中组部、人力资源和社会保障部要求，区分的原则是单位批准参公前的离退休人员为非参公人员，单位批准参公后新退休的人员为参公人员。

在预算管理一体化系统中，参公单位人员情况表中的有关编制数、实有人数的取数规则如下：

1. 参公编制数取自"单位信息－拓展信息－参公编制"；在职人员实有数取自"人员信息表中属于在职状态、参公编制且未停用的人员信息数据"；离休人员实有数取自"人员信息表中属于离休状态、参公编制且未停用的人员信息数据"；退休人员实有数取自"人员信息表中属于退休状态、参公编制且未停用的人员信息数据"。

2. 离退休管理机构工作人员编制数取自"单位信息－拓展信息－离退休管理机构工作人员编制"；在职人员实有数取自"人员信息表中属于在职状态、离退休管理机构工作人员编制且未停用的人员信息数据"。

3. 财政补助编制数取自"单位信息－拓展信息－财政补助编制"；在职人员实有数取自"人员信息表中属于在职状态、财政补助编制且未停用的人员信息数据"；离休人员实有数取自"人员信息表中属于离休状态、财政补助编制且未停用的人员信息数据"；退休人员实有数取自"人员信息表中属于退休状态、财政补助编制且未停用的人员信息数据"。

4. 经费自理编制数取自"单位信息－拓展信息－经费自理编制"。在职人员实有数取自"人员信息表中属于在职状态、经费自理编制且未停用的人员信息数据";离休人员实有数取自"人员信息表中属于离休状态、经费自理编制且未停用的人员信息数据";退休人员实有数取自"人员信息表中属于退休状态、经费自理编制且未停用的人员信息数据"。

(三) 事业单位人员情况表

事业单位人员对应"财政补助编制""经费自理编制"。对于已经完成事业单位分类改革但未批复明确人员编制性质的,按改革前人员编制性质情况填列;批复明确的,按批复情况填列。在职人员和离退休人员区分财政补助和经费自理填列,经费自理编制内在职人员及相关离退休人员填列在经费自理中。

在预算管理一体化系统中,事业单位人员情况表中的有关编制数、实有人数的取数规则如下:

1. 财政补助编制数取自"单位信息－拓展信息－财政补助编制"。在职人员实有数取自"人员信息表中属于在职状态、财政补助编制且未停用的人员信息数据";离休人员实有数取自"人员信息表中属于离休状态、财政补助编制且未停用的人员信息数据";退休人员实有数取自"人员信息表中属于退休状态、财政补助编制且未停用的人员信息数据"。

2. 经费自理编制数取自"单位信息－拓展信息－经费自理编制"。在职人员实有数取自"人员信息表中属于在职状态、经费自理编制且未停用的人员信息数据";离休人员实有数取自"人员信息表中属于离休状态、经费自理编制且未停用的人员信息数据";退休人员实有数取自"人员信息表中属于退休状态、经费自理编制且未停用的人员信息数据"。

四、办公用房基本情况表

1. 有关规定及口径。严格按照各部门和单位办公用房情况(不包括离退休管理机构用房)填报。

(1) 区分办公用房和特殊业务用房。办公用房包括办公室用房、公共服务用房、设备用房和附属用房。其中:办公室用房包括领导人员办公室和一般工作人员办公室;公共服务用房包括会议室、传达室、信访室、档案室、文印室、资料室、收发室、计算机房、储藏室、卫生间、工勤人员用房、警卫用房等;设备用房包括变配电室、水泵房、水箱间、锅炉房、电梯机房、制冷机房、通信机房等；附属用房包括礼堂、食堂、车库、人防设施、消防设施等。特殊业务用房指上述四类用房之外的其他用房。对特殊业务用房，请说明具体用途，并附有关部门审批文件。

（2）建筑面积：区分单位自有办公用房和从市场租用的办公用房。其中，单位自有办公用房包括单位自建、借用下属单位或其他单位等不需缴纳租金、但需自行支付水电、取暖、物业管理等运行维护费用的办公用房。从市场租用的办公用房指单位租用的需缴纳租金及水电、取暖、物业管理等运行维护费用，且部门预算中未单独安排租房项目支出预算的办公用房。部门本级和事业单位合署办公的，仅反映本级使用的办公用房情况。部门本级办公用房出租、出借给外单位使用的，不在本表反映。

（3）供暖面积：通过集中供暖方式或其他供暖方式进行供暖的房屋面积。

（4）物业管理面积：通过单位后勤部门自管或委托第三方管理的房屋面积。

2. 办公用房取数规则。在预算管理一体化系统中，办公用房基本情况表中办公用房的取数规则如下：

建筑面积－单位自有数取自"单位信息－拓展信息－办公用房/单位自有（平方米）"。

建筑面积－市场租用取自"单位信息－拓展信息－办公用房/市场租用（平方米）"。

供暖面积取自"单位信息－拓展信息－办公用房/供暖面积（平方米）"。

物业管理取自"单位信息－拓展信息－办公用房/物业管理（平方米）"。

五、公务用车基本情况表

严格按照各部门和单位公务用车编制情况填报，系统根据填报的资产信息自动生成实有数。部门预算中已单独安排项目支出预算用于公务用车运行维护费用支出的，请在另附材料，说明项目名称、预算金额、资金来源（财政拨款或其他资金）。

1. 有关规定及口径。按照中央公务用车制度改革领导小组批复的本部门公务用车制度改革实施方案，公务用车区分为领导干部用车、一般公务用车、执法执勤用车、非执法执勤特种专业技术用车和其他用车分别填列。列入公务用车制度改革范围的车辆编制情况需与中央公务用车制度改革领导小组批复的车改后保留车辆编制保持一致。如中央公务用车制度改革领导小组批复部门公务用车制度改革实施方案后，车辆编制情况有调整的，需提供相关批复文件。

（1）领导干部用车。按照党政机关公务用车问题专项治理时国家机关事务管理局、中共中央直属机关事务管理局等部门重新核定编制的车辆范围，主要是副部（省）级及以上领导用车（对应原口径部长用车，在职领导用车和离退休领导用车）。

（2）一般公务用车。区分机关本级一般公务用车、离退休干部服务用车和机关服务中心用车，分别填列。其中，机关本级一般公务用车（包括保留的中管干部用车、机要通信用车、应急保障用车）和离退休干部服务用车应按照中央公务用车制度改革领导小组批复的车改后保留车辆编制填列。

（3）执法执勤用车。按照中央公务用车制度改革领导小组批复的车改后保留车辆编制填列。

（4）非执法执勤特种专业技术用车。按照中央公务用车制度改革领导小组批复的车改后保留车辆编制填列。

（5）其他车辆。按经中央公务用车制度改革领导小组批复的、除上述车辆以外的其他保留车辆情况填列，并对车辆用途、车辆运行维护费用的现有经费渠道（财政拨款基本支出、项目支出或其他资金）等另附材料说明。

2. 公务用车取数规则。在预算管理一体化系统中，公务用车基本情况表中有关车辆编制数及实有数的取数规则如下：

（1）副部（省）级及以上领导用车。编制数取自"单位信息－拓展信息－副部（省）级及以上领导用车编制"；实有数取自资产信息查询表、资产用途为副部（省）级及以上领导用车、且资产分类属于乘用车的资产数据。

（2）中管干部用车。编制数取自"单位信息－拓展信息－中管干部用车编制";实有数取自资产信息查询表、资产用途为中管干部用车、且资产分类属于乘用车的资产数据。

（3）机要通信用车。编制数取自"单位信息－拓展信息－机要通信用车编制";实有数取自资产信息查询表、资产用途为机要通信用车、且资产分类属于乘用车的资产数据。

（4）应急保障用车。编制数取自"单位信息－拓展信息－应急保障用车编制";实有数取自资产信息查询表、资产用途为应急保障用车、且资产分类属于乘用车的资产数据。

（5）执法执勤用车。编制数取自"单位信息－拓展信息－执法执勤用车编制";实有数取自资产信息查询表、资产用途为执法执勤用车、且资产分类属于乘用车的资产数据。

（6）特种专业技术用车。编制数取自"单位信息－拓展信息－特种专业技术用车编制";实有数取自资产信息查询表、资产用途为特种专业技术用车、且资产分类属于乘用车的资产数据。

（7）离退休干部服务用车。编制数取自"单位信息－拓展信息－离退休干部服务用车编制";实有数取自资产信息查询表、资产用途为离退休干部服务用车、且资产分类属于乘用车的资产数据。

（8）其他用车。编制数取自"单位信息－拓展信息－其他用车编制";实有数取自资产信息查询表、资产用途为其他用车、且资产分类属于乘用车的资产数据。